中等职业教育“十四五”规划教材
职业教育课程改革规划创新教材

经济法基础

刘洪斌　沈　瑶　王　治　主编

中国石化出版社
HTTP://WWW.SINOPEC-PRESS.COM
中国经济出版社
CHINA ECONOMIC PUBLISHING HOUSE
·北京·

内 容 提 要

本书根据中等职业学校经济法课程的教学要求，结合财经管理类中等职业学校教学大纲进行编写。主要讲解了财经类专业最常用的《劳动合同法》《社会保险法》《公司法》和《民法典合同编》的基本知识并应用于实际工作。为了能力拓展，书中选用了工业产权法律制度和市场秩序管理法律制度供选学。

本书可作为中等职业学校经管类专业的通用教材，也可作为成人教育和网络教育经管类专业的教材，还可作为社会从业人员的业务参考书及培训用书。

图书在版编目(CIP)数据

经济法基础 / 刘洪斌，沈瑶，王治主编. — 北京：中国石化出版社，2024.5

中等职业教育“十四五”规划教材

ISBN 978-7-5114-7513-8

Ⅰ. ①经… Ⅱ. ①刘… ②沈… ③王… Ⅲ. ①经济法-中国-中等专业学校-教材 Ⅳ. ①D922.29

中国国家版本馆 CIP 数据核字(2024)第 086309 号

中国石化出版社出版发行

地址：北京市东城区安定门外大街 58 号

邮编：100011　电话：(010)57512500

发行部电话：(010)57512575

http://www.sinopec-press.com

E-mail:press@sinopec.com

北京富泰印刷有限责任公司印刷

全国各地新华书店经销

*

787 毫米×1092 毫米 16 开本 12 印张 297 千字

2024 年 5 月第 1 版　2024 年 5 月第 1 次印刷

定价：38.00 元

《经济法基础》

编 委 会

主　编：刘洪斌　重庆市渝北职业教育中心
沈　瑶　重庆市渝北职业教育中心
王　治　广东深圳市第一职业技术学校

副主编：徐秋霞　重庆市渝北职业教育中心
王英华　重庆市渝北职业教育中心
杨　娟　广州市旅游商务职业学校
刘　波　山东日照市机电工程学校

编　委：童思秀　重庆市渝北职业教育中心
万　敬　重庆市渝北职业教育中心
夏季红　河北省丰宁满族自治县实验中学
李伟伟　河北省易县职业技术教育中心
李　琳　广西玉林农业学校
罗　玲　重庆市永川职业教育中心
向明辉　四川省宣汉职业中专学校
钟惠霞　广州市旅游商务职业学校
唐黎娟　广西钦州农业学校
赵翠翠　山东烟台理工学校
庞　翠　河北省石家庄财经商贸学校
吴小勇　安徽省铜陵理工学校
赵艳芳　河北省衡水市枣强县职业技术教育中心

前 言

Preface

本书基于2020年版《民法典》和2023年12月29日第十四届全国人民代表大会常务委员会第七次会议第二次修订、2024年7月1日起施行的新《公司法》等最新法律编写。本书以培养职业院校的学生职业能力为导向，把课程内容分为基础和拓展两个模块。主要讲解财经类专业最常用的《劳动合同法》《社会保险法》《公司法》和《民法典合同编》的基本知识并应用于实际工作，为了能力拓展，选用了工业产权法律制度和市场秩序管理法律制度供大家选学，而对会计法律、法规和税收法律、法规会在其他专门的课程中讲解，本书就没有重复编写。

本书由刘洪斌、沈瑶、王治任主编，负责全书的统稿、主审和定稿，徐秋霞、王英华、杨娟、刘波为副主编。对于书中不足之处，恳请读者批评指正。

编 者

2024年3月

目 录

Contents

模块一 基础模块

模块二　拓展模块

模块一

基础模块

项目一　总　　论

【任务要求】

1. 了解经济法简单的发展过程，理解经济法概念和调整对象。
2. 明确经济法律关系的概念，掌握经济法律关系的三个要素。
3. 掌握国家对经济法律关系的保护手段，掌握经济纠纷的解决手段。

【知识框架】

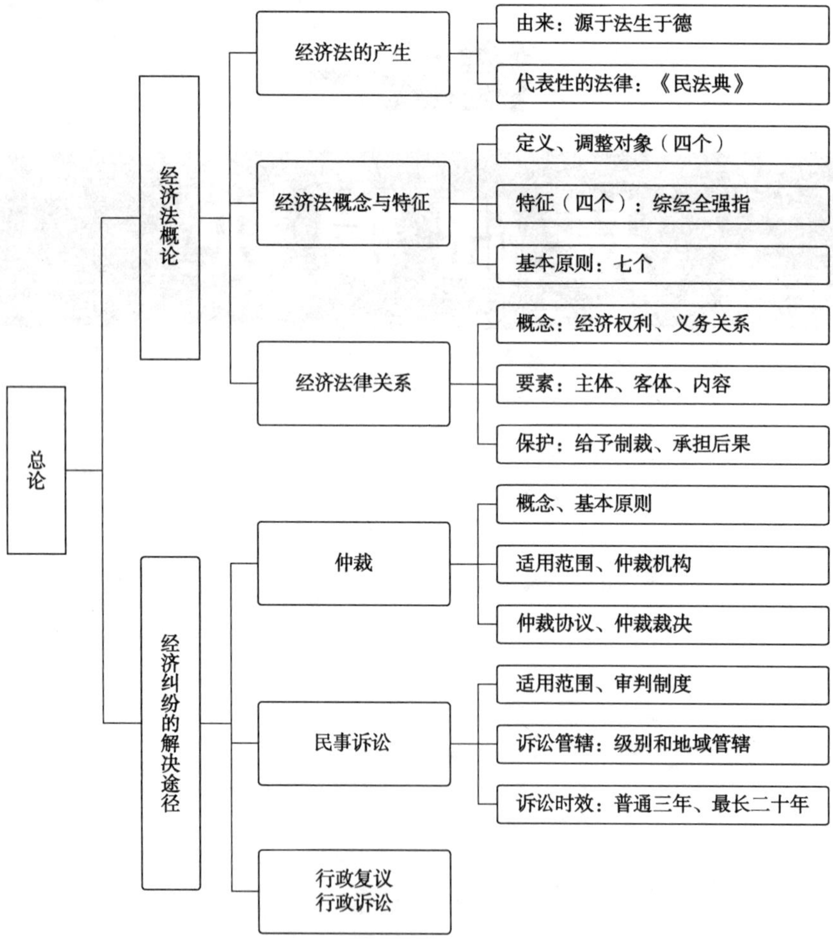

任务一　经济法概论

一、经济法的产生

经济法是法律、法学体系中最年轻的法种，就世界范围看，不过八九十年的历史，在我国也只有十多年的历史。现代经济法最早产生于资本主义社会，继而发展于社会主义国家。资本主义经济法理所当然地发生在资本主义矛盾最集中、最激化的地方。一般都认为它最早产生于德国，时间大约是 19 世纪末、20 世纪初。资本主义经济法经历了第一次世界大战时期的“战备经济法”（经济统制法），30 年代的“危机对策法”，以及第二次世界大战后“复兴经济法”几个阶段。20 世纪 20 年代，俄国在十月革命后社会主义公有制的基础上，适应国家组织管理经济生活的需要，于颁布《苏俄民法典》前后，也颁布了许多经济法规。

（一）经济法概念的由来

源于法国：摩莱里，1755 年《自然法典》；德萨米，1842 年《公有法典》。

产生于德国：莱特，1906 年《世界经济年鉴》。

最早法律形式：美国，1890 年《谢尔曼法》。

（二）我国代表性经济法

（1）1993 年《公司法》（1999 年 12 月第一次修正，2023 年 12 月第二次修订）。

（2）《审计法》（1994 年 8 月 31 日）。

（3）《税收征收管理法》。

（4）《个人所得税法》（2011 年 6 月 30 日第六次修正，2018 年 8 月 31 日第七次修正）。

（5）《外商投资法》（2019 年 3 月 15 日）。

（6）《民法典》（2020 年 5 月 28 日）。

（7）《最高人民法院关于适用〈中华人民共和国民法典〉合同编通则若干问题的解释》2023 年 12 月 5 日起施行。

二、经济法概念及特征

（一）经济法定义

调整国家在管理与协调经济运行过程中所发生的经济关系的法律规范的总称。

（二）经济法调整的对象

国家机关、企事业单位以及各类经济实体在组织领导、经营管理和协调发展经济活动过程中所发生的经济关系。我国目前经济法调整的经济关系主要有：

（1）宏观经济调控关系；

（2）社会经济保障关系；

（3）市场主体调控关系；

（4）市场运行管理关系。

（三）经济法的特征

（1）综合性；

（2）经济泩；

（3）全面性；

（4）强制性与指导性相结合。

（四）经济法的基本原则

改革开放以来，经济法作为一个独立的法律部门不断发展，对经济法学基本原则进行研究的学者日益增多，观点层出不穷。有学者统计了国内关于经济法的基本原则，较有影响的学说就有三十余种。综合分析国内学者对经济法基本原则的揭示，目前有代表性的大致有以下几种观点：

(1)“一原则说”。经济法的基本原则只有一个，即维护社会总体效益，兼顾各方经济利益。

(2)“二原则说”。经济法的基本原则主要有两个，一是计划原则，二是反垄断原则。

(3)“三原则说”。经济法的基本原则应当是平衡协调原则，维护公平竞争原则以及责、权、利相统一原则。

(4)“七原则说”。经济法的基本原则主要有七个，即资源优化配置原则、国家适度干预原则、社会本位原则、经济民主原则、经济公平原则、经济效益原则、可持续发展原则。

综观上述对经济法基本原则的表述及论证，本书介绍第四种表述：

① 资源优化配置原则。资源的优化配置是指资源在生产和再生产各个环节上的合理和有效的流动和配备。把资源优化配置作为经济法的基本原则，是市场经济体制对经济法的基本要求。从有计划的商品经济向社会主义市场经济的转变，是我国经济体制的一个根本性改变，这种转变又集中表现为资源配置方式的转变。在现代社会中，社会经济的发展，从根本上说要取决于资源配置的状态。这就决定了市场经济调节机制的核心是资源配置。

② 国家适度干预原则。这是体现经济法本质特征的原则，因为经济法就是为了适应国家对社会经济生活的干预而产生的一种法律形式。适度干预是指国家在经济自主和国家统制的边界条件或者临界点上所做的一种恰如其分的介入状态。衡量国家干预是否适度的最根本的标准是要看这种干预是促进还是阻碍经济的发展。

国家在多大程度上、用什么手段对社会经济生活进行干预，各国有各国的政策和法律，就是在一个国家之内的不同历史发展阶段，国家干预经济生活的范围和方法也是不相同的。一般来说，无非有三种情况：一是“过多”干预。通常在国家经济状况比较恶劣的情况下，容易出现这种势头。二是“过少”干预。一般在国家经济状况良好的时候，容易出现这种情况。三是国家对经济生活的“适度”干预，更多的国家都在从过多和过少干预的教训中走出来，寻求这种“适度”的干预，我国大体上也经过了相似的历程。社会主义市场经济体制确立后，一方面表明国家不能再像过去那样对经济生活进行过多的干预；另一方面也表明国家不能完全放弃对经济生活的适度干预。

③ 社会本位原则。“国家本位”，一般来讲，这是以国家利益为主导的行政法的本位思想；“个体本位”，这是以当事人利益为主导的民法的本位思想；“社会本位”，这是以维护社会公共利益为出发点的经济法的本位思想。

④ 经济民主原则。“经济民主”是作为经济高度集中或者“经济专制”的对立物而存在的、社会主义民主的必然要求。随着商品经济向它的高级阶段——市场经济方向发展，在国家宏观经济调控下实行经济民主，成为当今市场经济获得发展的一个重要条件。

⑤ 经济公平原则。经济公平最基本的含义是指任何一个法律关系的主体，在以一定的物质利益为目标的活动中，都能够在同等的法律条件下，实现建立在价值规律基础之上的利益平衡。在市场经济体制中，经济公平主要体现为交易公平。因此，经济公平也就成了市场经济主体进行市场交易的基本追求和基本条件。经济法以经济公平作为其基本原则，表明了经济法对人类文明所揭示的法律价值的认同。

从我国现实情况来看，影响经济公平的因素主要有行政干预、权力经济、不适当的差别政策、税赋不公、分配不公、价格体制不健全、不正当竞争和垄断等因素，要克服这些因素，必须依靠追求实质公平的经济法的作用。

⑥ 经济效益原则。经济效益是指经济活动中占用、消耗的活劳动和物化劳动与所取得的有用成果的比较，包括微观经济效益和宏观经济效益。微观经济效益应当符合宏观经济效益的要求，而宏观经济效益又是微观经济效益的总和。提高经济效益是我国全部经济工作的重点和归宿，同时也是国家加强经济立法所要追求的终极的价值目标。

⑦ 可持续发展原则。可持续发展最初于1972年被提出，指既满足当代人的需求，又不损害后代人满足其需求能力的发展，是科学发展观的基本要求之一。早期认为是一种注重长远发展的经济增长模式，随着发展问题的进一步暴露以及认识的加深，人们对可持续发展的认识已经不仅仅局限于经济的发展（更不是经济增长的意思），提出可持续发展的四大支柱是经济、社会、环境和文化，只有四个方面协调发展，才能实现可持续发展。

经济法的上述七项原则是相互联系、相互促进、缺一不可的。

三、经济法律关系

（一）经济法律关系概念

经济法律关系是法律关系的一种，是指当事人在经济活动中，根据经济法律、法规的规定所形成的经济权利和经济义务关系。

（二）经济法律关系构成要素

1. 经济法律关系主体

经济法律关系主体是指参与经济法律关系，依法享有经济权利和承担经济义务的当事人。常见的主体主要有国家机关、社会组织、企业内部组织和自然人。

2. 经济法律关系客体

经济法律关系客体指经济法主体享有的经济权利和承担的经济义务所共同指向的对象。比如货物购买合同中的货物，就是买卖法律关系的客体。常见的客体有有形财物、无形财物（如专利权）和经济行为。

3. 经济法律关系的内容

经济法律关系的内容是经济法主体享有的经济权利和承担的经济义务。

经济法律关系保护是指国家依法对经济法主体不履行经济义务或违反经济法规的行为予以制裁。常见有经济责任（经济制裁），如赔偿损失、支付违约金和罚款等；行政责任（行政制裁），如通报批评、警告、吊销营业执照等，刑事责任（刑事制裁）。

【讨论与思考】

【案例1-1】1998年8月，为了应对亚洲金融危机，香港特别行政区政府动用近千亿港元入市操作，香港金管局推出七项技术性措施，集中在港元兑美元的兑换保证和有关银行港元流动资金贴现方面的新措施两个方面。1998年9月7日，为了严格治市纪律，强化金融监管，香港特别行政区财政司公布了严格香港证券及期货市场纪律的30项措施。这30项新措施的实施涉及联合交易所、期货交易所、香港中央结算有限公司、证券及期货事务监察委员会和财经事务局五个机构。香港特别行政区财政司的官员表示，这些措施用于增强货币及金融系统抵御国际投机者跨市场操纵的能力。

试回答分析：

1. 什么是经济法律关系？它包含哪些基本要素？

2. 上述实例中所涉及的经济法律关系的主体、客体和内容分别是什么？

【**案例 1-2**】要求学生课后上网查阅经济法律事实来完成。

2020 年国庆放长假，受聘于北京某公司的汪洋准备与妻子趁假期外出旅游。汪洋在晚报上查阅了不少旅行社登载的广告，决定选择东方旅行社提供的重庆三峡七日游。于是汪洋在 9 月 25 日亲自到东方旅行社办妥了手续，预约旅行时间为 10 月 1 日上午乘船去重庆，10 月 7 日上午飞回；住宿条件为三星级宾馆、双人房；旅行社承担第一门票及三餐，每日餐费为 50 元/人；旅行社为每一名游客提供人身意外伤害险，保额为 2 万元；费用为 4 500 元/人。汪洋当即付款 5 000 元。9 月 30 日，旅行社与汪洋又进行了确认，并告知具体出发时间。

10 月 1 日上午，参加旅行的游客来到指定地点，不料由于大雾，船推迟了两个小时才出发。游客们表示不满，10 月 1 日到旅馆后，游客们发现该旅馆实为二星级宾馆，而且因旅游情况火爆，在双人房里均加铺一张。游客们提出不满意见，但在旅游期间一直未能解决。在以后几天的旅游中，游客对景点游览时间太短、三餐价高质次等颇为不满。10 月 6 日，在去一景点游览途中，游客与司机、导游又发生争执。司机竟然殴打游客，将汪洋等三人打伤并摔坏了汪洋的一台照相机。后在当地警方的干涉下，司机被治安拘留。

结束这次不太愉快的旅行回到北京后，游客们纷纷向东方旅行社和消费者协会投诉，汪洋等三人向保险公司要求赔偿。

请分析本案例中的法律事实及其引起的法律后果。

任务二　经济纠纷的解决途径

一、经济纠纷概念与解决途径的选择

（一）经济纠纷概念

经济纠纷是市场经济主体之间因经济权利和经济义务的矛盾而引起的权益争议，包括平等主体之间涉及经济内容的纠纷，以及公民、法人或者其他组织作为行政管理相对人与行政机关之间因行政管理所发生的涉及经济内容的纠纷。

（二）解决途径的选择

解决经济纠纷的途径具有多元性的特点，主要包括和解、调解、仲裁、行政复议和诉讼五种方式。

（1）和解是双方当事人在平等的基础上对纠纷的解决达成协议的方式。

（2）调解是在中立的第三方主持下当事人解决纠纷的方式，包括诉外调解（民间调解、行政调解、仲裁调解）、诉内调解（法院调解）。

特别注意的是：

① 人民法院审理行政案件不适用于调解；

② 和解与民间调解均为非经济纠纷解决的必经阶段，如果当事人无法通过这两种方式解决纠纷，仍需要通过仲裁、诉讼、行政复议等方式来解决。

（3）仲裁是借助社会力量解决纠纷的方式。

（4）行政复议是通过行政复议机关的复议程序解决纠纷。

行政复议的纠纷解决范围广于行政诉讼，行政复议通常不是行政诉讼的前置程序，除非法律中有规定。

行政复议一般没有最终的法律效力，行政相对人对复议决定不服，可向人民法院提起行政诉讼，只有在法律规定复议裁决为终局裁决时，复议才具有最终的法律效力。

（5）行政诉讼是借助国家公权力解决纠纷的方式。

民事诉讼适用于解决平等民事主体之间发生的经济纠纷，行政诉讼是通过人民法院的司法审判机制解决纠纷。

特别注意，仲裁和民事诉讼是并列的解决纠纷的方式，当事人只能选择其一。

二、仲裁

仲裁是指仲裁机构根据纠纷当事人之间自愿达成的协议，以第三者的身份对所发生的纠纷进行审理，并作出对争议各方均有约束力的裁决的解决纠纷的活动。

（一）仲裁的基本原则

（1）自愿原则。当事人采用仲裁方式解决纠纷，应当双方自愿达成仲裁协议。没有仲裁协议，一方申请仲裁的，仲裁委员会不予受理。

（2）以事实为依据、以法律为准绳，公平合理地解决纠纷的原则。

（3）独立仲裁原则。仲裁机关不依附于任何机关而独立存在，仲裁依法独立进行，不受任何行政机关、社会团体和个人的干涉。

（4）一裁终局原则。裁决作出后，当事人就同一纠纷再申请仲裁或者向人民法院起诉的，仲裁委员会或者人民法院不予受理。

【例题 1-1 · 判断题】当事人采用仲裁方式解决纠纷，应当由双方自愿达成仲裁协议。

解析：正确。本题考核仲裁的基本原则。当事人之间达成的仲裁协议，是申请仲裁的重要前提。

（二）仲裁的适用范围

根据《仲裁法》的规定，平等主体的公民、法人和其他组织之间发生的合同纠纷和其他财产权益纠纷，可以仲裁。下列纠纷不能提请仲裁。

（1）关于婚姻、收养、监护、扶养、继承纠纷。

（2）依法应当由行政机关处理的行政争议。

（3）下列仲裁不适用《仲裁法》，不属于《仲裁法》所规定的仲裁范围，由别的法律予以调整：

① 劳动争议的仲裁；

② 农业集体经济组织内部的农业承包合同纠纷的仲裁。

【例题 1-2 · 单选题】下列纠纷中，可以适用《仲裁法》解决的是（　　）。

A. 甲乙之间的土地承包合同纠纷　　B. 甲乙之间的货物买卖合同纠纷

C. 甲乙之间的遗产继承纠纷　　D. 甲乙之间的劳动争议纠纷

解析：正确选项为 B。本题考《仲裁法》的适用范围。《仲裁法》的适用范围是平等主体的公民、法人和其他组织之间发生的合同纠纷或其他财产纠纷。与人身有关的纠纷，不适用《仲裁法》，具有行政管理关系的劳动争议以及农业承包合同发生纠纷可以由法律规定的组织仲裁，但不适用《仲裁法》。

【例题 1-3 · 多选题】下列纠纷不适用仲裁方式解决的有（　　）。

A. 合同纠纷　　B. 企业之间的财产产权纠纷

C. 婚姻纠纷　　D. 企业对环保局的处罚不服的纠纷

解析：正确选项为 CD。本题考核仲裁的适用范围。根据《仲裁法》的规定，平等主体的公民、法人和其他组织之间发生的合同纠纷和其他财产纠纷可以仲裁，而对于婚姻、收养、监护、扶养、继承纠纷和依法应当由行政机关处理的行政争议则不能仲裁。

（三）仲裁机构

（1）仲裁委员会可以在直辖市和省、自治区人民政府所在地的市设立，也可以根据需要在其他设区的市设立，不按行政区划层层设立。仲裁委员会独立于行政机关，与行政机关没有隶属关系。仲裁委员会之间也没有隶属关系。

（2）仲裁委员会由主任1人、副主任2~4人和委员7~11人组成。仲裁委员会的组成人员中，法律、经济贸易专家不得少于2/3。

【例题1–4·多选题】根据《仲裁法》的规定，下列关于仲裁委员会的表述中，正确的选项有（　　）。

A. 仲裁委员会是行政机关

B. 仲裁委员会不按行政区划层层设立

C. 仲裁委员会独立于行政机关

D. 仲裁委员会之间没有隶属关系

解析：正确选项为BCD。本题考核仲裁委员会的性质和设立。仲裁委员会可以在直辖市和省、自治区人民政府所在地的市设立，也可以根据需要在其他设区的市设立，不按行政区划层层设立。仲裁委员会独立于行政机关，与行政机关没有隶属关系。仲裁委员会之间也没有隶属关系。

（四）仲裁协议

（1）仲裁协议应当以书面形式订立。口头达成仲裁的意思表示无效。

（2）仲裁协议应当具有下列内容：

① 有请求仲裁的意思表示；

② 有仲裁事项；

③ 有选定的仲裁委员会。

提示：仲裁协议对仲裁事项或者仲裁委员会没有约定或者约定不明确的，当事人可以补充协议；达不成补充协议的，仲裁协议无效。

（3）仲裁协议的效力：

① 仲裁协议独立存在，合同的变更、解除、终止或者无效，不影响仲裁协议的效力。

② 当事人对仲裁协议的效力有异议的，可以请求仲裁委员会作出决定或者请求人民法院作出裁定。一方请求仲裁委员会作出决定，另一方请求人民法院作出裁定的，由"人民法院裁定"。

当事人对仲裁协议的效力有异议，应当在"仲裁庭首次开庭前"提出。

③ 当事人达成仲裁协议，一方向人民法院起诉未声明有仲裁协议，人民法院受理后，另一方在首次开庭前提交仲裁协议的，人民法院应当驳回起诉，但仲裁协议无效的除外；另一方在首次开庭前未对人民法院受理该案提出异议的，视为放弃仲裁协议，人民法院应当"继续审理"。

【例题1–5·多选题】根据《仲裁法》的规定，下列情形中的仲裁协议，属于无效的有（　　）。

A. 甲、乙两公司在建设工程合同中依法约定有仲裁条款，其后，该建设工程合同被确认无效

B. 张某与李某在仲裁协议中约定，将他们之间的扶养合同纠纷交由某仲裁委员会仲裁

C. 邓某与甲公司在仲裁协议中对仲裁委员会约定不明确，且不能达成补充协议

D. 陈某在与高某发生融资租赁合同纠纷后，口头约定由某仲裁委员会仲裁

解析：正确选项为BCD。本题考核点是仲裁协议。仲裁协议独立存在，所以选项A的仲裁协议有效；扶养纠纷不属于仲裁范围，所以选项B的仲裁协议无效；仲裁协议对仲裁委员会没有约定或者约定不明确的，又达不成补充协议的，仲裁协议无效，所以选项C的仲裁协议无效；仲裁协议应以书面形式订立，口头达成仲裁的意思表示无效，所以选项D的仲裁协议无效。

（五）仲裁裁决

（1）《仲裁法》规定，仲裁不实行级别管辖和地域管辖，仲裁委员会应当由当事人协议选定。

（2）仲裁庭可以由3名仲裁员或者1名仲裁员组成。由3名仲裁员组成的，设首席仲裁员。当事人约定由3名仲裁员组成仲裁庭的，应当各自选定或者各自委托仲裁委员会主任指定1名仲裁员，第3名仲裁员由当事人共同选定或者共同委托仲裁委员会主任指定。第3名仲裁员是首席仲裁员。当事人约定由1名仲裁员成立仲裁庭的，应当由当事人共同选定或者共同委托仲裁委员会主任指定。当事人没有在仲裁规则规定的期限内约定仲裁庭的组成方式或者选定仲裁员的，由仲裁委员会主任指定。仲裁庭组成后，仲裁委员会应当将仲裁庭的组成情况书面通知当事人。

（3）仲裁员有下列情形之一的，必须回避，当事人也有权提出回避申请：

①是本案当事人或者当事人、代理人的近亲属；②与本案有利害关系；③与本案当事人、代理人有其他关系，可能影响公正仲裁的；④私自会见当事人、代理人，或者接受当事人、代理人的请客送礼的。

（4）仲裁应当开庭进行。当事人协议不开庭的，仲裁庭可以根据仲裁申请书、答辩书以及其他材料作出裁决。

（5）仲裁不公开进行。当事人协议公开的，可以公开进行；但涉及国家秘密的除外。

（6）当事人申请仲裁后，可以自行和解。

（7）仲裁庭在作出裁决前，可以先行调解。调解书与裁决书具有同等法律效力。调解书经双方当事人签收后，即发生法律效力。(不签收意味着拒绝调解)

（8）裁决应当按照多数仲裁员的意见作出，少数仲裁员的不同意见可以记入笔录。仲裁庭不能形成多数意见时(3个人，3种意见)，裁决应当按照首席仲裁员的意见作出。裁决书自作出之日起发生法律效力。提示：行政复议决定书一经送达，即发生法律效力。

（9）当事人应当履行裁决。一方当事人不履行的，另一方当事人可以依照《民事诉讼法》的有关规定向人民法院申请执行。受申请的人民法院应当执行。

解释：仲裁庭只能调解和裁决，无权强制执行。

【例题1-6·多选题】下列关于我国仲裁制度的表述中，符合《仲裁法》规定的有(　　)。

A. 仲裁庭作出的仲裁裁决为终局裁决

B. 当事人不服仲裁裁决可以向人民法院起诉

C. 当事人协议不开庭的，仲裁可以不开庭进行

D. 仲裁的进行以双方当事人自愿达成的书面仲裁协议为条件

解析：正确选项为ACD。本题考核点是仲裁的有关规定。根据规定，仲裁实行一裁终局制度，仲裁庭作出的仲裁裁决为终局裁决，当事人不服仲裁裁决不可以再提起诉讼；当事人协议不开庭的，仲裁可以不开庭进行；仲裁协议应当以书面形式订立，口头达成仲裁的意思表示无效。

三、民事诉讼

（一）民事诉讼的适用范围

（1）因《民法》《婚姻法》《收养法》《继承法》等调整的平等主体之间的财产关系和人身关系发生的民事案件，如合同纠纷、房产纠纷、侵害名誉权纠纷等。

（2）因经济法、劳动法调整的社会关系发生的争议，法律规定适用民事诉讼程序审理的案件，如企业破产案件、劳动合同纠纷等。

（3）适用特别程序审理的选民资格案件和宣告公民失踪、死亡等非讼案件。

（4）按照督促程序解决的债务案件。

（5）按照公示催告程序解决的宣告票据和有关事项无效的案件。

（二）审判制度

1. 合议制度

（1）人民法院审理第一审民事案件，除适用简易程序审理的民事案件由审判员一人独任审理外，一律由审判员、陪审员共同组成合议庭或者由审判员组成合议庭。

（2）人民法院审理第二审民事案件，由审判员组成合议庭。合议庭的成员，应当是3人以上的单数。

2. 回避制度

指参与某案件民事诉讼活动的审判人员、书记员、翻译人员、鉴定人、勘验人是案件的当事人或者当事人、诉讼代理人的近亲属，或者与案件有利害关系，或者与案件当事人有其他关系、可能影响对案件公正审理的，当事人有权用口头或者书面方式申请他们回避。（不包括证人）

3. 公开审判制度

人民法院审理民事或行政案件，除涉及国家秘密、个人隐私或者法律另有规定外，应当公开进行。

【提示】不论案件是否公开审理，一律公开宣告判决。

4. 两审终审制度

一个诉讼案件经过两级人民法院审判后即终结。根据《人民法院组织法》，我国人民法院分为四级：最高人民法院、高级人民法院、中级人民法院、基层人民法院。除最高人民法院外，其他各级人民法院都有自己的上一级人民法院。

【提示】（1）适用特别程序、督促程序、公示催告程序和企业法人破产还债程序审理的案件，实行一审终审。

（2）对终审判决、裁定，当事人不得上诉。如果发现终审裁判确有错误，可以通过审判监督程序予以纠正。

（三）诉讼管辖

管辖可以按照不同标准作多种分类，其中最重要、最常用的是级别管辖和地域管辖。

1. 级别管辖

级别管辖是根据案件性质、案情繁简、影响范围来确定上、下级人民法院受理第一审案件的分工和权限。

2. 地域管辖

地域管辖又分为一般地域管辖、特殊地域管辖和专属管辖等。

（1）一般地域管辖，通常实行“原告就被告”原则。

（2）特殊地域管辖，《民事诉讼法》规定了十种属于特殊地域管辖的诉讼。

① 因合同纠纷提起的诉讼，由被告住所地或者合同履行地人民法院管辖。合同的双方当事人可以在书面合同中协议选择被告住所地、合同履行地、合同签订地、原告住所地、标的物所在地人民法院管辖，但不得违反《民事诉讼法》对级别管辖和专属管辖的规定。

② 因保险合同纠纷提起的诉讼，由被告住所地或者保险标的物所在地人民法院管辖。

③ 因票据纠纷提起的诉讼，由票据支付地或者被告住所地人民法院管辖。

④ 因公司设立、确认股东资格、分配利润、解散等纠纷提起的诉讼，由公司住所地人民法院管辖。

⑤ 因铁路、公路、水上、航空运输和联合运输合同纠纷提起的诉讼，由运输始发地、目的地或者被告住所地人民法院管辖。

⑥ 因侵权行为提起的诉讼，由侵权行为地（包括侵权行为实施地、侵权结果发生地）或者被告住所地人民法院管辖。

⑦ 因铁路、公路、水上和航空事故请求损害赔偿提起的诉讼，由事故发生地或者车辆、船舶最先到达地、航空器最先降落地或者被告住所地人民法院管辖。

⑧ 因船舶碰撞或者其他海事损害事故请求损害赔偿提起的诉讼，由碰撞发生地、碰撞船舶最先到达地、加害船舶被扣留地或者被告住所地人民法院管辖。

⑨ 因海难救助费用提起的诉讼，由救助地或者被救助船舶最先到达地人民法院管辖。

⑩ 因共同海损提起的诉讼，由船舶最先到达地、共同海损理算地或者航程终止地的人民法院管辖。

（3）专属管辖，是指法律强制规定某类案件必须由特定的人民法院管辖，其他人民法院无权管辖，当事人也不得协议变更的管辖。专属管辖的案件主要有三类：

① 因不动产纠纷提起的诉讼，由不动产所在地人民法院管辖。

② 因港口作业中发生纠纷提起的诉讼，由港口所在地人民法院管辖。

③ 因继承遗产纠纷提起的诉讼，由被继承人死亡时住所地或者主要遗产所在地人民法院管辖。

（4）共同管辖和选择管辖：两个以上人民法院都有管辖权（共同管辖）的诉讼，原告可以向其中一个人民法院起诉；原告向两个以上有管辖权的人民法院起诉的，由“最先立案”的人民法院管辖。

【例题 1-7 · 多选题】2014 年 3 月 8 日凌晨，马来西亚航空公司 MH370 从吉隆坡飞往北京途中 239 人失联，机上乘客来自 13 个不同国家，其中，有 154 名中国乘客。根据《民事诉讼法》的规定，中国公民在起诉马来西亚航空公司时，可以选择的人民法院有（　　）。

A. 承运人住所地和主营业地吉隆坡的人民法院

B. 飞机到达地北京人民法院

C. 飞机经过地越南河内人民法院

D. 合同签订地人民法院

解析：正确选项是 AB。承运人住所地和主营业地的马来西亚以及目的地的中国，对于赔偿问题都是具有管辖权的。

（四）诉讼时效

1. 诉讼时效的概念

（1）诉讼时效，是指权利人在法定期间内不行使权利而失去诉讼保护的制度。

（2）诉讼时效期间届满的，义务人可以提出不履行义务的抗辩。诉讼时效期间届满后，义务人同意履行的，不得以诉讼时效期间届满为由抗辩；义务人已经自愿履行的，不得请求返还。人民法院不得主动适用诉讼时效的规定。

2. 诉讼时效期间有下列几种

（1）普通时效。

向人民法院请求保护民事权利的诉讼时效期间为三年。法律另有规定的，依照其规定。

（2）最长诉讼时效。

自权利受到损害之日起超过二十年的，人民法院不予保护，有特殊情况的，人民法院可以根据权利人的申请决定延长。

（3）诉讼时效的计算。

诉讼时效期间自权利人知道或者应当知道权利受到损害以及义务人之日起计算。法律另有规定的，依照其规定。但是，当事人约定同一债务分期履行的，诉讼时效期间自最后一期履行期限届满之日起计算。

无民事行为能力人或者限制民事行为能力人对其法定代理人的请求权的诉讼时效期间，自该法定代理终止之日起计算。

未成年人遭受性侵害的损害赔偿请求权的诉讼时效期间，自受害人年满十八周岁之日起计算。

3. 诉讼时效的中止、中断和延长

（1）诉讼时效的中止。

在诉讼时效期间的最后六个月内，因下列障碍，不能行使请求权的，诉讼时效中止：

① 不可抗力；

② 无民事行为能力人或者限制民事行为能力人没有法定代理人，或者法定代理人死亡、丧失民事行为能力、丧失代理权；

③ 继承开始后未确定继承人或者遗产管理人；

④ 权利人被义务人或者其他人控制；

⑤ 其他导致权利人不能行使请求权的障碍。

自中止时效的原因消除之日起满六个月，诉讼时效期间届满。

（2）诉讼时效中断，从中断、有关程序终结时起重新计算。

有下列情形之一的，诉讼时效中断，从中断、有关程序终结时起，诉讼时效期间重新计算：

① 权利人向义务人提出履行请求；

② 义务人同意履行义务；

③ 权利人提起诉讼或者申请仲裁；

④ 与提起诉讼或者申请仲裁具有同等效力的其他情形。

（3）不适用诉讼时效的规定。

下列请求权不适用诉讼时效的规定：

① 请求停止侵害、排除妨碍、消除危险；

② 不动产物权和登记的动产物权的权利人请求返还财产；

③ 请求支付抚养费、赡养费或者扶养费；

④ 依法不适用诉讼时效的其他请求权。

(4) 其他规定。

① 诉讼时效的期间、计算方法以及中止、中断的事由由法律规定，当事人约定无效。

② 当事人对诉讼时效利益的预先放弃无效。

③ 法律对仲裁时效有规定的，依照其规定；没有规定的，适用诉讼时效的规定。

④ 法律规定或者当事人约定的撤销权、解除权等权利的存续期间，除法律另有规定外，自权利人知道或者应当知道权利产生之日起计算，不适用有关诉讼时效中止、中断和延长的规定。存续期间届满，撤销权、解除权等权利消灭。

【例 1-8 · 单选题】王某租赁张某一套住房，租赁期间为 2017 年 11 月 1 日至 12 月 31 日，约定 2017 年 11 月 30 日之前支付房租，但王某一直未付房租，张某也未催要。根据《民法典》的规定，张某向人民法院提起诉讼要求王某支付房租的诉讼时效期间是(　　)。

A. 自 2017 年 11 月 30 日起至 2018 年 11 月 30 日

B. 自 2017 年 12 月 31 日起至 2018 年 12 月 31 日

C. 自 2017 年 11 月 30 日起至 2020 年 11 月 30 日

D. 自 2017 年 12 月 31 日起至 2020 年 12 月 31 日

解析：正确选项为 C。①至 2017 年 11 月 30 日王某未支付房租时，张某即“知道或者应当知道权利受到损害以及义务人之日”，诉讼时效期间起算；②一般纠纷适用三年的普通诉讼时效。

【例 1-9 · 单选题】王某向张某借款 10 万元，借款期间为 2017 年 11 月 1 日至 12 月 31 日，借款期限届满后王某一直未归还借款，张某也未催要。根据《民法典》的规定，张某可以向人民法院提起诉讼，主张其民事权利的法定期间是(　　)。

A. 2019 年 11 月 1 日之前　　B. 2019 年 12 月 31 日之前

C. 2020 年 11 月 1 日之前　　D. 2020 年 12 月 31 日之前

解析：正确选项为 D。根据《民法典》的规定，向人民法院请求保护民事权利的诉讼时效期间为三年。法律另有规定的，依照其规定。诉讼时效期间自权利人知道或者应当知道权利受到损害以及义务人之日起计算。法律另有规定的，依照其规定。本案中，债务届满时间为 2017 年 12 月 31 日，债务人王某未归还借款，债权人张某就应当知道权利受到损害，故三年自此开始起算，诉讼时效截止到 2020 年 12 月 31 日。

(五) 判决和执行

1. 判决

(1) 人民法院审理案件，除涉及国家秘密、个人隐私或者法律另有规定的以外，应当公开进行。

(2) 人民法院审理民事案件，可以根据当事人的意愿进行调解。

(3) 当事人不服人民法院第一审判决的，有权在判决书送达之日起 15 日内向上一级人民法院提起上诉。

提示：第二审人民法院的判决，以及最高人民法院审判的第一审案件的判决，都是终审的判决，也就是发生法律效力的判决。

2. 执行

对于发生法律效力的判决、裁定，由第一审人民法院执行；对于调解书、仲裁机构的生效裁决、公证机关依法赋予强制执行效力的债权文书等，则由被执行人住所地或者被执行的财产所在地人民法院执行。

强制执行措施：

(1) 查询、冻结、划拨被执行人的存款；

(2) 扣留、提取被执行人的收入；

(3) 查封、扣押、冻结、拍卖、变卖被执行人的财产；

(4) 搜查被执行人的财产；

(5) 强制被执行人交付法律文书指定的财物或票证；

(6) 强制被执行人迁出房屋或强制退出土地；

(7) 强制被执行人履行法律文书指定的行为；

(8) 要求有关单位办理财产权证照转移手续；

(9) 强制被执行人支付迟延履行期间的债务利息及迟延履行金。

【讨论与思考】

1. 行政复议(扫描学习)。

2. 和行政诉讼相关的知识(网上搜)。

扫一扫

【温故而知新】

一、不定项选择题

1. 根据《民事诉讼法》的规定，下列关于审判制度的表述中，不正确的是(　　)。

A. 人民法院审理第二审民事案件，由审判员、陪审员共同组成合议庭

B. 合议庭的成员，应当是3人以上的单数

C. 适用特别程序、督促程序、公示催告程序和企业法人破产还债程序审理的案件，实行一审终审

D. 公开审判包括审判过程公开和审判结果公开两项内容，不论案件是否公开审理，一律公开宣告判决

2. 1988年2月8日夜，赵某回家路上被人用木棍从背后击伤。经过长时间的访查，赵某于2017年10月31日掌握确凿证据证明将其打伤的是钱某。赵某要求钱某赔偿的诉讼时效期间届满日应为(　　)。

A. 2020年2月8日　　B. 2018年2月8日

C. 2018年10月31日　　D. 2019年10月31日

3. 甲、乙因某不动产发生纠纷，甲欲通过诉讼方式解决。其选择诉讼管辖人民法院的下列表述中，符合法律规定的是(　　)。

A. 甲只能向甲住所地人民法院提起诉讼

B. 甲只能向乙住所地人民法院提起诉讼

C. 甲只能向该不动产所在地人民法院提起诉讼

D. 甲可以选择向乙住所地或该不动产所在地人民法院提起诉讼

4. 根据《仲裁法》的规定，下列各项中，正确的有(　　)。

A. 仲裁委员会不按行政区划层层设立

B. 仲裁委员会独立于行政机关，与行政机关没有隶属关系，仲裁委员会之间也没有隶属关系

C. 仲裁委员会由主任1人、副主任2~4人和委员7~15人组成

D. 在仲裁委员会中法律、经济贸易专家不得少于1/2

5. 甲公司与乙公司发生买卖合同纠纷，根据《民事诉讼法》的规定，甲公司在起诉乙公司时，可以选择的人民法院有(　　)。

A. 合同履行地人民法院　　B. 合同标的物所在地人民法院

C. 被告住所地人民法院　　D. 合同签订地人民法院

6. 下列案件中，适用《民事诉讼法》的有(　　)。

A. 公民名誉权纠纷案件

B. 企业与银行因票据纠纷提起诉讼的案件

C. 纳税人与税务机关因税收征纳争议提起诉讼的案件

D. 劳动者与用人单位因劳动合同纠纷提起诉讼的案件

7. 甲公司与乙保险公司发生保险合同纠纷，根据《民事诉讼法》的规定，甲公司在起诉乙公司时，可以选择的人民法院有(　　)。

A. 合同履行地人民法院　　B. 合同标的物所在地人民法院

C. 被告住所地人民法院　　D. 合同签订地人民法院

8. 根据《民法通则》的规定，下列争议中，诉讼时效期间为一年的有(　　)。

A. 拒不履行买卖合同的

B. 因出售质量不合格的商品未声明引起的争议

C. 延付或者拒付租金的

D. 因运输的商品丢失或损毁引起的争议

9. 根据我国法律制度的规定，下列各项中，能够成为法律关系主体的有(　　)。

A. 自然人　　B. 商品　　C. 法人　　D. 行为

10. 下列各项中，能够作为法律关系客体的有(　　)。

A. 阳光　　B. 房屋　　C. 经济决策行为　　D. 非专利技术

11. 甲企业得知竞争对手乙企业在 M 地的营销策略将会进行重大调整，于是到乙企业设在 N 地的分部窃取乙企业内部机密文件，随之采取相应对策，给乙企业在 M 地的营销造成重大损失，乙企业经过调查掌握了甲企业的侵权证据，拟向人民法院提起诉讼，其可以选择提起诉讼的人民法院有(　　)。

A. 甲住所地人民法院　　B. 乙住所地人民法院

C. M 地人民法院　　D. N 地人民法院

二、判断题(正确画√，错误画×)

1. 一方当事人向人民法院起诉时未声明有仲裁协议的，人民法院受理后，另一方在人民法院作出判决之前提交仲裁协议的，人民法院应当驳回起诉，但仲裁协议无效的除外。(　　)

2. 仲裁裁决作出后，当事人就同一纠纷不能再申请仲裁或向人民法院起诉。(　　)

3. 仲裁协议对仲裁事项没有约定或约定不明确的，当事人可以补充协议；达不成补充协议的，仲裁协议无效。(　　)

4. 如果两个以上的人民法院对某一民事诉讼案件均有管辖权，原告可以向其中一个人民法院起诉；原告向两个以上有管辖权的人民法院起诉的，由最先立案的人民法院管辖。(　　)

5. 因不动产纠纷提起的民事诉讼，由不动产所有权人住所地人民法院管辖。(　　)

6. 因确认股东资格纠纷提起的民事诉讼，由公司住所地人民法院管辖。(　　)

项目二　劳动合同法律制度

【任务要求】

1. 掌握劳动合同的订立、劳动合同的解除和终止、劳动合同解除和终止时的经济补偿；
2. 熟悉劳动合同的主要内容、劳动合同的履行和变更、集体合同和劳务派遣；
3. 熟悉劳动争议的解决及违反劳动合同法律制度的法律责任。

【知识框架】

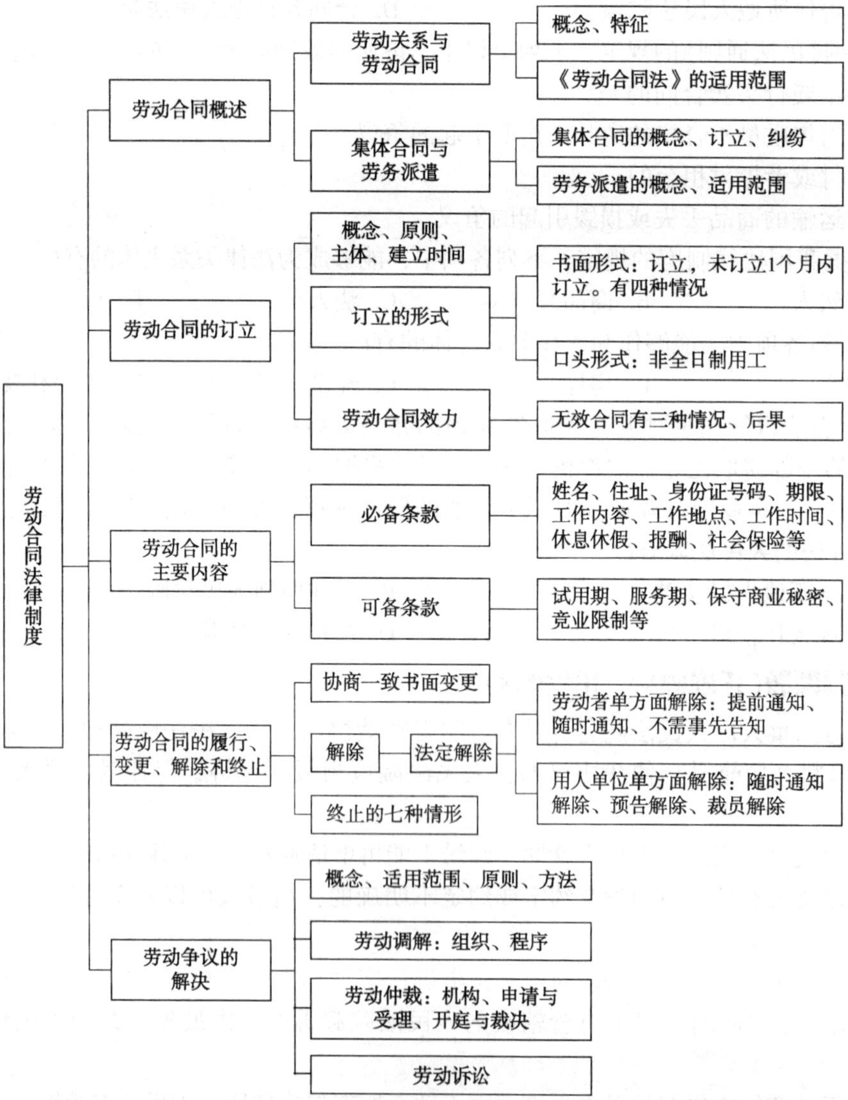

任务一　劳动合同概述

一、劳动关系与劳动合同

（一）概念和特征

1. 劳动关系与劳动合同的概念

劳动关系是指劳动者与用人单位依法签订劳动合同而在劳动者与用人单位之间产生的法律关系。劳动者接受用人单位的管理，从事用人单位安排的工作，成为用人单位的成员，从用人单位领取劳动报酬和受劳动保护。

劳动合同是劳动者和用人单位之间依法确立劳动关系，明确双方权利义务的书面协议。

2. 劳动关系的特征

与一般的民事关系不同，劳动关系有其自身独有的特征。

（1）劳动关系的主体具有特定性。劳动关系主体的一方是劳动者，另一方是用人单位。

（2）劳动关系的内容具有较强的法定性。当事人双方签订劳动合同不得违反强制性规定，否则无效。

（3）劳动者在签订和履行劳动合同时的地位是不同的。劳动者与用人单位签订劳动合同时，遵循平等自愿、协商一致的原则，双方法律地位是平等的；一旦双方签订了劳动合同，在履行劳动合同的过程中，用人单位和劳动者就具有了支配与被支配、管理与服从的从属关系。

（二）《劳动合同法》的适用范围

《劳动法》于 1994 年 7 月 5 日第八届全国人民代表大会常务委员会第八次会议通过，根据 2009 年 8 月 27 日第十一届全国人民代表大会常务委员会第十次会议《关于修改部分法律的决定》第一次修正，根据 2018 年 12 月 29 日第十三届全国人民代表大会常务委员会第七次会议《关于修改〈中华人民共和国劳动法〉等七部法律的决定》第二次修正。

（1）中华人民共和国境内的企业、个体经济组织、民办非企业单位（以下称用人单位）与劳动者建立劳动关系，订立、履行、变更、解除或者终止劳动合同，适用《劳动合同法》。依法成立的会计师事务所、律师事务所等合伙组织和基金会也适用《劳动合同法》规定的用人单位。

（2）国家机关、事业单位、社会团体和与其建立劳动关系的劳动者，订立、履行、变更、解除或者终止劳动合同，依照《劳动合同法》执行。提示：后勤人员、机关车队、食堂、保洁等，都属于这一项。

（3）地方各级人民政府及县级以上人民政府有关部门为安置就业困难人员提供的给予岗位补贴和社会保险补贴的公益岗位，其劳动合同不适用《劳动合同法》有关无固定期限劳动合同的规定以及支付经济补偿的规定。

【例题 2-1 · 多选题】关于劳动关系的特征，下列选项正确的有（　　）。

A. 劳动关系的主体一方是劳动者，另一方是用人单位

B. 对于劳动关系，法律规定了较多的强制性规范

C. 劳动者与用人单位在签订劳动合同时，应遵循平等、自愿、协商一致的原则

D. 在履行劳动合同的过程中，双方的地位是平等的

解析：正确选项为 ABC。本题考核点是劳动关系的特征。在履行劳动合同的过程中，用人单位和劳动者就具有了支配与被支配、管理与服从的从属关系。

二、集体合同与劳务派遣

（一）集体合同

1. 集体合同的概念

集体合同是工会代表企业职工一方与企业签订的以劳动报酬、工作时间、休息休假、劳动安全卫生、保险福利等为主要内容的书面协议。尚未建立工会的用人单位，可以由上级工会指导劳动者推举的代表与用人单位订立集体合同。

2. 集体合同的订立

集体合同内容由用人单位和职工各自派出集体协商代表，通过集体协商(会议)的方式确定。集体协商双方的代表人数应当对等，每方至少 3 人，并各确定 1 名首席代表。

经双方协商一致的集体合同草案应当提交职工代表大会或者全体职工讨论。集体合同订立后，应当报送劳动行政部门，劳动行政部门自收到集体合同文本之日起 15 日内未提出异议的，集体合同即行生效。

3. 集体合同纠纷和法律救济

用人单位违反集体合同，侵犯职工劳动权益的，工会可以依法要求用人单位承担责任，因履行集体合同发生争议，经协商解决不成的，工会可以依法申请仲裁、提起诉讼。

（二）劳务派遣

1. 劳务派遣的概念和特征

劳务派遣是指由劳务派遣单位与劳动者订立劳动合同，与用工单位订立劳务派遣协议，将被派遣劳务者派往用工单位给付劳务。

2. 劳务派遣的适用范围

劳动合同用工是我国的企业基本用工形式，劳务派遣用工是补充形式。只能在临时性、辅助性或者替代性的工作岗位上实施。

用工单位应当严格控制劳务派遣用工数量，使用的被派遣劳动者数量不得超过其用工总量的 10%。

用人单位不得设立劳务派遣单位向本单位或者所属单位派遣劳动者。

任务二　劳动合同的订立

一、劳动合同订立的概念和原则

（一）劳动合同订立的概念

劳动合同的订立，是指劳动者和用人单位经过相互选择和平等协商，就劳动合同的各项条款协商一致，并以书面形式明确规定双方权利、义务的内容，从而确立劳动关系的法律行为。

（二）劳动合同订立的原则

（1）合法原则；

（2）公平原则；

（3）平等自愿原则；

（4）协商一致原则；

（5）诚实信用原则。

备注：劳动者和用人单位在订立劳动合同时法律地位是平等的，订立劳动合同应出于双方当事人真实的意思表达。

二、劳动合同订立的主体

（一）劳动合同订立主体的资格要求

1. 劳动者有劳动权利能力和行为能力

劳动者需年满16周岁（只有文艺、体育、特种工艺单位录用人员可以例外），有劳动权利能力和行为能力。

2. 用人单位有用人权利能力和行为能力

用人单位设立的分支机构，依法取得营业执照或者登记证书的，可以作为用人单位与劳动者订立劳动合同；未依法取得营业执照或者登记证书的，受用人单位委托可以与劳动者订立劳动合同。

（二）劳动合同订立主体的义务和责任

1. 用人单位的义务和责任

（1）用人单位招用劳动者时，应当如实告知劳动者工作内容、工作条件、工作地点、职业危害、安全生产状况、劳动报酬，以及劳动者要求了解的其他情况。

（2）用人单位招用劳动者，不得扣押劳动者的居民身份证和其他证件，不得要求劳动者提供担保或者以其他名义向劳动者收取财物。

（3）用人单位违反《劳动合同法》规定，扣押劳动者居民身份证等证件的，由劳动行政部门责令限期退还劳动者本人，并依照有关法律规定给予处罚。

（4）用人单位以担保或者其他名义向劳动者收取财物的，由劳动行政部门责令限期退还劳动者本人，并以每人500元以上2 000元以下的标准对用人单位处以罚款；给劳动者造成损害的，应当承担赔偿责任。

2. 劳动者的义务

用人单位有权了解劳动者与劳动合同直接相关的基本情况，劳动者应当如实说明。

三、劳动关系建立的时间

用人单位自用工之日起即与劳动者建立劳动关系。用人单位与劳动者在用工前订立劳动合同的，劳动关系自用工之日起建立。

四、劳动合同订立的形式

（一）书面形式

建立劳动关系，应当订立书面劳动合同。已建立劳动关系，未同时订立书面劳动合同的，应当自用工之日起1个月内订立书面劳动合同。《劳动合同法》及其实施条例的规范如下：

情形		用人单位的处理
1. 自用工之日起1个月内	订立书面劳动合同	合法，双方依法依约继续履行劳动合同即可
	经用人单位书面通知，劳动者不与用人单位订立书面劳动合同	用人单位：1. 应当书面通知劳动者终止劳动关系；2. 无须向劳动者支付经济补偿金；3. 应当依法向劳动者支付其实际工作时间的劳动报酬
2. 自用工之日起超过1个月不满1年	用人单位与劳动者补订了书面劳动合同	应当依法向劳动者每月支付2倍的工资(1倍正常工资+1倍工资补偿)，起算时间为用工之日起满1个月的次日，截止时间为补订书面劳动合同的前1日
	劳动者不与用人单位订立书面劳动合同	用人单位：1. 应当书面通知劳动者终止劳动关系；2. 应向劳动者支付经济补偿金
3. 自用工之日起满1年	用人单位仍未与劳动者订立书面劳动合同	自用工之日起满1个月的次日至满1年的前1日应当向劳动者每月支付2倍的工资并视为自用工之日起满1年的当日已经与劳动者订立无固定期限劳动合同，应立即与劳动者补订书面劳动合同
4. 用人单位违反《劳动合同法》规定不与劳动者订立无固定期限劳动合同的		自应当订立无固定期限劳动合同之日起向劳动者每月支付2倍的工资

【例题2-2·多选题】2023年9月1日，甲公司向周某发出录用通知，9月6日，周某到甲公司上班，到2023年10月31日，甲公司未与其签订书面合同。下列关于甲公司该行为的法律后果的表述中，正确的有(　　)。

A. 甲公司和王某之间尚未建立劳动关系

B. 甲公司应在2023年9月6日前与王某签订书面劳动合同

C. 若甲公司在2023年11月5日与王某补订了书面劳动合同，王某有权要求甲公司向其支付2个月的双倍工资

D. 甲公司与周某之间的劳动关系自2023年9月6日起建立

解析：正确选项为BCD。选项A：劳动关系自用工之日起建立，王某和甲公司之间已于2023年9月6日建立了劳动关系；

选项B：书面劳动合同应当自用工之日起1个月内签订；

选项C、D：补订书面劳动合同的时间在用工之日起1年内，每月支付2倍工资的起算时间为用工之日起满1个月的次日(9月6日)，截止时间为补订书面劳动合同的前1日(11月5日)。

（二）口头形式

非全日制用工双方当事人可以订立口头协议。

五、劳动合同的效力

（一）劳动合同的生效

劳动合同是由用人单位与劳动者协商一致，并经用人单位与劳动者在劳动合同文本上签字或者盖章生效。劳动合同文本由用人单位和劳动者各执一份。

（二）无效劳动合同

无效劳动合同是指由用人单位和劳动者签订成立，而国家不予承认其法律效力的劳动合同。劳动合同虽然已经成立，但因违反了平等自愿、协商一致、诚实信用、公平等原则

和法律、行政法规的强制性规定的，可使其全部或者部分条款归于无效。

下列劳动合同无效或者部分无效：

(1) 以欺诈、胁迫的手段或者乘人之危，使对方在违背真实意思的情况下订立或者变更劳动合同的；

(2) 用人单位免除自己的法定责任、排除劳动者权利的；

(3) 违反法律、行政法规强制性规定的。

提示：对劳动合同的无效或者部分无效有争议的，由劳动争议仲裁机构或者人民法院确认。

（三）无效劳动合同的法律后果

无效劳动合同从订立时起就没有法律约束力。劳动合同部分无效，不影响其他部分效力的，其他部分仍然有效。

劳动合同被确认无效，劳动者已付出劳动的，用人单位应当向劳动者支付劳动报酬。劳动报酬的数额参照本单位相同或者相近岗位劳动者的劳动报酬确定。

【例题 2-3 · 单选题】根据劳动合同法律制度的规定，下列关于无效劳动合同法律后果的表述中，不正确的是(　　)。

A. 劳动合同被确认无效，给对方造成损害的，有过错的一方应承担赔偿责任

B. 无效劳动合同从订立时起就没有法律约束力

C. 劳动合同被确认无效，劳动者已付出劳动的，用人单位无须支付劳动报酬

D. 劳动合同部分无效，不影响其他部分效力的，其他部分仍然有效

解析：正确选项为 C。选项 C：劳动合同被确认无效，劳动者已付出劳动的，用人单位应当向劳动者支付劳动报酬。

任务三　劳动合同的主要内容

一、劳动合同必备条款

（一）用人单位的名称、住所和法定代表人或者主要负责人

（二）劳动者的姓名、住址和居民身份证或者其他有效身份证件号码

（三）劳动合同期限

(1) 劳动合同分为固定期限劳动合同、无固定期限劳动合同和以完成一定工作任务为期限的劳动合同。

(2) 有下列情形之一，劳动者提出或者同意续订、订立劳动合同的，除劳动者提出订立固定期限劳动合同外，应当订立无固定期限劳动合同。

① 劳动者在该用人单位连续工作满 10 年的；

② 用人单位初次实行劳动合同制度或者国有企业改制重新订立劳动合同时，劳动者在该用人单位连续工作满 10 年且距离法定退休年龄不足 10 年的；

③ 连续订立 2 次固定期限劳动合同，且劳动者没有下列情形，续订劳动合同的：严重违反用人单位的规章制度的；严重失职，营私舞弊，给用人单位造成重大损害的；劳动者同时与其他用人单位建立劳动关系，对完成本单位的工作任务造成严重影响，或者经用人单位提出，拒不改正的；劳动者以欺诈、胁迫的手段或者乘人之危，使用人单位在违背真

实意思的情况下订立或者变更劳动合同，致使劳动合同无效的；被依法追究刑事责任的；劳动者患病或者非因工负伤，在规定的医疗期满后不能从事原工作，也不能从事由用人单位另行安排的工作的；劳动者不能胜任工作，经过培训或者调整工作岗位，仍不能胜任工作的。

（四）工作内容和工作地点

工作地点可能与用人单位住所地不一致。

（五）工作时间和休息休假

1. 工作时间

目前我国实行的工时制度主要有标准工时制、不定时工作制和综合计算工时制三种类型。

（1）标准工时制：国家实行劳动者每日工作 8 小时、每周工作 40 小时的标准工时制度（有些企业因工作性质和生产特点不能实行标准工时制度，应保证劳动者每日工作不超过 8 小时，每周工作不超过 40 小时，每周至少休息 1 天）。用人单位由于生产经营需要安排加班的，一般每日不得超过 1 小时（有特殊原因的，在保障劳动者身体健康的条件下，每日不得超过 3 小时，每月不得超过 36 小时）；有下列情形之一的，延长工作时间不受上述规定的限制：发生自然灾害、事故或者因其他原因威胁劳动者生命健康和财产安全，需要紧急处理的；生产设备、交通运输线路、公共设施发生故障，影响生产和公众利益，必须及时抢修的；法律、行政法规规定的其他情形，延长工作时间不受上述规定的限制。

（2）不定时工作制，也称无定时工作制、不定时工作日，是指没有固定的工作时间限制的工作制度。主要适用于一些因工作性质或工作条件不受标准工作时间限制的工作岗位。

（3）综合计算工时制，也称综合计算工作日，是指用人单位根据生产和工作的特点，分别以周、月、季、年等为周期，综合计算劳动者工作时间，但其平均日工作时间和平均周工作时间仍与法定标准工作时间基本相同的一种工时形式。

2. 休息休假

（1）休息，是指劳动者在任职期间，在法定工作时间以外，无须履行劳动义务而自行支配的时间，包括工作日内的间歇时间、工作日之间的休息时间和公休假日（即周休息日）。

（2）休假，是指劳动者无须履行劳动义务且一般有工资保障的法定休息时间。包括法定休假日和年休假。

根据《职工带薪年休假条例》规定：机关、团体、企业、事业单位、民办非企业单位、有雇工的个体工商户等单位的职工连续工作 1 年以上的，享受带薪年休假（以下简称年休假）。国家法定休假日、休息日不计入年休假的假期；单位根据生产、工作的具体情况，并考虑职工本人意愿，统筹安排职工年休假。年休假在 1 个年度内可以集中安排，也可以分段安排，一般不跨年度安排。单位因生产、工作特点确有必要跨年度安排职工年休假的，可以跨 1 个年度安排。

<table>
<tr><th>工作时间</th><th>满 1~10 年</th><th>满 10~20 年</th><th>满 20 年</th></tr>
<tr><td>年休假时间</td><td>5 天</td><td>10 天</td><td>15 天</td></tr>
<tr><td rowspan="2">不享受年休假</td><td>病假累计 2 个月以上</td><td>病假累计 3 个月以上</td><td>病假累计 4 个月以上</td></tr>
<tr><td colspan="3">依法享受寒暑假，其休假天数多于年休假天数的；
请事假累计 20 天以上且单位按照规定不扣工资的</td></tr>
</table>

【例题 2-4 · 单选题】 李某工作已满 15 年，2021 年 7 月 1 日调到乙公司工作，提出补休年休假的申请，则李某可以享受的年休假为(　　)天。

A. 0　　B. 5　　C. 10　　D. 15

解析：正确答案为 B。根据《职工带薪年休假条例》规定，职工累计工作已满 10 年不满 20 年的，年休假 10 天。李某 7 月 1 日调到乙公司，还可在新单位享受年休假 = 184(当年度在本单位剩余日历天数) ÷ 365 × 10(职工本人全年应当享受的年休假天数) ≈ 5(天)。

(六) 劳动报酬

1. 劳动报酬支付

根据国家有关规定：工资应当以法定货币支付，不得以实物及有价证券替代货币支付。工资必须在用人单位与劳动者约定的日期支付。如遇节假日或休息日，则应提前在最近的工作日支付。工资至少每月支付一次，实行周、日、小时工资制的可按周、日、小时支付工资。对完成一次性临时劳动或某项具体工作的劳动者，用人单位应按有关协议或合同规定在其完成劳动任务后立即支付工资。

扫一扫

2. 特殊情况下的工资支付

(1) 劳动者在法定休假日和婚丧假期间以及依法参加社会活动期间，用人单位应当依法支付工资。

(2) 在部分公民放假的节日期间(如：妇女节、青年节)，对参加社会活动或单位组织庆祝活动和照常工作的职工，单位应支付工资报酬，但不支付加班工资。如果该节日恰逢星期六、星期日，单位安排职工加班工作，则应当依法支付休息日的加班工资。

(3) 用人单位在劳动者完成劳动定额或规定的工作任务后，根据实际需要安排劳动者在法定标准工作时间以外工作的，应当按照下列标准支付高于劳动者正常工作时间工资的报酬：

① 用人单位依法安排劳动者在标准工作时间以外延长工作时间的，按照不低于劳动合同规定的劳动者本人小时工资标准的 150% 支付劳动者工资；(8 小时以外加班)

② 用人单位依法安排劳动者在休息日工作，不能安排补休的，按照不低于劳动合同规定的劳动者本人日或小时工资标准的 200% 支付劳动者工资；(周六、周日加班)

③ 用人单位依法安排劳动者在法定休假日工作的，按照不低于劳动合同规定的劳动者本人日或小时工资标准的 300% 支付劳动者工资。(“五一”“十一”加班)

加班时间	标准工作时间以外	休息日	法定休假日
加班工资	按不低于劳动者本人小时工资标准的 150% 支付	按不低于劳动者本人日或小时工资标准的 200% 支付	按不低于劳动者本人日或小时工资标准的 300% 支付

【例题 2-5 · 简答题】 钱某的日工资为 200 元，每周工作 5 天，每天工作 8 小时。她在 2020 年 10 月 1 日放假期间加班 3 天，其中法定休假日 2 天、周末休息 1 天。请问钱某 10 月份可以获得多少加班工资？如果公司不支付，王某可以得到什么救济？

解析：钱某周末加班 1 天，获得 2 倍工资报酬，200×2 = 400(元)，法定休假日加班获得 3 倍工资报酬，200×2×3 = 1 200(元)，一共是 400+1 200 = 1 600(元)。如果公司不同意支付，王某可向劳动行政部门反映，由劳动行政部门责令用人单位限期支付；公司逾期仍不支付的，由劳动行政部门责令公司支付，按应付金额即 1 600 元的 50% 以上 100% 以下的标准向劳动者加付赔偿金。

3. **最低工资制度**

《劳动合同法》规定，国家实行最低工资保障制度。最低工资的具体标准由各省、自治区、直辖市人民政府规定，报国务院备案。

劳动合同履行地与用人单位注册地不一致的，有关劳动者的最低工资标准、劳动保护、劳动条件、职业危害防护和本地区上年度职工月平均工资标准等事项，按照劳动合同履行地的有关规定执行；用人单位注册地的有关标准高于劳动合同履行地的有关标准，且用人单位与劳动者约定按照用人单位注册地的有关规定执行的，从其约定。

（七）社会保险

养老保险、失业保险、医疗保险、工伤保险、生育保险。

（八）劳动保护、劳动条件和职业危害防护

做好与《职业病防治法》规定的衔接，促进该法的落实。

（九）法律、法规规定应当纳入劳动合同的其他事项

二、劳动合同可备条款

（一）试用期

指用人单位和劳动者双方相互了解，确定对方是否符合自己的招聘条件或求职条件而约定的考察期。试用期属于劳动合同的约定条款，双方可以约定，也可以不约定。

1. **试用期期限的强制性规定**

（1）试用期包含在劳动合同期限内。劳动合同仅约定试用期的，试用期不成立，该期限为劳动合同期限。

（2）用人单位违反规定与劳动者约定试用期的，由劳动行政部门责令改正；违法约定的试用期已经履行的，由用人单位以劳动者试用期满后的月工资为标准，按已经履行的超过法定试用期的期间向劳动者支付赔偿金。

（3）同一用人单位与同一劳动者只能约定一次试用期。

劳动合同期限	试用期限
以完成一定工作任务为期限的劳动合同或者劳动合同期限不满 3 个月的	不得约定试用期
3 个月 ~1 年	不得超过 1 个月
1 年以上（包括 1 年）~3 年	不得超过 2 个月
3 年以上（包括 3 年）（固定期限和无固定期限劳动合同）	不得超过 6 个月

2. **试用期工资的强制性规定**

（1）劳动者在试用期的工资不得低于本单位相同岗位最低档工资或者劳动合同约定工资的 80%，并不得低于用人单位所在地的最低工资标准。

（2）劳动合同约定工资，是指该劳动者与用人单位订立的劳动合同中约定的劳动者试用期满后的工资。

（二）服务期

1. **服务期的适用范围**

服务期是指劳动者因享受用人单位给予的特殊待遇而作出的劳动履行期限承诺。《劳动合同法》规定，用人单位为劳动者提供专项培训费用，对其进行专业技术培训的，可以与该劳动者订立协议，约定服务期。

服务期与劳动合同一般期限在时间长度上不一致，前者一般长于后者：劳动合同期满，但是用人单位与劳动者约定的服务期尚未到期的，劳动合同应当续延至服务期满；双方另有约定的，从其约定。

2. 劳动者违反服务期的违约责任

劳动者违反服务期约定的，应当按照约定向用人单位支付违约金。违约金的数额不得超过用人单位提供的培训费用。对已经履行部分服务期限的，用人单位要求劳动者支付的违约金不得超过服务期尚未履行部分所应分摊的培训费用。

【例题 2-6·计算题】某公司为员工李某提供专项培训，费用 10 000 元，对其进行专业技术培训，双方约定服务期 5 年。工作满 3 年后，吴某辞职，吴某应向某公司支付违约金多少元？

解析：每年分摊培训费用 = 10 000÷5 = 2 000（元），因已履行 3 年，还需要支付违约金 = 10 000−2 000×3 = 4 000（元）。

一般而言，只有劳动者在服务期内提出与单位解除劳动关系时，用人单位才可以要求其支付违约金。不过，为了防止可能出现的规避赔偿责任，如果劳动者因下列违纪等重大过错行为而被用人单位解除劳动关系的，用人单位仍有权要求其支付违约金：

（1）严重违反用人单位的规章制度的；

（2）严重失职，营私舞弊，给用人单位造成重大损害的；

（3）劳动者同时与其他用人单位建立劳动关系，对完成本单位的工作任务造成严重影响，或者经用人单位提出，拒不改正的；

（4）以欺诈、胁迫的手段或者乘人之危，使用人单位在违背真实意思的情况下订立或者变更劳动合同，致使劳动合同无效的；

（5）被依法追究刑事责任的。

3. 劳动者解除劳动合同不属于违反服务期约定的情形

用人单位与劳动者约定了服务期，劳动者依照下述情形的规定解除劳动合同的，不属于违反服务期的约定，用人单位不得要求劳动者支付违约金：

（1）用人单位未按照劳动合同约定提供劳动保护或者劳动条件的；

（2）用人单位未及时足额支付劳动报酬的；

（3）用人单位未依法为劳动者缴纳社会保险费的；

（4）用人单位的规章制度违反法律、法规的规定，损害劳动者权益的；

（5）用人单位以欺诈、胁迫的手段或者乘人之危，使劳动者在违背真实意思的情况下订立或者变更劳动合同的；

（6）用人单位在劳动合同中免除自己的法定责任、排除劳动者权利的；

（7）用人单位违反法律、行政法规强制性规定的；

（8）法律、行政法规规定劳动者可以解除劳动合同的其他情形。

（三）保守商业秘密和竞业限制

用人单位与劳动者可以在劳动合同中约定保守用人单位的商业秘密与知识产权相关的保密事项。对负有保密义务的劳动者，用人单位可以在劳动合同或者保密协议中与劳动者约定竞业限制条款，并约定在解除或者终止劳动合同后，在竞业限制期限内按月给予劳动者经济补偿。

提示：补偿金的数额由双方约定，劳动者违反竞业限制约定的，应当按照约定向用人单位支付违约金。

签订竞业限制条款，就必须给予劳动者相应的经济补偿，否则该条款无效。

竞业限制条款适用范围应限定为负有保守用人单位商业秘密义务的劳动者，限于用人单位的高级管理人员、高级技术人员和其他负有保密义务的人员。

竞业限制期限不得超过2年。

【例题2-7·简答题】刘某原是乙公司的技术总监，公司与他签订了竞业限制协议，约定无论因何原因离职，离职后3年内不得在本行业从事相关业务，公司在其离职后每月支付2万元的补偿金。在该公司工作3年后，刘某突然向公司辞职。但公司只给了他第一笔补偿金2万元，其余部分公司一直没有支付。刘某认为公司违约，竞业限制协议已自动失效，遂在离职4个月后到原公司的对手公司上班。请问刘某的做法是否能得到法律支持？其对原公司是否应承担违约责任？

解析：根据劳动合同法律制度的规定，用人单位可以与劳动者签订竞业限制协议，但约定期限不能超过2年，因此乙公司与刘某签订3年的竞业限制协议不符合法律规定。此外乙公司不按协议约定按月支付刘某经济补偿金，且已经超过3个月，刘某可以请求解除竞业限制，并要求乙公司支付竞业限制经济补偿，人民法院应予以支持。

任务四　劳动合同的履行、变更、解除和终止

一、劳动合同的履行

（一）用人单位与劳动者应当按照劳动合同的约定，全面履行各自的义务

(1) 用人单位应当按照劳动合同约定和国家规定，向劳动者及时足额支付劳动报酬。用人单位拖欠或者未足额支付劳动报酬的，劳动者可以依法向当地人民法院申请支付令，人民法院应当依法发出支付令。

(2) 用人单位应当严格执行劳动定额标准，不得强迫或者变相强迫劳动者加班。

(3) 劳动者拒绝用人单位管理人员违章指挥、强令冒险作业的，不视为违反劳动合同。劳动者对危害生命安全和身体健康的劳动条件，有权对用人单位提出批评、检举和控告。

(4) 用人单位变更名称、法定代表人、主要负责人或者投资人等事项，不影响劳动合同的履行。

(5) 用人单位发生合并或者分立等情况，原劳动合同继续有效，劳动合同由承继其权利和义务的用人单位继续履行。

（二）用人单位应当依法建立和完善劳动规章制度，保障劳动者享有劳动权利、履行劳动义务

劳动规章制度的内容不能违反劳动法律、法规的义务性规范和劳动合同的约定条款。合法有效的劳动规章制度是劳动合同的组成部分，对用人单位和劳动者均具有法律约束力。

用人单位直接涉及劳动者切身利益的规章制度违反法律、法规规定的，由劳动行政部门责令改正，给予警告；给劳动者造成损害的，应当承担赔偿责任。

二、劳动合同的变更

用人单位与劳动者协商一致，可以变更劳动合同约定的内容。变更劳动合同，应当采用书面形式。变更后的劳动合同文本由用人单位和劳动者各执一份。

三、劳动合同解除

劳动合同解除分为协商解除和法定解除两种情况。

（一）协商解除

又称意定解除，是指劳动合同订立后，双方当事人因某种原因，在完全自愿的基础上协商一致，合意解除劳动合同，提前终止劳动合同的效力。

由用人单位提出解除劳动合同而与劳动者协商一致的，必须依法向劳动者支付经济补偿；由劳动者主动辞职而与用人单位协商一致解除劳动合同的，用人单位无须向劳动者支付经济补偿。

（二）法定解除，可分为用人单位单方面解除和劳动者单方面解除

1. 劳动者可单方面解除劳动合同的情形

提前通知 （无补偿）	（1）劳动者在试用期内提前3日通知用人单位，可以解除劳动合同； （2）劳动者提前30日以书面形式通知用人单位，可以解除劳动合同
	提示：如果劳动者没有履行通知程序，则属于违法解除，如果因此对用人单位造成损失的，劳动者应对用人单位的损失承担赔偿责任
随时通知 （有补偿）	（1）用人单位未按照劳动合同约定提供劳动保护或者劳动条件的； （2）用人单位未及时足额支付劳动报酬的； （3）用人单位未依法为劳动者缴纳社会保险费的； （4）用人单位的规章制度违反法律、法规的规定，损害劳动者权益的； （5）用人单位以欺诈、胁迫的手段或者乘人之危，使劳动者在违背真实意思的情况下订立或者变更劳动合同的； （6）用人单位在劳动合同中免除自己的法定责任、排除劳动者权利的； （7）用人单位违反法律、行政法规强制性规定的； （8）法律、行政法规规定劳动者可以解除劳动合同的其他情形
不需事先告知 （有补偿）	（1）用人单位以暴力、威胁或者非法限制人身自由的手段强迫劳动者劳动的； （2）用人单位违章指挥、强令冒险作业危及劳动者人身安全的

【例题2-8·简答题】甲2020年1月与单位签订了5年的劳动合同，试用期为3个月。2021年2月27日，甲在查询社保缴纳记录时，发现单位未缴纳试用期（2008年1~3月）的社保费。根据合同上的有关约定，2021年3月28日甲向单位提出补交社保费的要求，遭到拒绝。于是甲向单位寄出“解除劳动合同通知书”；同时，准备申请仲裁，要求单位支付经济补偿以及补交社保费。请问甲的要求能否得到法律支持？

解析：用人单位为劳动者缴纳社保费是法定的义务。只要建立了劳动关系就应当依法参加社会保险，缴纳社保费。试用期包括在劳动合同期限中，试用期同样属于劳动关系的存续期间，因此，用人单位也应当为试用期内的员工缴纳社保费。该单位对甲要求补交社保费的要求予以拒绝，甲有权随时通知单位解除劳动合同，并且得到经济补偿和补交社保费的待遇。

2. 用人单位可单方面解除劳动合同的情形

提前通知 （无过失性辞退） （有补偿）	有下列情形之一的，用人单位提前30日以书面形式通知劳动者本人或者额外支付劳动者1个月工资（该劳动者上一个月的工资标准）后，可以解除劳动合同： （1）劳动者患病或者非因工负伤，在规定的医疗期满后不能从事原工作，也不能从事由用人单位另行安排的工作的； （2）劳动者不能胜任工作，经过培训或者调整工作岗位，仍不能胜任工作的；（“不能胜任工作”是指不能按要求完成劳动合同中约定的任务或者同工种、同岗位人员的工作量） （3）劳动合同订立时所依据的客观情况发生重大变化，致使劳动合同无法履行，经用人单位与劳动者协商，未能就变更劳动合同内容达成协议的
随时通知 （无补偿）	（1）劳动者在试用期间被证明不符合录用条件的； （2）劳动者严重违反用人单位的规章制度的； （3）劳动者严重失职，营私舞弊，给用人单位造成重大损害的； （4）劳动者同时与其他用人单位建立劳动关系，对完成本单位的工作任务造成严重影响，或者经用人单位提出，拒不改正的； （5）劳动者以欺诈、胁迫的手段或者乘人之危，使用人单位在违背真实意思的情况下订立或者变更劳动合同的； （6）劳动者被依法追究刑事责任的
裁减人员 （经济性裁员） （有补偿）	有下列情形之一，需要裁减人员20人以上或者裁减不足20人但占企业职工总数10%以上的，用人单位提前30日向工会或者全体职工说明情况，听取工会或者职工的意见后，裁减人员方案经向劳动行政部门报告，可以裁减人员： （1）依照企业破产法规定进行重整的； （2）生产经营发生严重困难的； （3）企业转产、重大技术革新或者经营方式调整，经变更劳动合同后，仍需裁减人员； （4）其他因劳动合同订立时所依据的客观经济情况发生重大变化，致使劳动合同无法履行的
	提示：（1）裁减人员时，应当优先留用下列人员： ① 与本单位订立较长期限的固定期限劳动合同的； ② 与本单位订立无固定期限劳动合同的； ③ 家庭无其他就业人员，有需要扶养的老人或者未成年人的。 （2）用人单位裁减人员后，在6个月内重新招用人员的，应当通知被裁减的人员，并在同等条件下优先招用被裁减的人员

3. 用人单位不得解除劳动合同（不得终止劳动合同）的情形（6种），劳动合同应当续延至相应的情形消失时终止

（1）从事接触职业病危害作业的劳动者未进行离岗前职业健康检查，或者疑似职业病病人在诊断或者医学观察期间的；

（2）在本单位患职业病或者因工负伤并被确认丧失或者部分丧失劳动能力的；

（3）患病或者非因工负伤，在规定的医疗期内的；

（4）女职工在孕期、产期、哺乳期的；

（5）在本单位连续工作满15年，且距法定退休年龄不足5年的；

（6）法律、行政法规规定的其他情形。（例如工会主席、副主席、委员延长至任职期满）

提示：用人单位违反规定解除劳动合同，劳动者要求继续履行劳动合同的，用人单位应当继续履行；劳动者不要求继续履行劳动合同或者劳动合同已经不能继续履行的，用人单位应当依照劳动合同法规定的经济补偿标准的2倍向劳动者支付赔偿金。

【例题 2-9 · 简答题】洪某与一公司签订劳动合同，合同期限自 2005 年 12 月 2 日至 2007 年 3 月 1 日止。合同期满后双方未续订，但公司继续安排洪某在原工作岗位上班，并向其支付相应的劳动报酬。2008 年 4 月 10 日上午，洪某在作业时不慎受伤，经当地劳动和社会保障局认定：洪某为工伤，七级伤残。洪某受伤后，要求单位给予工伤待遇，并保持与单位的劳动关系；公司认为劳动合同早已期满，不同意保持与洪某的劳动关系。请问该案应如何处理？

解析：洪某与公司的劳动合同期满后未续订，但公司让洪某继续在本单位原工作岗位上工作，并向其支付相应的劳动报酬，这些做法符合法律、法规规定的事实劳动关系的要件，因此，洪某与公司间已形成事实上的劳动关系，事实劳动关系同样受《劳动法》保护。洪某在此期间发生了工伤，根据法律规定，公司不能解除与洪某的劳动关系，除非劳动者本人提出终止劳动合同，双方劳动关系才可以终止。而洪某不愿意自谋职业，要求与单位继续保持劳动关系，因此，公司应当给洪某安排适当的工作，不得因工伤与其解除劳动关系。

四、劳动合同终止的情形

（一）劳动合同终止的情形

（1）劳动合同期满的；

（2）劳动者开始依法享受基本养老保险待遇的；

（3）劳动者达到法定退休年龄的；

（4）劳动者死亡，或者被人民法院宣告死亡或者宣告失踪的；

（5）用人单位被依法宣告破产的；

（6）用人单位被吊销营业执照、责令关闭、撤销或者用人单位决定提前解散的；

（7）法律、行政法规规定的其他情形。

提示：用人单位与劳动者不得约定上述情形之外的其他劳动合同终止条件，即使约定也无效。

（二）劳动合同解除和终止的法律后果和责任

（1）劳动合同的解除和终止，只对未履行的部分发生效力，即双方不再继续履行劳动合同。

（2）用人单位单方面解除劳动合同，应当事先将理由通知工会。用人单位违反法律、行政法规规定或者劳动合同约定的，工会有权要求用人单位纠正。用人单位应当研究工会的意见，并将处理结果书面通知工会。

（3）用人单位违反规定解除或者终止劳动合同，劳动者要求继续履行劳动合同的，用人单位应当继续履行；劳动者不要求继续履行劳动合同或者劳动合同已经不能继续履行的，用人单位应当依照《劳动合同法》规定的经济补偿标准的 2 倍向劳动者支付赔偿金，支付了赔偿金的，不再支付经济补偿。赔偿金的计算年限自用工之日起计算。

（4）劳动合同解除或终止的，用人单位应出具解除或者终止劳动合同的证明，证明应当写明劳动合同期限、解除或终止劳动合同的日期、工作岗位、在本单位的工作年限，并在 15 日内为劳动者办理档案和社会保险关系转移手续。

（5）用人单位对已经解除或者终止的劳动合同的文本，至少保存 2 年备查。

（三）劳动合同解除和终止的经济补偿

1. 经济补偿的概念

《劳动合同法》中的经济补偿是指按照《劳动合同法》的规定，在劳动者无过错的情况下，用人单位与劳动者解除或终止劳动合同而依法应给予劳动者的经济上的补助，也称经济补偿金。

2. 用人单位应当向劳动者支付经济补偿的情形(9 种)

(1) 由用人单位提出解除劳动合同并与劳动者协商一致而解除劳动合同的；

(2) 劳动者符合随时通知解除和不需事先通知即可解除劳动合同规定情形而解除劳动合同的；

(3) 用人单位符合提前 30 日以书面形式通知劳动者本人或者额外支付劳动者 1 个月工资后，可以解除劳动合同规定情形而解除劳动合同的；

(4) 用人单位符合可裁减人员规定而解除劳动合同的；

(5) 除用人单位维持或者提高劳动合同约定条件续订劳动合同，劳动者不同意续订的情形外，劳动合同期满终止固定期限劳动合同的；

(6) 以完成一定工作任务为期限的劳动合同因任务完成而终止的；

(7) 用人单位被依法宣告破产终止劳动合同的；

(8) 用人单位被吊销营业执照、责令关闭、撤销或者用人单位决定提前解散而终止劳动合同的；

(9) 法律、行政法规规定解除或终止劳动合同应当向劳动者支付经济补偿的其他情形。

3. 经济补偿的支付标准

经济补偿一般根据劳动者在用人单位的工作年限和工资标准来计算具体金额，并以货币形式支付给劳动者。

(1) 补偿年限(即工作年限)的计算。

① 经济补偿按劳动者在本单位工作的年限，每满 1 年支付 1 个月工资的标准向劳动者支付。6 个月以上不满 1 年的，按 1 年计算；不满 6 个月的，向劳动者支付半个月工资标准的经济补偿。

提示：经济补偿金=劳动合同解除或终止前劳动者在本单位的工作年限×每工作一年应得的经济补偿，或者简写为：经济补偿金=工作年限×月工资。

② 劳动者非因本人原因从原用人单位被安排到新用人单位工作的，劳动者在原用人单位的工作年限合并计入新用人单位的工作年限。原用人单位已经向劳动者支付经济补偿的，新用人单位在依法解除、终止劳动合同计算支付经济补偿的工作年限时，不再计算劳动者在原用人单位的工作年限。

(2) 补偿基数(即月工资标准)的计算标准。

① 月工资按照劳动者应得工资计算，包括计时工资或者计件工资以及奖金、津贴和补贴等货币性收入。

② 劳动者在劳动合同解除或者终止前 12 个月的平均工资，低于当地最低工资标准的，按照当地最低工资标准计算。劳动者工作不满 12 个月的，按照实际工作的月数计算平均工资。

③ 劳动者月工资高于用人单位所在直辖市、设区的市级人民政府公布的本地区上年度职工月平均工资 3 倍的，向其支付经济补偿的标准按职工月平均工资 3 倍的数额支付，向其支付经济补偿的年限最高不超过 12 年。即：经济补偿金=工作年限(最高不超过 12 年)×当地上年度职工月平均工资 3 倍。

(3) 补偿年限和基数的特殊计算。

①《劳动合同法》施行之日已存续的劳动合同，在《劳动合同法》施行后解除或者终止，

依照《劳动合同法》规定应当支付经济补偿的，经济补偿年限自《劳动合同法》施行之日起计算；《劳动合同法》施行前按照当时有关规定，用人单位应当向劳动者支付经济补偿的，按照当时有关规定执行。在此情况下，经济补偿的计发办法分两段计算：2008 年 1 月 1 日前的补偿年限和补偿基数，按当时当地的有关规定执行；2008 年 1 月 1 日后的补偿年限和补偿基数，按新规定执行；两段补偿合并计算。

提示：2008 年 1 月 1 日前后，补偿基数的计算略有不同。

a. 2008 年 1 月 1 日以前，工作年限每满 1 年，支付 1 个月工资补偿；不满 1 年的，均按 1 年计算，支付 1 个月的工资补偿。

b. 2008 年 1 月 1 日后，工作年限 6 个月以上不满 1 年的，按 1 年计算；不满 6 个月的，支付半个月的工资补偿。

② 用人单位未依法为劳动者缴纳社会保险的，劳动者有权解除劳动合同，用人单位应支付经济补偿，在此种情形下，经济补偿的计算年限自 2008 年 1 月 1 日起计算；而在其他解除劳动合同的情形下，经济补偿的计算年限自双方建立劳动关系时起计算，即应按工作年限计算。

③ 劳动合同期满后，若用人单位不同意按照维持或高于原劳动合同约定条件，与劳动者续订劳动合同的，用人单位应支付经济补偿，经济补偿的计算年限应自 2008 年 1 月 1 日开始计算，2008 年 1 月 1 日之前的工作年限，不属于经济补偿的范围。

任务五　劳动争议的解决

一、劳动争议及解决方法

（一）劳动争议的概念及适用范围

劳动争议是指对劳动者与用人单位因订立、履行、变更、解除或者终止劳动合同发生的争议。

劳动争议的范围主要指中华人民共和国境内的用人单位与劳动者发生的下列劳动争议：

(1) 因确认劳动关系发生的争议；

(2) 因订立、履行、变更、解除和终止劳动合同发生的争议；

(3) 因除名、辞退和辞职、离职发生的争议；

(4) 因工作时间、休息休假、社会保险、福利、培训以及劳动保护发生的争议；

(5) 因劳动报酬、工伤医疗费、经济补偿或者赔偿金等发生的争议；

(6) 法律、法规规定的其他劳动争议。

【例题 2-10 · 多选题】下列情形中，属于劳动争议适用范围的有（　　）。

A. 张某自动离职一年后，回原单位要求复职被拒绝

B. 王某要求公司增加股权分配

C. 李某向银行提出以承包的小卖部抵押贷款被拒绝

D. 刘某因工伤致残后，要求企业增加赔偿金数额被拒绝

解析：正确选项为 AD。本题考核点是劳动争议适用范围。选项 BC 不属于劳动争议。

（二）劳动争议的解决原则和方法

(1) 解决劳动争议，应当根据事实，遵循合法、公正、及时、着重调解的原则，依法

保护当事人的合法权益。

（2）解决方法：协商、调解、仲裁、诉讼。谁主张谁举证。

二、劳动调解

（一）劳动争议调解组织

（1）企业劳动争议调解委员会；

（2）依法设立的基层人民调解组织；

（3）在乡镇、街道设立的具有劳动争议调解职能的组织。

（二）调解员

对于设有劳动争议调解委员会的企业，其调解委员会由职工代表和企业代表组成。职工代表由工会成员担任或者由全体职工推举产生，企业代表由企业负责人指定。企业劳动争议调解委员会主任由工会成员或者双方推举的人员担任。

（三）劳动争议调解程序

（1）当事人申请劳动争议调解可以书面申请，也可以口头申请。

（2）经调解达成协议的，应当制作调解协议书。调解协议书由双方当事人签名或者盖章，经调解员签名并加盖调解组织印章后生效，对双方当事人具有约束力，当事人应当履行。

（3）达成调解协议后，一方当事人在协议约定期限内不履行调解协议的，另一方当事人可以依法申请仲裁。

因支付拖欠劳动报酬、工伤医疗费、经济补偿或者赔偿金事项达成调解协议，用人单位在协议约定期限内不履行的，劳动者可以持调解协议书依法向人民法院申请支付令，人民法院应当依法发出支付令。

（4）自劳动争议调解组织收到调解申请之日起15日内未达成调解协议的，当事人可以依法申请仲裁。

【例题2-11·多选题】关于劳动调解，下列说法正确的有（　　）。

A. 对于设有劳动争议调解委员会的企业，其调解委员会由工会担任

B. 当事人申请劳动争议调解可以书面申请，也可以口头申请

C. 调解协议书由双方当事人签名或者盖章，经调解员签名并加盖调解组织印章后生效

D. 自劳动争议调解组织收到调解申请之日起15日内未达成调解协议的，当事人可以依法申请仲裁

解析：正确选项为BCD。本题考核点是劳动调解。对于设有劳动争议调解委员会的企业，其调解委员会由职工代表和企业代表组成。

三、劳动仲裁

（一）劳动仲裁

劳动仲裁是指由劳动争议仲裁委员会对当事人申请仲裁的劳动争议居中公断与裁决。需要注意的是，劳动仲裁与本书项目一所讲的仲裁不同。

（1）劳动仲裁的法律依据是《劳动争议调解仲裁法》以及《劳动人事争议仲裁办案规则》；而项目一所讲的仲裁，其法律依据是《仲裁法》。

（2）劳动仲裁的范围与普通仲裁不同。

（3）普通仲裁是一裁终局，选择仲裁意味着放弃诉讼（或裁或审）；而劳动仲裁却是劳动诉讼的必经程序。

提示：在我国，劳动仲裁是劳动争议当事人向人民法院提起诉讼的必经程序。劳动争议仲裁不实行一裁终局制，劳动争议仲裁不收费。劳动争议仲裁委员会的经费由财政予以保障。

（二）劳动仲裁参加人、劳动仲裁机构和劳动仲裁管辖

1. 劳动仲裁参加人

劳动仲裁参加人包括：当事人、当事人代表、第三人和代理人。①发生劳动争议的劳动者和用人单位为劳动争议仲裁案件的双方当事人。②发生劳动争议的劳动者一方在10人以上，并有共同请求的，劳动者可以推举3~5名代表参加仲裁活动。代表参加仲裁的行为对其所代表的当事人发生效力，但代表变更、放弃仲裁请求或者承认对方当事人的仲裁请求，进行和解，必须经被代表的当事人同意。

2. 劳动仲裁机构

（1）劳动仲裁机构是劳动争议仲裁委员会。劳动争议仲裁委员会不按行政区划层层设立。

（2）劳动争议仲裁委员会由劳动行政部门代表、工会代表和企业方面代表组成。劳动争议仲裁委员会组成人员应当是单数。

（3）劳动争议仲裁委员会应当设仲裁员名册。仲裁员应当公道、正派，并符合下列条件之一：

① 曾任审判员；

② 从事法律研究、教学工作并具有中级以上职称；

③ 具有法律知识，从事人力资源管理或者工会等专业工作满5年；

④ 律师执业满3年。

（三）劳动仲裁管辖

（1）劳动争议由劳动合同履行地或者用人单位所在地的劳动争议仲裁委员会管辖。双方当事人分别向劳动合同履行地和用人单位所在地的劳动争议仲裁委员会申请仲裁的，由劳动合同履行地的劳动争议仲裁委员会管辖。

提示：劳动合同履行地为劳动者实际工作场所地，用人单位所在地为用人单位注册、登记地。用人单位未经注册、登记的，其出资人、开办单位或主管部门所在地为用人单位所在地。

（2）案件受理后，劳动合同履行地和用人单位所在地发生变化的，不改变争议仲裁的管辖。

（四）申请和受理

1. 申请时效

一般时效	劳动争议申请仲裁的时效期间为1年。仲裁时效期间从当事人知道或者应当知道其权利被侵害之日起计算
	劳动关系存续期间因拖欠劳动报酬发生争议的，劳动者申请仲裁不受1年仲裁时效期间的限制；但是，劳动关系终止的，应当自劳动关系终止之日起1年内提出
中断	劳动仲裁时效，因当事人一方向对方当事人主张权利，或者向有关部门请求权利救济，或者对方当事人同意履行义务而中断。从中断时起，仲裁时效期间重新计算
中止	因不可抗力或者有其他正当理由，当事人不能在仲裁时效期间申请仲裁的，仲裁时效中止。从中止时效的原因消除之日起，仲裁时效期间继续计算

【**例题 2-12 · 多选题**】关于劳动争议申请仲裁的时效，下列说法正确的是(　　)。

A. 劳动争议申请仲裁的时效期间为 1 年

B. 因拖欠劳动报酬劳动关系终止的，不受 1 年仲裁时效期间的限制

C. 劳动仲裁时效，因当事人一方向对方当事人主张权利，或者向有关部门请求权利救济，或者对方当事人同意履行义务而中断

D. 因不可抗力或者有其他正当理由，当事人不能在仲裁时效期间申请仲裁的，仲裁时效中止

解析：正确选项为 ACD。本题考核点是劳动仲裁申请时效。劳动关系存续期间因拖欠劳动报酬发生争议的，劳动者申请仲裁不受 1 年仲裁时效期间的限制；但是，劳动关系终止的，应当自劳动关系终止之日起 1 年内提出。

2. **仲裁申请**

申请人申请仲裁应当提交书面仲裁申请，书写仲裁申请确有困难的，可以口头申请。

3. **仲裁受理**

(1) 劳动争议仲裁委员会收到仲裁申请之日起 5 日内，认为符合受理条件的，应当受理，并通知申请人；认为不符合受理条件的，应当书面通知申请人不予受理，并说明理由。

(2) 对劳动争议仲裁委员会不予受理或者逾期未做出决定的，申请人可以就该劳动争议事项向人民法院提起诉讼。

(3) 劳动争议仲裁委员会受理仲裁申请后，应当在 5 日内将仲裁申请书副本送达被申请人；被申请人应当在 10 日内提交答辩书，劳动争议仲裁委员会应当在 5 日内将答辩书副本送达申请人。被申请人未提交答辩书的，不影响仲裁程序的进行。

(五) 开庭和裁决

1. **基本制度**

(1) 公开仲裁制，劳动仲裁公开进行。当事人协议不公开或者涉及国家秘密、商业秘密和个人隐私的除外。

提示：《仲裁法》规定的民事仲裁不公开进行。当事人协议公开的，可以公开进行；但涉及国家秘密的除外。

(2) 仲裁庭制。

(3) 回避制。

2. **开庭程序**

(1) 仲裁庭应当在开庭 5 日前，将开庭日期、地点书面通知双方当事人。当事人有正当理由的，可以在开庭 3 日前请求延期开庭。是否延期由劳动争议仲裁委员会决定。

(2) 申请人收到书面通知，无正当理由拒不到庭或未经仲裁庭同意中途退庭的，可以视为撤回仲裁申请。被申请人收到书面通知，无正当理由拒不到庭或未经仲裁庭同意中途退庭的，可以缺席裁决。

3. **裁决**

(1) 和解，当事人申请劳动争议仲裁后，可以自行和解。达成和解协议的，可以撤回仲裁申请。

(2) 调解，仲裁庭在作出裁决前，应当先行调解。调解达成协议的，仲裁庭应当制作

调解书。调解书经双方当事人签收后，发生法律效力。调解不成或者调解书送达前，一方当事人反悔的，仲裁庭应当及时作出裁决。

（3）审限（审理期限），仲裁庭裁决劳动争议案件，应当自劳动争议仲裁委员会受理仲裁申请之日起45日内结束。案情复杂需要延期的，经劳动争议仲裁委员会主任批准，可以延期并书面通知当事人，但是延长期限不得超过15日。逾期未作出仲裁裁决的，当事人可以就该劳动争议事项向人民法院提起诉讼。

4. **裁决**

（1）裁决应当按照多数仲裁员的意见作出，仲裁庭不能形成多数意见时，裁决应当按照首席仲裁员的意见作出。

（2）下列劳动争议，除法律另有规定的外，仲裁裁决为终局裁决，裁决书自作出之日起发生法律效力：追索劳动报酬、工伤医疗费、经济补偿或者赔偿金，不超过当地月最低工资标准12个月金额的争议；因执行国家的劳动标准在工作时间、休息休假、社会保险等方面发生的争议。

（3）用人单位有证据证明上述仲裁裁决有下列情形之一，可以自收到仲裁裁决书之日起30日内向劳动争议仲裁委员会所在地的中级人民法院申请撤销裁决：适用法律、法规确有错误的；劳动争议仲裁委员会无管辖权的；违反法定程序的；裁决所根据的证据是伪造的；对方当事人隐瞒了足以影响公正裁决的证据的；仲裁员在仲裁该案时有索贿受贿、徇私舞弊、枉法裁决行为的。

（六）执行

（1）仲裁庭对追索劳动报酬、工伤医疗费、经济补偿或者赔偿金的案件，根据当事人的申请，可以裁决先予执行，移送人民法院执行，劳动者申请先予执行的，可以不提供担保。仲裁庭裁决先予执行的，应当符合下列条件：当事人之间权利义务关系明确；不先予执行将严重影响申请人的生活。

（2）当事人对发生法律效力的调解书、裁决书，应当依照规定的期限履行。一方当事人逾期不履行的，另一方当事人可以依照《民事诉讼法》的有关规定向人民法院申请执行。受理申请的人民法院应当依法执行。

四、劳动诉讼

（一）劳动诉讼申请范围

（1）对劳动争议仲裁委员会不予受理或者逾期未作出决定的，申请人可以就该劳动争议事项向人民法院提起诉讼。

（2）劳动者对劳动争议的终局裁决不服的，可以自收到仲裁裁决书之日起15日内向人民法院提起诉讼。

（3）当事人对终局裁决情形之外的其他劳动争议案件的仲裁裁决不服的，可以自收到仲裁裁决书之日起15日内提起诉讼。

（4）终局仲裁裁决被人民法院裁定撤销的，当事人可以自收到裁决书之日起15日内就该劳动争议事项向人民法院提起诉讼。

（二）劳动诉讼程序

劳动诉讼依照《民事诉讼法》的规定执行。

【扫一扫学习】

违反《劳动合同法》的法律责任。

扫一扫

【温故而知新】

一、单项选择题

1. 下列关于劳动合同的表述中，正确的是(　　)。

A. 签订劳动合同时，用人单位和劳动者具有了支配与被支配、管理与服从的从属关系

B. 用人单位一律不得以性别为由拒绝录用妇女或者提高对妇女的录用标准

C. 未取得营业执照的分支机构，受用人单位委托可以与劳动者订立劳动合同

D. 用人单位招用劳动者，可以扣押劳动者的居民身份证

2. 2018 年 4 月，赵某应聘到甲公司工作，双方口头约定了 1 个月试用期，但未订立书面劳动合同。关于双方劳动关系建立的下列表述中，正确的是(　　)。

A. 甲公司应当与赵某补签劳动合同，双方之间劳动关系自合同补签之日起建立

B. 赵某与甲公司未订立劳动合同，双方之间未建立劳动关系

C. 赵某与甲公司之间的劳动关系自赵某进入公司开始工作时建立

D. 赵某与甲公司之间的劳动关系自试用期满时建立

3. 非全日制用工，是指以小时计酬为主，劳动者在同一用人单位一般平均每日工作时间不超过 4 小时，每周工作时间累计不超过一定时间的用工形式。该时间为(　　)。

A. 24 小时　　B. 20 小时　　C. 36 小时　　D. 30 小时

4. 某企业急需交付一批产品，需要工人加班。该企业可以延长工作时间的正确做法是(　　)。

A. 经总经理批准　　B. 经工会同意

C. 经与工会和劳动者协商一致　　D. 经劳动者同意

5. 根据劳动合同法律制度的规定，下列各项表述中不正确的是(　　)。

A. 实行计件工资的劳动者，在完成计件定额任务后，由用人单位安排休息日工作的，按照不低于其本人法定工作时间计件单价的 150% 支付其工资

B. 用人单位安排加班不支付加班费的，由劳动行政部门责令限期支付加班费，逾期不支付的，按应付金额 50% 以上 100% 以下的标准向劳动者加付赔偿金

C. 实行综合计算工时工作制的用人单位，其综合计算工作时间超过法定标准工作时间的部分，视为延长工作时间，应当按规定支付延长工作时间的工资

D. 因劳动者自身原因给用人单位造成经济损失的，用人单位可以要求其赔偿经济损失

6. 单位与劳动者约定了竞业限制，对此下列表述不正确的是(　　)。

A. 劳动合同解除或者终止后，由于用人单位的原因导致 3 个月未支付经济补偿，劳动者可以请求解除竞业限制协议

B. 在竞业限制期限内，用人单位不能请求解除竞业限制协议

C. 劳动者违反竞业限制协议，向用人单位支付违约金后，用人单位可以要求劳动者按照约定继续履行竞业限制义务

D. 单位解除竞业限制协议时，劳动者可以请求用人单位额外支付劳动者 3 个月的竞业限制经济补偿

7. 根据劳动合同法律制度的规定，关于用人单位违反规定解除或者终止劳动合同，以下表述不正确的是(　　)。

A. 劳动者要求继续履行劳动合同，用人单位应当继续履行

B. 劳动者不要求继续履行劳动合同，用人单位应当向劳动者支付赔偿金

C. 如果需要计算赔偿金的，赔偿金计算年限自用工之日起计算

D. 劳动合同不能继续履行的，用人单位可以不向劳动者支付赔偿金

8. 下列说法中，不正确的是(　　)。

A. 劳动合同用工是我国企业的基本用工形式

B. 劳务派遣用工只能在临时性、辅助性或者替代性的工作岗位上实施

C. 劳务派遣单位应当与被派遣劳动者订立 3 年以上的固定期限劳动合同，按月支付劳动报酬

D. 被派遣劳动者在无工作期间，劳务派遣单位应当按照所在地人民政府规定的最低工资标准，向其按月支付报酬

9. 下列各项关于劳动仲裁参加人的表述中，错误的是(　　)。

A. 劳务派遣单位或者用工单位与劳动者发生劳动争议的，劳务派遣单位和用工单位为共同当事人

B. 劳动者与个人承包经营者发生争议，依法向仲裁委员会申请仲裁的，应当将发包的组织和个人承包经营者作为当事人

C. 因履行集体合同发生的劳动争议，经协商解决不成的，工会可以依法申请仲裁

D. 发生争议的劳动者一方在 10 人以上，并有共同请求的，劳动者可以推举 2~4 名代表参加仲裁活动

10. 用人单位违反规定不与劳动者订立无固定期限劳动合同的，应当承担的法律责任是(　　)。

A. 自应当订立无固定期限劳动合同之日起向劳动者每月支付 2 倍的工资

B. 责令改正，予以警告

C. 对用人单位处以 2 000 元以下的罚款

D. 对用人单位处以 1 000 元以上 2 000 元以下的罚款

二、多项选择题

1. 根据劳动合同法律制度的规定，下列情形中，职工不能享受当年年休假的有(　　)。

A. 依法享受寒暑假，其休假天数多于年休假天数的

B. 请事假累计 20 天以上，且单位按照规定不扣工资的

C. 累计工作满 1 年不满 10 年，请病假累计 2 个月以上的

D. 累计工作满 20 年以上，请病假累计满 3 个月的

2. 下列关于劳动合同的履行和变更的说法中，正确的有(　　)。

A. 用人单位拖欠或者未足额支付劳动报酬的，劳动者可以向当地劳动争议仲裁委员会申请支付令

B. 用人单位变更名称、法定代表人、主要负责人或者投资人等事项，不影响劳动合同的履行

C. 用人单位发生合并、分立等情况，原劳动合同继续有效

D. 变更劳动合同应当采用书面形式，未采用书面形式，即使已经实际履行也无效

3. 下列情形中，用人单位额外支付劳动者 1 个月工资后，可以解除劳动合同的有(　　)。

A. 劳动者患病或者非因工负伤，在规定的医疗期满后不能从事原工作，也不能从事由用人单位另行安排的工作的

B. 劳动者不能胜任工作，经过培训或者调整工作岗位，仍不能胜任工作的

C. 劳动者同时与其他用人单位建立劳动关系，对完成本单位的工作任务造成严重影响的

D. 劳动合同订立时所依据的客观情况发生重大变化，致使劳动合同无法履行，经用人单位与劳动者协商，未能就变更劳动合同内容达成协议的

4. 根据劳动合同法律制度的规定，下列各项中，可导致劳动合同终止的情形有(　　)。

A. 劳动者达到法定退休年龄　　B. 用人单位被依法宣告破产

C. 用人单位决定提前解散　　D. 劳动合同期满

5. 根据劳动合同法律制度的规定，下列各项的表述中正确的有(　　)。

A. 经调解达成协议的，应当制作调解协议书

B. 达成调解协议后，一方当事人在协议约定期限内不履行调解协议的，另一方当事人可以依法申请仲裁

C. 调解协议书由双方当事人签名或者盖章，经调解员签名并加盖调解组织印章后生效

D. 当事人申请劳动争议调解必须采用书面形式申请

6. 下列各项对劳动诉讼的表述，正确的有(　　)。

A. 对仲裁委员会不予受理或者逾期未做出决定的，申请人可以就该劳动争议事项向人民法院提起诉讼

B. 劳动者对劳动争议的终局裁决不服的，可以自收到仲裁裁决书之日起 30 日内向人民法院提起诉讼

C. 当事人对终局裁决情形之外的其他劳动争议案件的仲裁裁决不服的，可以自收到仲裁裁决书之日起 15 日内提起诉讼

D. 终局仲裁裁决被人民法院裁定撤销的，当事人可以自收到裁决书之日起 15 日内就该劳动争议事项向人民法院提起诉讼

三、判断题(正确的画√，错误的画×)

1. 订立劳动合同，应当遵循合法、公开、平等自愿、协商一致、诚实信用原则。(　　)

2. 集体合同订立后，应当报送劳动行政部门，劳动行政部门自收到集体合同文本之日起 15 日内审查同意，集体合同生效。(　　)

3. 对劳动仲裁裁决不服的，不可以向人民法院提起诉讼或者申请撤销仲裁裁决。(　　)

4. 用人单位的名称、住所和法定代表人或者主要负责人是劳动合同的可备条款。(　　)

5. 根据劳动合同法律制度的规定，劳动者在本单位连续工作满 10 年，且距法定退休年龄不足 10 年的，用人单位不得适用无过失性辞退或经济性裁员解除劳动合同的情形解除劳动合同。(　　)

四、不定项选择题

1. 2018 年 11 月 1 日，郭某应聘到甲公司工作，并签订了书面劳动合同，合同主要内容包括：合同期限 2 年；工资 2 500 元；试用期 6 个月，试用期内工资为 1 200 元。合同签订后，甲公司又要求郭某缴纳 2 500 元抵押金，原因是防止公司职工在合同期内随意跳槽。

郭某因一时找不到合适的工作，缴纳了抵押金。2020 年 10 月 31 日，郭某的劳动合同到期，甲公司与郭某续签了一份 1 年期的劳动合同，并退回了抵押金。由于公司效益比较好，2020 年 12 月，郭某提出要与公司签订无固定期限劳动合同，公司没有同意。郭某随后提交了辞职报告，双方一致同意解除了劳动合同。郭某要求甲公司支付劳动合同解除的经济补偿，被公司拒绝。

要求：

根据上述资料，不考虑其他因素，分析回答下列小题。

(1) 下列关于劳动合同中试用期的规定，说法正确的是(　　)。

A. 劳动合同期限 3 个月以上不满 1 年的，试用期不得超过 1 个月

B. 劳动合同期限 1 年以上不满 3 年的，试用期不得超过 2 个月

C. 3 年以上固定期限的劳动合同，试用期不得超过 6 个月

D. 无固定期限的劳动合同，不得约定试用期

(2) 下列关于甲公司要求郭某缴纳抵押金的表述中，正确的是(　　)。

A. 甲公司可以要求郭某缴纳抵押金

B. 甲公司不得要求郭某缴纳抵押金，但可以扣押郭某的居民身份证

C. 甲公司不得要求郭某缴纳抵押金，也不得扣押郭某的居民身份证和其他证件

D. 甲公司要求郭某缴纳抵押金违反规定，由劳动行政部门责令限期退还给郭某

(3) 下列关于无固定期限劳动合同的说法中，不正确的是(　　)。

A. 无固定期限劳动合同是指用人单位与劳动者约定合同终止时间的劳动合同

B. 郭某提出要与公司签订无固定期限劳动合同，公司应当订立

C. 用人单位与劳动者协商一致，可以订立无固定期限劳动合同

D. 劳动者工作满 15 年，提出订立无固定期限劳动合同的，用人单位应当订立

(4) 下列情形中，甲公司应当向郭某支付经济补偿的是(　　)。

A. 郭某主动提出辞职并与甲公司协商一致解除劳动合同的

B. 甲公司提出解除劳动合同并与郭某协商一致解除劳动合同的

C. 甲公司被依法宣告破产终止与郭某的劳动合同的

D. 郭某符合随时通知解除劳动合同规定的情形而与甲公司解除劳动合同的

2. 2013 年 1 月 1 日，大学毕业的张某进入甲公司工作，双方签订了 5 年期限劳动合同，工资 3 000 元/月。甲公司是丁某和王某于 2011 年 1 月 1 日设立的私营企业，在设立时即采用劳动合同制。

要点：(1) 2016 年 1 月 1 日，张某与甲公司约定，甲公司将张某送去美国进行技术培训，培训费用为 10 万元，张某培训回来后需要在甲公司工作 5 年，如张某违反约定，需向甲公司承担违约责任。甲公司与张某对此再无其他约定。

(2) 因张某在甲公司表现良好，在 5 年期限劳动合同到期后，甲公司又与张某重新签订了 5 年期限的劳动合同，工资涨为 5 000 元/月。

(3) 截止到 2020 年 1 月 1 日，张某已经连续在甲公司工作 7 年。2020 年 8 月，张某想陪家人去英国旅游，于是拟休年假。

(4) 张某休年假回来后，因积攒了大量工作，于是公司安排张某在 9 月 27 日(星期六)和 10 月 1 日(国庆节)加班。

要求：

根据上述资料，不考虑其他因素，分析回答下列小题。

（1）根据本题要点（1）所提示的内容，下列选项的表述中，不正确的是（　　）。

A. 如果合同期限届满，甲公司与张某约定的服务期尚未到期的，劳动合同应当顺延至服务期满

B. 如张某培训归来在甲公司工作 2 年后，因丙公司给的报酬更高一些跳槽至丙公司，甲公司最多可要求张某支付 10 万元违约金

C. 如张某因甲公司不按时足额支付劳动报酬而解除与甲公司的劳动合同，则无须向甲公司支付违约金

D. 即使张某与甲公司约定了服务期，也不影响按照正常的工资调整机制提高张某在服务期间的劳动报酬

（2）根据本题要点（2）所提示的内容，如张某在甲公司工作到 2023 年 1 月 1 日，又要重新签订劳动合同，此时张某想签订无固定期限劳动合同。下列选项中，能成为张某主张签订无固定期限劳动合同的法律依据是（　　）。

A. 劳动者在该用人单位连续工作满 10 年

B. 用人单位初次实行劳动合同制度或者国有企业改制重新订立劳动合同时，劳动者在该用人单位连续工作满 10 年且距法定退休年龄不足 10 年

C. 连续订立两次固定期限劳动合同，且劳动者无违反规定情形，续订劳动合同

D. 劳动者连续在本单位工作满 15 年，且距法定退休年龄不足 5 年

（3）根据本题要点（3）所提示内容，如张某无不能休年假情形，则张某可休年假（　　）。

A. 5 天　　B. 10 天　　C. 15 天　　D. 20 天

（4）根据本题要点（4）所提示内容，下列选项关于甲公司向张某支付加班费的表述中，不正确的是（　　）。

A. 9 月 27 日如不能安排补休，甲公司应向张某支付不低于其日工资 150%的加班费

B. 9 月 27 日如不能安排补休，甲公司应向张某支付不低于其日工资 200%的加班费

C. 10 月 1 日，甲公司应向张某支付不低于其日工资 250%的加班费

D. 10 月 1 日，甲公司应向张某支付不低于其日工资 300%的加班费

项目三　社会保险法律制度

【任务要求】

1. 熟悉基本养老保险、基本医疗保险、工伤保险、失业保险的主要内容。

2. 了解社会保险的种类、社会保险费征缴、社会保险基金管理和违反《社会保险法》的法律责任。

【知识框架】

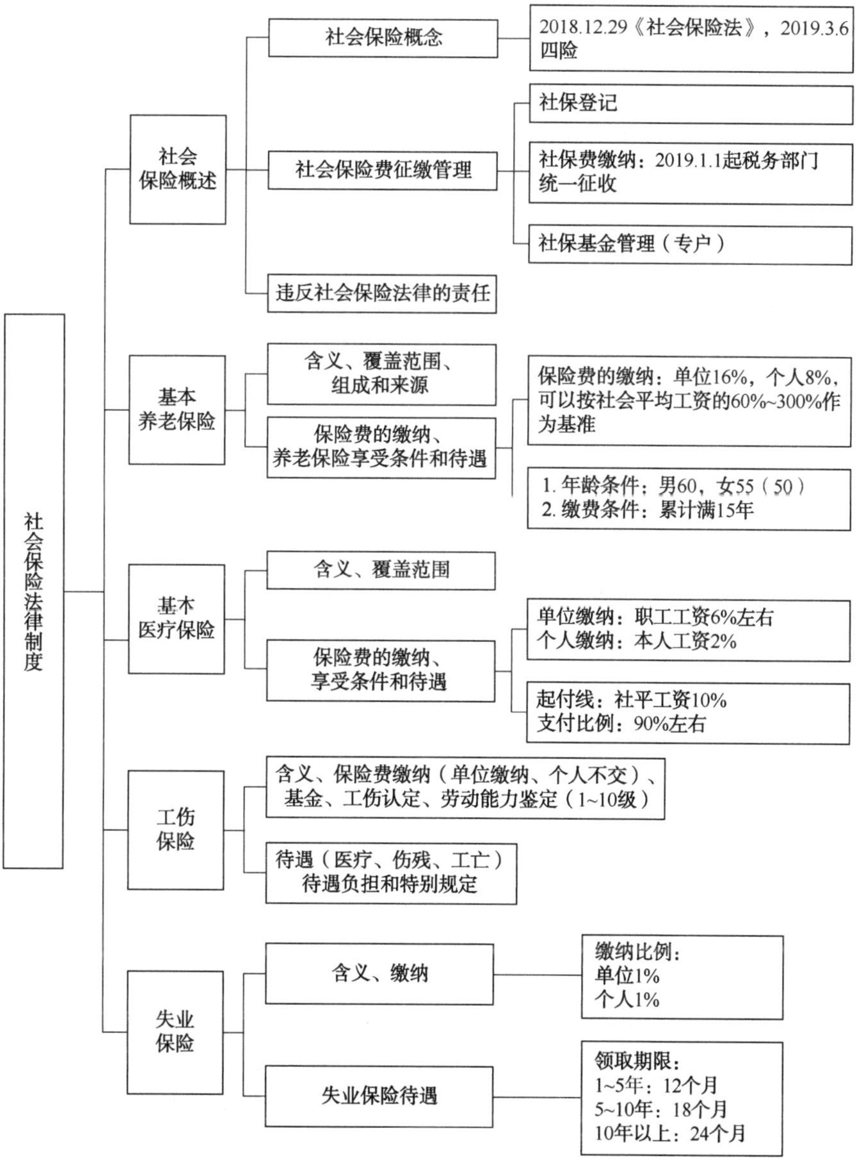

任务一　社会保险概述

一、社会保险概述

（一）社会保险

社会保险是指国家依法建立的，由国家、用人单位和个人共同筹集资金、建立基金，使个人在年老(退休)、患病、工伤、失业、生育等情况下获得物质帮助和补偿的一种社会保障制度。

（二）社会保险法律制度

我国社会保险法律制度主要包括：

(1)《社会保险法》：2010 年 10 月 28 日通过、2018 年 12 月 29 日修正的《中华人民共和国社会保险法》，简称《社会保险法》。

(2)《失业保险条例》。

(3)《工伤保险条例》。

(4)《实施〈中华人民共和国社会保险法〉若干规定》。

(5)《社会保险经办条例》：2023 年 7 月 21 日国务院第 11 次常务会议通过，自 2023 年 12 月 1 日起施行。

（三）社会保险的种类

目前我国的社会保险项目主要有：基本养老保险、基本医疗保险、工伤保险、失业保险、生育保险。2019 年 3 月 6 日，国务院办公厅印发了《关于全面推进生育保险和职工基本医疗保险合并实施的意见》，全面推进两项保险合并实施，就由“五险”变成了“四险”。

二、社会保险费征缴管理

（一）社会保险登记

1. 用人单位的社会保险登记

根据《社会保险费征缴暂行条例》的规定，企业在办理登记注册时，同步办理社会保险登记。企业以外的缴费单位应当自成立之日起 30 日内，向当地社会保险经办机构申请办理社会保险登记。

2. 个人的社会保险登记

用人单位应当自用工之日起 30 日内为其职工向社会保险经办机构办理社会保险登记。自愿参加社会保险的无雇工的个体工商户、未在用人单位参加社会保险的非全日制从业人员以及其他灵活人员，应当向社会保险经办机构申请办理社会保险登记。

（二）社会保险费缴纳

用人单位应当自行申报、按时足额缴纳社会保险费，非因不可抗力等法定事由不得缓缴、减免。

职工应当缴纳的社会保险费用由用人单位代扣、代缴，用人单位应当按月将缴纳社会保险费的明细情况告知本人。无雇工的个体工商户、未在用人单位参加社会保险的非全日制从业人员以及其他灵活就业人员，可以直接向社会保险费征收机构缴纳社会保险费。

根据《深化党和国家机构改革方案》，为了提高社会保险资金征收效率，将各项社会保险费交由税务部门统一征收。按照改革相关部署，自 2019 年 1 月 1 日起由税务部门统一征收各项社会保险费和先行划转的非税收入。

（三）社会保险基金管理

除基本医疗保险基金与生育保险基金合并建账及核算外，其他各项社会保险基金按照社会保险险种分别建账，分账核算，执行国家统一的会计制度。

社会保险基金专款专用，任何组织和个人不得侵占或者挪用。

三、违反社会保险法律制度的法律责任

扫一扫

【拓展知识】

《社会保险经办条例》

扫一扫

任务二　基本养老保险

一、基本养老保险的含义

基本养老保险制度，是指缴费达到法定期限并且个人达到法定退休年龄后，国家和社会提供物质帮助以保证因年老而退出劳动领域者稳定、可靠的生活来源的社会保险制度。基本养老保险是社会保险体系中最重要、实施最广泛的一项制度。

二、基本养老保险的覆盖范围

（一）基本养老保险制度组成

根据《社会保险法》规定，基本养老保险制度由三部分组成：职工基本养老保险制度、新型农村社会养老保险制度（以下简称新农保）、城镇居民社会养老保险制度（以下简称城居保）。国务院于 2014 年 2 月 26 日发布了《国务院关于建立统一的城乡居民基本养老保险制度的意见》（国发〔2014〕8 号），决定将新农保和城居保两项制度合并实施，在全国范围内建立统一的城乡居民基本养老保险制度。

年满 16 周岁（不含在校学生），非国家机关和事业单位工作人员及不属于职工基本养老保险制度覆盖的城乡居民（以下简称灵活就业人员），可以在户籍地参加城乡居民基本养老保险。

本章除特别说明外，基本养老保险均指职工基本养老保险。

（二）职工基本养老保险

职工基本养老保险费的征缴范围：国有企业、城镇集体企业、外商投资企业、城镇私

营企业和其他城镇企业及其职工，实行企业化管理的事业单位及其职工。这是基本养老保险的主体部分。

基本养老保险费由用人单位和职工共同缴纳。无雇工的个体工商户、未在用人单位参加基本养老保险的非全日制从业人员以及其他灵活就业人员可以参加基本养老保险，由个人缴纳基本养老保险费。

公务员和参照公务员管理的工作人员养老保险的办法由国务院规定。国务院于2015年1月14日发布了《关于机关事业单位工作人员养老保险制度改革的决定》，改革现行机关事业单位工作人员退休保障制度，逐步建立独立于机关事业单位之外、资金来源多渠道、保障方式多层次、管理服务社会化的养老保险体系。对于按照《公务员法》管理的单位、参照《公务员法》管理的机关(单位)、事业单位及其编制内的工作人员，实行社会统筹与个人账户相结合的基本养老保险制度。

三、基本养老保险基金的组成和来源

(一) 基本养老保险基金的组成

基本养老保险基金由用人单位和个人缴费以及政府补贴等组成。

基本养老保险实行社会统筹与个人账户相结合。基本养老金由统筹养老金和个人账户养老金组成。

养老保险社会统筹，是指统收养老保险缴费和统支养老金，确保收支平衡的公共财务系统。

(二) 基本养老保险基金的来源

1. 用人单位缴纳的保险费

用人单位应当按照国家规定的本单位职工工资总额的比例缴纳基本养老保险费，记入基本养老保险统筹基金。

2. 职工缴纳的保险费

职工按照国家规定的本人工资比例缴纳基本养老保险费，记入个人账户。

3. 政府补贴

基本养老保险基金出现支付不足时，政府给予补贴。

个人账户不得提前支取，参加职工基本养老保险的个人死亡后，其个人账户中的余额可以全部依法继承。个人跨统筹地区就业的，其基本养老保险关系随本人转移，缴费年限累计计算。个人达到法定退休年龄时，基本养老金分段计算，统一支付。

四、基本养老保险费的缴纳

1. 单位缴费

按照现行政策，自2019年5月1日起，降低城镇职工基本养老保险(包括企业和机关事业单位基本养老保险)单位缴费比例，高于16%可降至16%，低于16%要研究过渡办法。

2. 个人缴费

按照现行政策，职工个人按照本人缴费工资的8%缴费，记入个人账户。缴费工资，又称缴费工资基数，一般为职工本人上一年度月平均工资。本人月平均工资低于当地职工月平均工资(社平工资)60%，应按当地职工月平均工资的60%作为缴费基数；本人月平均工资高于当地职工月平均工资300%的应按当地职工月平均工资的300%作为缴费基数，超过部分不计入缴费基数。个人缴费不计征个人所得税，计算个人所得税时允许扣除。

灵活就业人员缴费允许在当地上年度职工月平均工资60%～300%选择缴费基数。缴纳比例20%，其中的8%计入个人账户。

【例题3-1·计算题】某公司职工李斌2020年从公司取得总收入130 000元，其中工资、奖金共计110 000元，公司支付李斌的福利费10 000元。如果当地2020年社平工资为每月3 000元。试计算李斌2021年度每月应缴纳的基本养老保险费。

解析：李斌2020年度的月平均工资为(130 000－10 000)÷12＝10 000(元)，高于当地社平工资的300%[即3 000×3＝9 000(元)]，应按当地社平工资的300%作为李斌基本养老保险费的缴费基数，因此李斌2021年度每月应缴纳的基本养老保险费金额为9 000×8%＝720(元)。

五、职工基本养老保险享受条件和待遇

(一)职工基本养老保险享受条件

1. 年龄条件：达到法定退休年龄

<table>
<tr><th>适用范围</th><th>性别</th><th colspan="2">退休年龄(周岁)</th></tr>
<tr><td rowspan="3">一般情况</td><td>男</td><td colspan="2">60</td></tr>
<tr><td rowspan="2">女</td><td>工人</td><td>干部</td></tr>
<tr><td>50</td><td>55</td></tr>
<tr><td rowspan="2">从事井下、高温、高空、特别繁重体力劳动或其他有害身体健康的</td><td>男</td><td colspan="2">55</td></tr>
<tr><td>女</td><td colspan="2">45</td></tr>
<tr><td rowspan="2">因病或非因公致残，由医院证明并经劳动鉴定委员会确认完全丧失劳动能力的</td><td>男</td><td colspan="2">50</td></tr>
<tr><td>女</td><td colspan="2">45</td></tr>
</table>

2. 缴费条件：累计缴费满15年

参加职工基本养老保险的个人，达到法定退休年龄时累计缴费满15年的，按月领取基本养老金。

(二)职工基本养老保险待遇

(1)职工基本养老保险金，对符合基本养老保险享受条件的人员，国家按月支付基本养老金。

(2)丧葬补助金和遗属抚恤金，参加职工基本养老保险的个人，因病或非因工死亡的，其遗属可以领取丧葬补助金和抚恤金，所需资金从基本养老保险基金中支付。

但如果个人死亡同时符合领取基本养老保险丧葬补助金、工伤保险丧葬补助金、失业保险丧葬补助金条件的，其遗属只能选择领取其中的一项。

(3)病残津贴，参加职工基本养老保险的个人，在未达到法定退休年龄时因病或非因工致残完全丧失劳动能力的，可以领取病残津贴，所需资金从基本养老保险基金中支付。

任务三　基本医疗保险

一、基本医疗保险的含义

基本医疗保险制度，是指按照国家规定缴纳一定比例的医疗保险费，参保人因患病和意外伤害而就医诊疗，由医疗保险基金支付其一定医疗费用的社会保险制度。

二、基本医疗保险的覆盖范围

1. 职工基本医疗保险

职工应当参加职工基本医疗保险，由用人单位和职工按照国家规定共同缴纳基本医疗保险费。

职工基本医疗保险费的征缴范围：

(1) 国有企业、城镇集体企业、外商投资企业、城镇私营企业和其他城镇企业及其职工；

(2) 国家机关及其工作人员、事业单位及其职工、民办非企业单位及其职工、社会团体及其专职人员；

(3) 无雇工的个体工商户、未在用人单位参加基本医疗保险的非全日制从业人员以及其他灵活就业人员，可以参加职工基本医疗保险，由个人按照国家规定缴纳基本医疗保险费。

2. 城乡居民基本医疗保险

国务院于 2016 年 1 月 3 日印发了《国务院关于整合城乡居民基本医疗保险制度的意见》，规定：整合城镇居民基本医疗保险和新型农村合作医疗两项制度，建立统一的城乡居民基本医疗保险制度。

三、全面推进生育保险和职工基本医疗保险合并实施

根据国务院办公厅 2019 年 3 月 6 日印发的《国务院办公厅关于全面推进生育保险和职工基本医疗保险合并实施的意见》，推进两项保险合并实施，统一参保登记，即参加职工基本医疗保险的在职职工同步参加生育保险。统一基金征缴和管理，生育保险基金并入职工基本医疗保险基金，按照用人单位参加生育保险和职工基本医疗保险的征缴比例之和确定新的用人单位职工基本医疗保险费率，个人不缴纳生育保险费。

四、职工基本医疗保险费的缴纳

基本医疗保险与前面讲述的基本养老保险一样采用"统账结合"模式，即分别设立社会统筹基金和个人账户基金，基本医疗保险基金由统筹基金和个人账户基金构成。

(一) 基本医疗保险费的缴纳

基本医疗保险费的缴纳比例如图 1 所示。

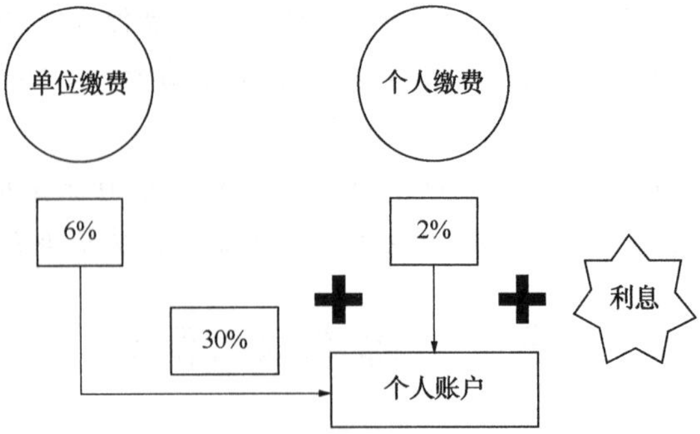

图 1　基本医疗保险费的缴纳比例

1. 单位缴费

职工工资总额的 6%。

2. **个人账户资金来源**

(1) 个人缴费。

本人工资收入的 2%。

(2) 单位缴费划入。

单位缴费的 30%。

(3) 利息。

目前对最低缴费年限没有全国统一的规定，由各统筹地区根据本地情况确定。

(二) 退休人员基本医疗保险费的缴纳

参加职工基本医疗保险的个人，达到法定退休年龄时累计缴费达到国家规定年限的，退休后不再缴纳基本医疗保险费，按照国家规定享受基本医疗保险待遇。

未达到国家规定缴费年限的，可以缴费至国家规定年限。

五、职工基本医疗费用的结算

1. **享受条件：定点、定范围**

(1) 参保人员必须到基本医疗保险的“定点”医疗机构就医、购药，或到“定点”零售药店购买药品。

(2) 参保人员在看病就医过程中所产生的医疗费用必须符合基本医疗保险药品目录、诊疗项目、医疗服务设施标准的范围和给付标准。

【提示】急诊、抢救除外。

2. **支付标准**

(1) 支付“区间”：当地职工年平均工资 10%(起付线)~年平均工资 6 倍(封顶线)

(2) 支付比例：90%。

【注意】自付费部分由四块组成：①起付线以下的部分；②区间内自己负担的部分；③封顶线以上的部分；④非“定点”“定围”部分。

支付标准如图 2 所示。

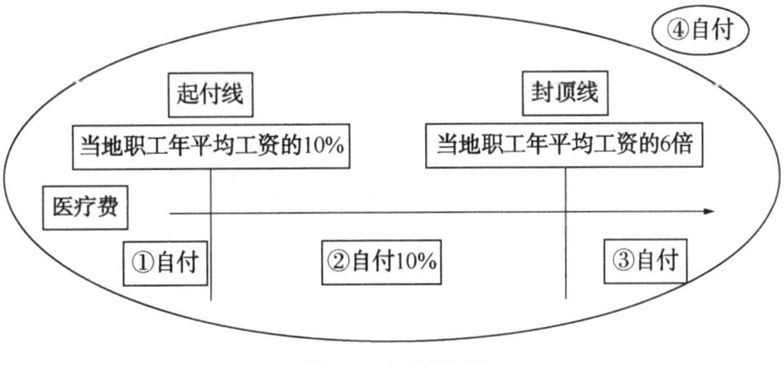

图 2　支付标准

六、基本医疗保险基金不支付的医疗费用

(1) 应当从工伤保险基金中支付的；

(2) 应当由第三人负担的；

(3) 应当由公共卫生负担的(如疫苗接种)；

(4) 在境外就医的(非定点)。

【提示】医疗费应当由第三人负担，第三人不支付或者无法确定第三人的，由基本医疗保险基金先行支付，然后向第三人追偿。

七、医疗期

医疗期是职工因患病或非因工负伤停止工作，治病休息，但不得解除劳动合同的期限。

1. 医疗期——3~24 个月

根据“累计工作年限”和“本单位工作年限”的不同，享受的医疗期不同。

实际工作年限(年)	本单位工作年限(年)	享受医疗期(月)	累计计算期(月)	
<10	<5	3	6	医疗期×2
	≥5	6	12	
≥10	<5	6	12	医疗期+6
	5(含)~10(不含)	9	15	
	10(含)~15(不含)	12	18	
	15(含)~20(不含)	18	24	
	≥20	24	30	

【注意 1】医疗期从病休第一天开始累计计算。

【注意 2】病休期间，公休假日和法定节日包括在内。

【注意 3】看清题目问的是医疗期还是累计计算期。

【课外阅读】原劳动部办公厅《关于因病或非因工负伤医疗期管理等若干问题的请示的复函》：“由于医疗期制度试行时间不长，尚待进一步完善，请你们在实践中根据当地实际情况予以总结完善。”

2. 医疗期待遇

（1）医疗期内工资标准最低为“当地最低工资的 80%”。

（2）医疗期内不得解除劳动合同。

（3）医疗期内合同期满，合同必须延续至医疗期满，职工在此期间仍然享受医疗期内待遇。

（4）对医疗期满尚未痊愈者，或者医疗期满后不能从事原工作，也不能从事用人单位另行安排的工作，被解除劳动合同的，用人单位需按经济补偿规定给予其经济补偿。

任务四　工伤保险

一、工伤保险的含义

工伤保险是指劳动者在职业工作中或规定的特殊情况下遭遇意外伤害或职业病，导致暂时或永久丧失劳动能力以及死亡时，劳动者或其遗属能够从国家和社会获得物质帮助的社会保险制度。

二、工伤保险费的缴纳和工伤保险基金

1. 工伤保险费的缴纳

职工应当参加工伤保险，由用人单位缴纳工伤保险费，职工不缴纳工伤保险费。

国家根据不同行业的工伤风险程度确定行业的差别费率，并根据使用工伤保险基金、工伤发生率等情况在每个行业内确定费率档次。

2. 工伤保险基金

工伤保险基金由用人单位缴纳的保险费、工伤保险基金的利息和依法纳入工伤保险的其他费用组成。

三、工伤认定与劳动能力鉴定

（一）工伤认定

1. 应当认定——“与工作有直接因果关系”

（1）在工作时间和工作场所内，因工作受到事故伤害的；

（2）工作时间前后在工作场所内，从事与工作有关的预备性或收尾性工作受到事故伤害的；

（3）在工作时间和工作场所内，因履行工作职责受到暴力等意外伤害的；

（4）患职业病的；

（5）因工外出期间，由于工作受到伤害或者发生事故下落不明的；

（6）在上下班途中，受到非本人主要责任的交通事故或者城市轨道交通、客运轮渡、火车事故伤害的；

（7）法律、行政法规规定应当认定为工伤的其他情形。

2. 视同工伤——“与工作有间接因果关系”

（1）在工作时间和工作岗位，突发疾病死亡或者在48小时内经抢救无效死亡的；

（2）在抢险救灾等维护国家利益、公共利益活动中受到伤害的；

（3）原在军队服役，因战、因公负伤致残，已取得革命伤残军人证，到用人单位后旧伤复发的。

3. 不认定工伤——“自找”

职工因下列情形之一导致本人在工作中伤亡的，不认定为工伤：

（1）故意犯罪；

（2）醉酒或者吸毒；

（3）自残或者自杀。

（二）劳动能力鉴定

劳动功能障碍分10个伤残等级，最重为1级，最轻为10级；生活自理障碍分为3个等级。

自劳动能力鉴定结论作出之日起1年后，工伤职工或者其近亲属、所在单位或者经办机构认为伤残情况发生变化的，可以申请劳动能力复查鉴定。

四、工伤保险待遇

（一）工伤医疗待遇

1. 停工留薪期工资福利待遇

（1）工资福利待遇不变，由所在单位按月支付。

（2）生活不能自理，需要护理，费用由所在单位负责。

（3）时间一般不超过12个月；特殊情况需延长，延长期不超过12个月。

（4）评定伤残等级后，停止享受停工留薪期待遇，转为享受伤残待遇。

（5）停工留薪期满后仍需治疗，继续享受工伤医疗待遇。（负责到底）

2. 其他工伤医疗待遇

医疗费用；住院伙食补助、交通食宿费；康复性治疗费。

（二）辅助器具装配费

（三）伤残待遇

（1）生活护理费；

（2）一次性伤残补助金；

（3）伤残津贴；

（4）一次性工伤医疗补助金和一次性伤残就业补助金。

（四）工亡待遇

前提条件：职工因工死亡和伤残职工在停工留薪期内因工伤导致死亡。

（1）丧葬补助金：6个月职工平均工资(上年度)；

（2）供养亲属抚恤金；

（3）一次性工亡补助金。

上一年度全国城镇居民人均可支配收入的20倍。

【注意】1~4级伤残，停工留薪期满死亡，可以享受(1)、(2)条款待遇。

五、工伤保险待遇负担

因工伤发生的下列费用，按照国家规定从工伤保险基金中支付：

（1）治疗工伤期间的工资福利；

（2）5级、6级伤残职工按月领取的伤残津贴；

（3）终止或者解除劳动合同时，应当享受的一次性伤残就业补助金。

六、特别规定

（1）工伤职工有下列情形之一，停止享受工伤保险待遇：

① 丧失享受待遇条件的；

② 拒不接受劳动能力鉴定的；

③ 拒绝治疗的。

（2）因工致残享受伤残津贴的职工达到退休年龄并办理退休手续后，停发伤残津贴，改为享受基本养老保险待遇。被鉴定为1~4级伤残的职工，基本养老保险待遇低于伤残津贴的，由工伤保险基金补足差额。

（3）职工所在用人单位未依法缴纳工伤保险费，发生工伤事故的，由用人单位支付工伤保险待遇。用人单位不支付的，从工伤保险基金中先行支付，由用人单位偿还。用人单位不偿还的，社会保险经办机构可以追偿。

（4）第三人的原因造成工伤，第三人不支付工伤医疗费用或者无法确定第三人的，由工伤保险基金先行支付。工伤保险基金先行支付后，有权向第三人追偿。

任务五　失业保险

一、失业保险的含义

失业指处于法定劳动年龄阶段的劳动者，有劳动能力和劳动愿望，但却没有劳动岗位的一种状态。

失业保险是指国家通过立法强制实行的，由社会集中建立基金，保障因失业而暂时中断生活来源的劳动者的基本生活，并通过职业培训、职业介绍等措施促进其再就业的社会保险制度。

二、失业保险费的缴纳

（一）职工应当参加失业保险

由单位和职工按照国家规定共同缴纳失业保险费。

（二）失业保险费的征缴范围

国有企业、城镇集体企业、外商投资企业、城镇私营企业、其他城镇企业及其职工，事业单位及其职工。

（三）缴费标准

根据《失业保险条例》规定，城镇企事业单位按照单位工资总额的2%缴纳失业保险费，职工按照本人工资的1%缴纳失业保险费。

为了减轻企业负担，促进扩大就业，人社部和财政部数次发文降低失业保险费。现执行单位1%，个人1%。因为2020年的新冠疫情，重庆2020年执行的是单位和个人都是0.5%。

三、失业保险待遇

（一）失业保险待遇的享受条件（必须同时满足）

（1）失业前用人单位和本人已经缴纳失业保险费满1年的；

（2）非因本人意愿中断就业；

（3）已经进行失业登记，并有求职要求。

（二）失业保险金领取期限

失业保险金领取期限自办理失业登记之日起计算。

缴费期限	失业保险金领取期限
失业前单位和个人累计缴费1年以上5年以下	最长12个月
累计缴费5年以上10年以下	最长18个月
累计缴费10年以上	最长24个月
2019年12月起，领取期满仍未就业且距法定退休年龄不足1年的，发放至退休	

（三）失业保险金的发放标准

失业保险金的发放标准不低于城市居民最低生活保障标准，一般也不高于当地最低工资标准。

（四）其他失业保险待遇

（1）领取失业保险金期间享受基本医疗保险待遇；

（2）领取失业保险金期间的死亡补助；

（3）职业介绍与职业培训补贴；

（4）国务院规定或者批准的与失业保险有关的其他费用。

四、停止享受失业保险待遇的情形

失业人员在领取失业保险金期间有下列情形之一的，停止领取失业保险金，并同时停止享受其他失业保险待遇：

(1) 重新就业的；

(2) 应征服兵役的；

(3) 移居境外的；

(4) 享受基本养老保险待遇的；

(5) 被判刑收监执行的；

(6) 无正当理由，拒不接受当地人民政府指定部门或机构介绍的适当工作或者提供的培训的；

(7) 有法律、行政法规规定的其他情形的。

【拓展阅读】

1. 2019—2020 年重庆市企业职工社会保险缴费。
2. 2024 年重庆市职工医保门诊共济保障改革政策问答。

扫一扫

【温故而知新】

一、单项选择题

1. 某私营企业员工王某的月工资为 1 400 元，当地职工月平均工资为 2 500 元，根据《社会保险法》有关规定，王某每月应由个人缴纳基本养老保险费(　　)元。

A. 112　　B. 120　　C. 200　　D. 280

2. 根据社会保险法律制度的规定，下列职工退休年龄的说法错误的是(　　)。

A. 赵某，男，系某煤矿从事井下作业的工人，其法定退休年龄为 55 周岁

B. 钱某，女，系某航空公司空乘人员，其法定退休年龄为 50 周岁

C. 孙某，男，因生病经有关部门鉴定完全丧失劳动能力，其法定退休年龄为 50 周岁

D. 李某，女，因外出旅游发生交通事故经有关部门鉴定完全丧失劳动能力，其法定退休年龄为 45 周岁

3. 根据《社会保险法》有关规定，下列关于医疗保险的说法，不正确的是(　　)。

A. 整合城镇居民基本医疗保险和新型农村合作医疗两项制度，建立统一的城乡居民基本医疗保险制度

B. 城乡居民基本医疗保险制度覆盖范围是除职工基本医疗保险应参保人员以外的其他所有城乡居民

C. 国家机关及其工作人员应当参加职工基本医疗保险

D. 无雇工的个体工商户不能参加职工基本医疗保险

4. 李某在定点医院做手术，共发生医疗费用 20 万元，其中在规定医疗目录内的费用为 18 万元，目录以外费用 2 万元。当地职工平均工资水平为 2 000 元/月。下列说法不正确的是(　　)。

A. 医疗报销起付标准为 2 400 元

B. 起付线以上封顶线以下的自费部分为 14 160 元

C. 李某可以报销的费用为 141 600 元

D. 李某可以报销的费用为 127 440 元

5. 下列费用中，基本医疗保险基金可以支付的是(　　)。

A. 应当从工伤保险基金中支付的

B. 应当由第三人负担的

C. 在协议医疗机构发生的符合标准的医疗费用

D. 在境外就医的

6. 根据社会保险法律制度的规定，下列关于工伤保险的说法中，不正确的是(　　)。

A. 自劳动能力鉴定结论作出之日起 1 年后，工伤职工认为伤残情况发生变化的，可以申请劳动能力复查鉴定

B. 工伤职工按规定享受的停工留薪期一般不超过 24 个月

C. 工伤职工经劳动能力鉴定丧失劳动能力的，享受伤残待遇

D. 工伤职工评定伤残等级后，停止享受停工留薪期待遇

7. 工伤职工因日常生活或者就业需要，经劳动能力鉴定委员会确定，安装假肢及配置轮椅等辅助器具费用由(　　)支付。

A. 医疗保险基金　　B. 工伤保险基金　　C. 用人单位　　D. 劳动者

8. 工伤保险中所称的本人的工资，是指工伤职工因工作遭受事故伤害或者患职业病前一定期限内平均月缴费工资。该期限为(　　)。

A. 3 个月　　B. 6 个月　　C. 12 个月　　D. 24 个月

9. 下列各项中，不属于失业保险基金来源的是(　　)。

A. 经济补偿金　　B. 失业保险基金的利息收入

C. 财政补贴　　D. 因拖欠失业保险产生的滞纳金

二、多项选择题

1. 下列属于职工基本养老保险覆盖范围的有(　　)。

A. 大学生　　B. 国有企业职工

C. 国家机关工作人员　　D. 私营企业职工

2. 关于基本养老保险，下列表述中正确的有(　　)。

A. 基本养老金由统筹养老金和个人账户养老金组成

B. 个人缴纳养老保险费计征个人所得税

C. 参加职工基本养老保险的个人死亡后，其个人账户中的余额不可以依法继承

D. 参加职工基本养老保险的个人，在未达到法定退休年龄时因病或者非因工致残完全丧失劳动能力的，可以领取病残津贴

3. 根据社会保险法律制度的规定，下列选项中不属于伤残待遇的有(　　)。

A. 治疗工伤的药费　　B. 住院伙食补助费

C. 辅助器具装配费　　D. 停工留薪期工资福利

4. 根据社会保险法律制度规定，下列选项中关于工亡待遇说法正确的有(　　)。

A. 丧葬补助金为 12 个月的统筹地区上年度职工月平均工资

B. 职工因工死亡，或者伤残职工在停工留薪期内因工伤死亡的，其近亲属享受从工伤保险基金领取丧葬补助金、供养亲属抚恤金和一次性工亡补助金的待遇

C. 1~4 级伤残职工在停工留薪期满后死亡的，其近亲属可以享受丧葬补助金和供养亲

属抚恤金两项待遇，不享受一次性工亡补助金待遇

D. 一次性工亡补助金为上一年度全国城镇居民人均可支配收入的 20 倍

5. 因工伤发生的下列费用中，按照国家规定由用人单位支付的有(　　)。

A. 治疗工伤期间的工资福利

B. 住院伙食补助费

C. 5 级、6 级伤残职工按月领取的伤残津贴

D. 终止或者解除劳动合同时，应当享受的一次性伤残就业补助金

6. 甲公司职工高某因公司被依法宣告破产而失业。已知高某失业前，甲公司与高某已累计缴纳失业保险费满 4 年，失业后高某及时办理了失业登记，下列关于高某领取失业保险待遇的表述中，正确的有(　　)。

A. 高某在领取失业保险金期间，不参加职工基本医疗保险，亦不享受基本医疗保险待遇

B. 高某领取失业保险金的标准，不得低于城市居民最低生活保障标准

C. 高某领取失业保险金期限自办理失业登记之日起计算

D. 高某领取失业保险金的期限最长为 12 个月

7. 根据社会保险法律制度的规定，下列关于社会保险费征缴的表述中，正确的有(　　)。

A. 职工应当缴纳的社会保险费由用人单位代扣、代缴

B. 申请人办理企业注册登记时只需提交一套材料，登记部门直接加载统一社会信用代码的营业执照

C. 未在用人单位参加社会保险的非全日制从业人员可以直接向社会保险征收机构缴纳社会保险费

D. 用人单位应当自用工之日起 30 日内为其职工向社会保险经办机构申请办理社会保险

8. 根据劳动合同法律制度的规定，下列关于企业职工医疗期期限及待遇的表述中，正确的有(　　)。

A. 病假工资不得低于当地最低工资标准

B. 公休假日和法定节日包括在病休期间内

C. 医疗期内遇劳动合同期满，则合同应延续至医疗期满

D. 实际工作年限 10 年以下，在本单位工作年限 5 年以下的，可享受 3 个月的医疗期

9. 劳动者发生伤亡的下列情形中，应当认定为工伤的有(　　)。

A. 吴某在车间工作期间因醉酒导致自身受伤

B. 保安万某在工作期间因履行工作职责被打伤

C. 陈某在上班途中，受到非本人主要责任交通事故伤害的

D. 赵某在外地出差期间登山游玩时摔伤

10. 根据劳动合同法律制度的规定，下列各项表述中，正确的有(　　)。

A. 用人单位违反规定与劳动者约定试用期的，由劳动行政部门责令改正

B. 同一用人单位与同一劳动者只能约定一次试用期

C. 劳动合同仅约定试用期的，试用期不成立，该期限为劳动合同期限

D. 劳动合同期限不满 3 个月的，不得约定试用期

11. 根据《失业保险条例》的规定，下列属于可以申请领取失业保险金并享受其他失业保险待遇的有(　　)。

A. 失业前用人单位和本人已经缴纳失业保险费满1年的

B. 非因本人意愿中断就业的

C. 被用人单位开除、除名和辞退

D. 用人单位以暴力威胁或者非法限制人身自由的手段强迫劳动，劳动者解除劳动合同的

三、判断题(正确的画√，错误的画×)

1. 工伤保险费应该由职工和用人单位按一定的比例共同缴纳。(　　)

2. 设立工伤保险制度能够促进工伤预防和职业康复、分散用人单位的工伤风险。(　　)

3. 自劳动能力鉴定结论作出之日起1年后，工伤职工或者其近亲属、所在单位或者经办机构认为伤残情况发生变化的，可以申请劳动能力复查鉴定。(　　)

4. 用人单位不办理社会保险登记的，由社会保险行政部门责令限期改正；逾期不改正的，对用人单位处应缴社会保险费数额1倍以上3倍以下的罚款，对其直接负责的主管人员和其他直接责任人员处500元以上5 000元以下的罚款。(　　)

四、案例分析题

2018年9月1日，张天天大学毕业后来到万海公司工作，双方签订了为期3年的劳动合同。2021年1月30日，张天天患病住进了医院，万海公司停发张天天全部工资，并以不能适应工作为由，解除与张天天的劳动合同。

试分析：

(1) 万海公司的做法是否符合法律规定？

(2) 张天天应享有的权益有哪些？

项目四　公司法律制度

【任务要求】

1. 熟悉公司概念、特征、分类、设立、资本和章程等。
2. 了解有限责任公司和股份有限公司的定义、特征。
3. 掌握两类公司设立条件及程序和组织机构等。
4. 理解上市公司和国家出资公司组织机构的特别规定。
5. 了解公司财务会计报告的主要构成；掌握公司税后利润的分配顺序、公积金制度。
6. 了解公司合并、分立和形式变更的基本内容；理解公司终止的主要原因、公司清算的程序；了解清偿顺序。

【知识框架】

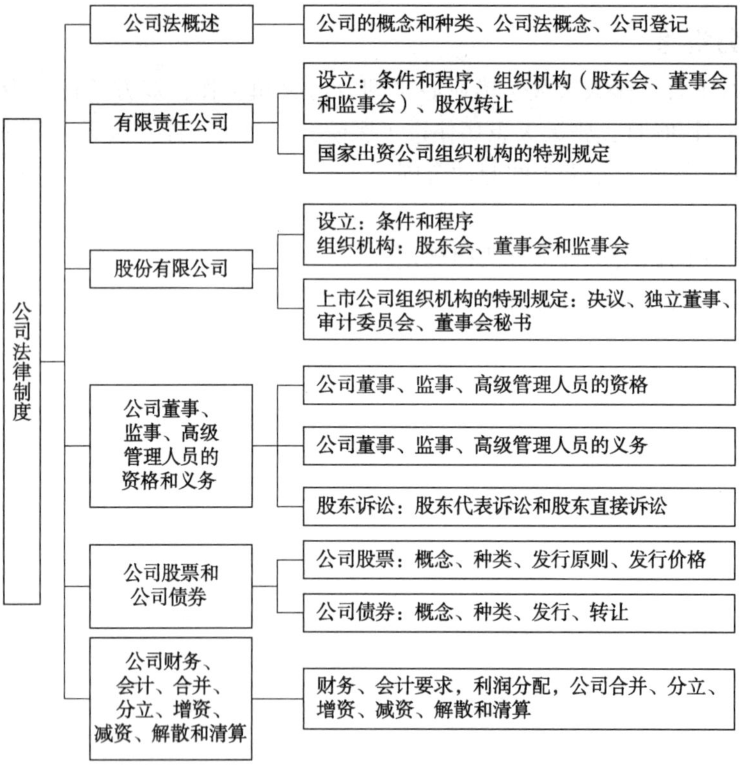

任务一　公司法概述

【公司法制订与修改历程】《中华人民共和国公司法》于1993年12月29日第八届全国人民代表大会常务委员会第五次会议通过；根据1999年12月25日第九届全国人民代表大会常务委员会第十三次会议《关于修改〈中华人民共和国公司法〉的决定》第一次修正；根据

2004 年 8 月 28 日第十届全国人民代表大会常务委员会第十一次会议《关于修改〈中华人民共和国公司法〉的决定》第二次修正；2005 年 10 月 27 日第十届全国人民代表大会常务委员会第十八次会议第一次修订；根据 2013 年 12 月 28 日第十二届全国人民代表大会常务委员会第六次会议《关于修改〈中华人民共和国海洋环境保护法〉等七部法律的决定》第三次修正；根据 2018 年 10 月 26 日第十三届全国人民代表大会常务委员会第六次会议《关于修改〈中华人民共和国公司法〉的决定》第四次修正；2023 年 12 月 29 日第十四届全国人民代表大会常务委员会第七次会议第二次修订，自 2024 年 7 月 1 日起施行。

一、公司概述

（一）公司的概念

由于各国立法对公司规定不同，加之不同类型的公司法律特征有一定区别，因此，公司的概念并不统一。根据我国《公司法》的规定，公司是企业法人，有独立的法人财产，享有法人财产权，以其全部财产对公司的债务承担责任。公司的合法权益受法律保护，不受侵犯。

（二）公司的种类

1. 立法分类

（1）有限责任公司，股东以其认缴的出资额为限对公司承担责任，公司以其全部财产对公司的债务承担责任的公司。

（2）股份有限公司，公司全部资本分为等额股份，股东以其认购的股份为限对公司承担责任，公司以其全部财产对公司的债务承担责任的公司。

2. 学理分类

学理分类如下表。

分类标准	名　称	概　念
信用基础	资合公司	以公司资本作为信用基础，如股份有限公司
	人合公司	以股东个人的财力、能力和信誉作为信用基础
	资合兼人合	同时以公司资本和股东个人信用作为公司信用基础，如有限责任公司
组织关系	母、子公司	子公司有营业执照，是法人，独立承担责任
	总、分公司	分公司有营业执照，非法人，不能独立承担责任
公司法外的其他法	一般法上	
	特别法上	
股票是否上市流通	上市公司	
	非上市公司	
以国籍为标准	本国公司	
	外国公司	

二、公司法的概念与性质

（一）公司法的概念

公司法是规定公司法律地位，调整公司组织关系，规范公司在设立、变更与终止过程中的组织行为的法律规范的总称。公司法的概念有广义和狭义之分。狭义的公司法，仅指

《公司法》这一形式意义上的规范性文件；广义的公司法，则是调整公司组织关系、规范公司行为的法律规范的总称，其表现形式不仅包括《公司法》，还包括《公司登记管理条例》等。

（二）公司法的性质

公司法是组织法与行为法的结合，在调整公司组织关系的同时，也对与公司组织活动有关的行为加以调整，如公司股份的发行和转让等。公司法规定公司的法律地位，调整公司股东之间、股东与公司之间的关系，规范公司的设立、变更与终止活动，规范公司内部组织机构的设置与运作、公司与其他企业间的控制关系等。公司法的立法宗旨是规范公司的组织和行为，保护公司、股东、职工和债权人的合法权益，完善中国特色现代企业制度，弘扬企业家精神，维护社会经济秩序，促进社会主义市场经济的发展，根据宪法，制定本法。为了实现上述立法宗旨，公司从事经营活动，应当遵守法律、行政法规，遵守社会公德、商业道德，诚实守信，接受政府和社会公众的监督，承担社会责任。公司的合法权益受法律保护，不受侵犯。

三、公司法人财产权

《公司法》规定，公司作为企业法人享有法人财产权。公司的财产虽然源于股东的投资，但股东一旦将财产投入公司，便丧失对该财产直接支配的权利，只享有公司的股权，由公司享有对该财产的支配权利，即法人财产权。法人财产权是指公司拥有由股东投资形成的法人财产，并依法对该财产行使占有、使用、受益、处分的权利。因此，股东投资于公司的财产需要通过对资本的注册与股东的其他财产明确分开，在公司成立后股东不得抽逃投资，或者占用、转移和支配公司的法人财产。公司的法人财产权既是公司作为法人对外承担责任的基础，也是公司对股东履行责任的基础，为了维持公司资本充足，保障公司债权人的利益，《公司法》对公司行使法人财产权作出如下限制性规定：

（1）公司向其他企业投资或者为他人提供担保，依照公司章程的规定，由董事会或者股东会决议；公司章程对投资或者担保的总额及单项投资或者担保的数额有限额规定的，不得超过规定的限额。

（2）公司为公司股东或者实际控制人提供担保的，应当经股东会决议。接受担保的股东或者受实际控制人支配的股东，不得参加上述规定事项的表决。该项表决由出席会议的其他股东所持表决权的过半数通过。

（3）公司可以向其他企业投资；法律规定公司不得成为对所投资企业的债务承担连带责任的出资人的，从其规定。

【例题 4-1 · 单选题】A 公司是由甲出资 200 万元、乙出资 500 万元、丙出资 300 万元、丁出资 800 万元共同设立的有限责任公司，丁申请 A 公司为其银行贷款作担保，为此，A 公司召开股东会，甲、乙、丙、丁均出席会议，甲、丙表示同意，乙明确表示不同意。根据《公司法》的规定，下列关于会议决议的表述中，正确的是（　　）。

A. 该决议必须经甲、乙、丙、丁四个股东全部通过，因乙不同意而不能通过

B. 该决议必须经甲、乙、丙三个股东全部通过，因乙不同意而不能通过

C. 该决议必须经全体股东所持表决权的过半数通过，因甲、丙、丁所持表决权占 72%，因此通过

D. 该决议必须经甲、乙、丙股东所持表决权的过半数通过，因甲、丙所持表决权仅占

50%，因此不通过

解析：正确答案为D。根据《公司法》的规定，公司为公司股东提供担保，必须经股东会决议，接受担保的股东不得参加该事项的表决，该项表决由出席会议的其他股东所持表决权的过半数通过。上述公司为丁作担保的决议必须经出席会议的甲、乙、丙三股东所持表决权的过半数通过，因乙不同意，而甲、丙所持表决权仅占50%，未达过半数表决权，因此决议不通过。

四、公司的登记管理

（一）登记管辖

根据《公司法》第二十九条、三十一条、三十三条之规定，设立公司，应当依法向公司登记机关申请设立登记；申请设立公司，符合《公司法》规定的设立条件的，由公司登记机关分别登记为有限责任公司或者股份有限公司；公司经公司登记机关依法登记，领取企业法人营业执照，方可取得企业法人资格。

我国的公司登记机关是市场监督管理机关。国务院市场监督管理部门主管全国市场主体登记管理工作。县级以上地方人民政府市场监督管理部门主管本辖区内市场主体登记管理工作。

（二）登记事项

根据《公司登记管理条例》的规定，公司的登记事项包括：名称、住所、注册资本、经营范围、法定代表人姓名、有限责任公司股东或者股份有限公司发起人的姓名或者名称等。

1. 公司名称

公司名称应当符合国家有关规定，并只能使用一个名称。有限责任公司必须在公司名称中标明“有限责任公司”或者“有限公司”字样；股份有限公司必须在公司名称中标明“股份有限公司”或者“股份公司”的字样。

2. 公司住所

公司的住所是公司主要办事机构所在地。

3. 注册资本

除法律、行政法规或者国务院决定另有规定外，公司的注册资本实行认缴登记制度，以人民币表示。

4. 公司的经营范围

公司的经营范围包括一般经营项目和许可经营项目。根据《公司法》的规定，经营范围由公司章程规定，并依法登记。公司可以修改公司章程，改变经营范围，但是应当办理变更登记。

5. 法定代表人

根据《公司法》的规定，公司的法定代表人依照公司章程的规定，由董事长、执行董事或者经理担任，并依法登记。公司法定代表人变更的，应当办理变更登记。

6. 有限责任公司股东、股份有限公司发起人的姓名或者名称

公司发起人是指创办公司的投资人，发起人在公司成立后变为公司的股东。发起人如果是自然人，应该登记发起人的姓名，如果是法人或非法人组织，应该登记发起人的名称。

【例题4-2·多选题】根据《公司法》的规定，公司的下列人员中，可以由公司章程规定担任公司法定代表人的有(　　)。

A. 董事长　　　B. 执行董事　　　C. 董事　　　D. 经理

解析：正确答案为 ABD。根据《公司法》的规定，公司的法定代表人依照公司章程的规定，由董事长、执行董事或者经理担任。

（三）设立登记

公司设立登记，是公司的设立人依照《公司法》规定的设立条件与程序向公司登记机关提出设立申请，并提交法定登记事项文件，公司登记机关审核后对符合法律规定的准予登记，并发给企业法人营业执照的活动。

1. 有限责任公司的设立登记

申请设立有限责任公司，应当由全体股东指定的代表或者共同委托的代理人向公司登记机关申请设立登记。设立国有独资公司，应当由国务院或者地方人民政府授权的本级人民政府国有资产监督管理机构作为申请人，申请设立登记。法律、行政法规或者国务院规定设立有限责任公司必须报经批准的，应当自批准之日起 90 日内向公司登记机关申请设立登记。逾期申请设立登记的，申请人应当报批准机关确认原批准文件的效力或者另行报批。

2. 股份有限公司的设立登记

设立股份有限公司，应当由董事会向公司登记机关申请设立登记。以募集方式设立股份有限公司的，应当于创立大会结束后 30 日内向公司登记机关申请设立登记。以募集方式设立股份有限公司公开发行股票的，还应当提交国务院证券监督管理机构的核准文件。法律、行政法规或者国务院决定规定设立股份有限公司必须报经批准的，应当提交有关批准文件。

依法设立的公司，由公司登记机关发给企业法人营业执照。公司营业执照签发日期为公司成立日期。公司凭公司登记机关核发的企业法人营业执照刻制印章，开立银行账户，申请纳税登记。

（四）变更登记

公司变更登记事项，应当向原公司登记机关申请变更登记。未经变更登记的，公司不得擅自改变登记事项。

1. 变更登记应提交的文件

公司申请变更登记，应当向公司登记机关提交下列文件：①公司法定代表人签署的变更登记申请书；②依照《公司法》作出的变更决议或者决定；③国家市场监督管理总局规定要求提交的其他文件。公司变更登记事项涉及修改公司章程的，应当提交由公司法定代表人签署的修改后的公司章程或者公司章程修正案。变更登记事项依照法律、行政法规或者国务院决定规定在登记前须经批准的，还应当向公司登记机关提交有关批准文件。

2. 变更登记事项及要求

（1）名称、法定代表人、经营范围变更登记，公司应当自变更决议或者决定作出之日起 30 日内申请变更登记。

（2）住所变更登记。公司变更住所的，应当在迁入新住所前申请变更登记，并提交新住所使用证明。公司变更住所跨公司登记机关辖区的，应当在迁入住所前向迁入地公司登记机关申请变更登记；迁入地公司登记机关受理的，由原公司登记机关将公司登记档案移送迁入地公司登记机关。

（3）注册资本变更登记。公司增加注册资本的，应当自变更决议或者决定作出之日起

30日内申请变更登记。公司减少注册资本的，应当自公告之日起45日后申请变更登记，并应当提交公司在报纸上登载公司减少注册资本公告的有关证明和公司债务清偿或者债务担保情况的说明。

(4) 股东变更登记。有限责任公司股东转让股权的，应当自转让股权之日起30日内申请变更登记，并应当提交新股东的主体资格证明或者自然人身份证明。有限责任公司的自然人股东死亡后，其合法继承人继承股东资格的，公司应当依照上述规定申请变更登记。有限责任公司的股东或者股份有限公司的发起人改变姓名或者名称的，应当自改变姓名或者名称之日起30日内申请变更登记。

(5) 分公司变更登记。公司登记事项变更涉及分公司登记事项变更的，应当自公司变更登记之日起30日内申请分公司变更登记。

(6) 公司合并、分立的变更登记。合并、分立而存续的公司，其登记事项发生变化的，应当申请变更登记；因合并、分立而解散的公司，应当申请注销登记；因合并、分立而新设立的公司，应当申请设立登记。公司合并、分立的，应当自公告之日起45日后申请登记，提交合并协议和合并、分立决议或者决定以及公司在报纸上登载公司合并、分立公告的有关证明和债务清偿或者债务担保情况的说明。法律、行政法规或者国务院决定规定公司合并、分立必须报经批准的，还应当提交有关批准文件。

变更登记事项涉及企业法人营业执照载明事项的，公司登记机关应当换发营业执照。

【例题4-3·单选题】根据公司法律制度的规定，下列有关公司变更登记的表述中，符合规定的是(　　)。

A. 有限责任公司股东转让股权的，应当自转让股权之日起60日内申请变更登记

B. 公司变更名称的，应当在作出变更决议或者决定之日起30日内申请变更登记

C. 公司减少注册资本的，应当自公告之日起60日后申请变更登记

D. 公司分立的，应当自分立决议或者决定作出之日起45日后申请变更登记

解析：正确答案为B。根据《公司法》的规定，选项A中有限责任公司股东转让股权的，应当自转让股权之日起30日内申请变更登记；选项C中公司减少注册资本和选项D中公司分立的，应当自公告之日起45日后申请变更登记。

(五) 备案事项

公司章程修改未涉及登记事项的，公司应当将修改后的公司章程或者公司章程修正案送原公司登记机关备案。公司董事、监事、经理发生变动的，应当向原公司登记机关备案。

(六) 注销登记

公司解散有两种情况：一是不需要清算的，如因合并、分立而解散的公司，因其债权债务由合并、分立后继续存续的公司承继；二是应当清算的，即公司债权债务无人承继的。公司解散应当申请注销登记，经公司登记机关注销登记，公司终止。《公司登记管理条例》规定，有下列情形之一的，公司清算组应当自公司清算结束之日起30日内向原公司登记机关申请注销登记：

(1) 公司被依法宣告破产；

(2) 公司章程规定的营业期限届满或者公司章程规定的其他解散事由出现，但公司通过修改公司章程而存续的除外；

(3) 股东会、股东大会决议解散或者一人有限责任公司的股东、外商投资的公司董事会决议解散；

(4) 依法被吊销营业执照、责令关闭或者被撤销；

(5) 人民法院依法予以解散；

(6) 法律、行政法规规定的其他解散情形。

(七) 分公司的登记

分公司是指公司在其住所以外设立的从事经营活动的机构，分公司不具有企业法人资格。分公司的登记事项包括：名称、营业场所、负责人、经营范围。分公司的名称应当符合国家有关规定。分公司的经营范围不得超出公司的经营范围。公司设立分公司的，应当自决定作出之日起30日内向分公司所在地的公司登记机关申请登记；法律、行政法规或者国务院决定规定必须报经有关部门批准的，应当自批准之日起30日内向公司登记机关申请登记。分公司的公司登记机关准予登记的，发给营业执照。公司应当自分公司登记之日起30日内，持分公司的营业执照到公司登记机关办理备案。分公司变更登记事项的，应当向公司登记机关申请变更登记。公司登记机关准予变更登记的，换发营业执照。分公司被公司撤销、依法责令关闭、吊销营业执照的，公司应当自决定作出之日起30日内向该分公司的公司登记机关申请注销登记。申请注销登记应当提交公司法定代表人签署的注销登记申请书和分公司的营业执照。公司登记机关准予注销登记后，应当收缴分公司的营业执照。

(八) 年度报告公示

公司应当于每年1月1日至6月30日，通过企业信用信息公示系统向公司登记机关报送上一年度年度报告，并向社会公示。年度报告公示的内容以及监督检查办法由国务院制定。

(九) 证照和档案管理

企业法人营业执照、营业执照分为正本和副本，正本和副本具有同等法律效力。企业法人营业执照正本或者营业执照正本应当置于公司住所或者分公司营业场所的醒目位置。公司可以根据业务需要向公司登记机关申请核发营业执照若干副本。任何单位和个人不得伪造、涂改、出租、出借、转让营业执照。营业执照遗失或者毁坏的，由审批部门在其官方网站免费发布公告，申请补领。公司登记机关依法作出变更登记、注销登记、撤销变更登记决定，公司拒不缴回或者无法缴回营业执照的，由公司登记机关公告营业执照作废。公司登记机关对需要认定的营业执照，可以临时扣留，扣留期限不得超过10日。国家推行电子营业执照，电子营业执照与纸质营业执照具有同等法律效力。借阅、抄录、携带、复制公司登记档案资料的，应当按照规定的权限和程序办理。任何单位和个人不得修改、涂抹、标注、损毁公司登记档案资料。

任务二　有限责任公司

一、有限责任公司的设立

(一) 有限责任公司设立的条件

根据《公司法》的规定，设立有限责任公司，应当具备下列条件。

1. 股东符合法定人数标准，即1~50人，既可以是自然人，也可以是法人

《公司法》规定，有限责任公司由50个以下股东出资设立。

2. 有符合公司章程规定的全体股东认缴的出资额。全体股东认缴的出资额由股东按照公司章程的规定自公司成立之日起五年内缴足

（1）注册资本。有限责任公司的注册资本为在公司登记机关登记的全体股东认缴的出资额。

（2）股东出资方式。股东可以用货币出资，也可以用实物、知识产权、土地使用权、股权、债权等可以用货币估价并可以依法转让的非货币财产作价出资。但是，法律、行政法规规定不得作为出资的财产除外。

实物出资是指以房屋、机器设备、工具、原材料、零部件等有形资产的所有权出资。

知识产权出资是指以无形资产，包括著作权、专利权、商标权、非专利技术等出资。对作为出资的非货币财产应当评估作价，核实财产，不得高估或者低估作价。根据《公司法》司法解释（三）的规定，出资人以非货币财产出资，未依法评估作价，公司、其他股东或者公司债权人请求认定出资人未履行出资义务的，人民法院应当委托具有合法资格的评估机构对该财产评估作价。评估确定的价额显著低于公司章程所定价额的，人民法院应当认定出资人未依法全面履行出资义务。但是，出资人以符合法定条件的非货币财产出资后，因市场变化或者其他客观因素导致出资财产贬值，公司、其他股东或者公司债权人请求该出资人承担补足出资责任的，人民法院不予支持。当事人另有约定的除外。

根据《公司法》司法解释（三）的规定，出资人以划拨土地使用权出资，或者以设定权利负担的土地使用权出资，公司、其他股东或者公司债权人主张认定出资人未履行出资义务的，人民法院应当责令当事人在指定的合理期间内办理土地变更手续或者解除权利负担；逾期未办理或者未解除的，人民法院应当认定出资人未依法全面履行出资义务。

根据《公司法》司法解释（三）的规定，出资人以房屋、土地使用权或者需要办理权属登记的知识产权等财产出资，已经交付公司使用但未办理权属变更手续，公司、其他股东或者公司债权人主张认定出资人未履行出资义务的，人民法院应当责令当事人在指定的合理期间内办理权属变更手续；在前述期间内办理了权属变更手续的，人民法院应当认定其已经履行了出资义务；出资人主张自其实际交付财产给公司使用时享有相应股东权利的，人民法院应予支持。出资人以前款规定的财产出资，已经办理权属变更手续但未交付给公司使用，公司或者其他股东主张其向公司交付，并在实际交付之前不享有相应股东权利的，人民法院应予支持。

3. 股东共同制定公司章程

公司章程是记载公司组织、活动基本准则的公开性法律文件。设立有限责任公司必须由股东共同依法制定公司章程。股东应当在公司章程上签名、盖章。公司章程对公司、股东、董事、监事、高级管理人员具有约束力。公司章程所记载的事项可以为必备事项和任意事项。必备事项是法律规定的在公司章程中必须记载的事项，或称绝对必要事项；任意事项是由公司自行决定是否记载的事项，包括公司有自主决定权的一些事项。

根据《公司法》的规定，有限责任公司章程应当载明下列事项：

（1）公司名称和住所；

（2）公司经营范围；

（3）公司注册资本；

（4）股东的姓名或者名称；

（5）股东的出资方式、出资额和出资时间；

(6) 公司的机构及其产生办法、职权、议事规则；

(7) 公司法定代表人；

(8) 股东会会议认为需要规定的其他事项。

4. 有公司名称，建立符合有限责任公司要求的组织机构

公司的名称是公司的标志。公司设立自己的名称时，必须符合法律、法规的规定。公司应当设立符合有限责任公司要求的组织机构，即股东会、董事会或者执行董事、监事会或者监事等。

5. 有公司住所

设立公司必须有住所。没有住所的公司，不得设立。公司以其主要办事机构所在地为住所。

(二) 有限责任公司设立的程序

设立有限责任公司的程序包括发起人发起、订立公司章程、必要的行政审批、股东缴纳出资、申请设立登记等。

1. 发起人发起

有限责任公司只能采用发起设立。发起人有数人时，应签订发起人协议或作出发起人会议决议。

2. 订立公司章程

股东设立有限责任公司，必须先订立公司章程，将要设立的公司基本情况以及各方面的权利义务加以明确规定。

3. 必要的行政审批

法律、行政法规规定设立公司必须报经批准的，应当在公司登记前依法办理批准手续。

4. 股东缴纳出资

股东应当按期足额缴纳公司章程中规定的各自所认缴的出资额。股东以货币出资的，应当将货币出资足额存入为设立有限责任公司而在银行开设的账户；以非货币财产出资的，应当依法办理其财产权的转移手续，该转移手续一般在 6 个月内办理完毕。这里的手续，是指过户手续，即将原来属于股东所有的财产，转移为属于公司所有的财产。如股东以房屋出资的，必须到房管部门办理房屋所有权转移手续，将房屋所有权人由股东改为公司。

对于股东不按照规定缴纳出资的，《公司法》规定，除该股东应当向公司足额缴纳外，还应当向已按期足额缴纳出资的股东承担违约责任。该违约责任除出资部分外，还包括未出资的利息。

有限责任公司成立后，发现作为设立公司出资的非货币财产的实际价额显著低于公司章程所定价额的，应当由交付该出资的股东补足其差额，公司设立时的其他股东承担连带责任。《公司法》司法解释(三)规定，股东在公司设立时未履行或者未全面履行出资义务，发起人与被告股东承担连带责任；公司的发起人承担责任后，可以向被告股东追偿。此外，股东在公司增资时未履行或者未全面履行出资义务，未尽《公司法》规定的义务而使出资未缴足的董事、高级管理人员承担相应责任；董事、高级管理人员承担责任后，可以向被告股东追偿。

此外，有限责任公司的股东未履行或者未全面履行出资义务即转让股权，受让人对此知道或者应当知道，公司请求该股东履行出资义务、受让人对此承担连带责任的，人民法院应予支持；公司债权人依照规定向该股东提起承担补充赔偿责任的诉讼，同时请求前述受让人对此承担连带责任的，人民法院应予支持。受让人根据上述规定承担责任后，向该未履行或者未全面履行出资义务的股东追偿的，人民法院应予支持。但是，当事人另有约定的除外。

以贪污、受贿、侵占、挪用等违法犯罪所得的货币出资后取得股权的，对违法犯罪行为予以追究、处罚时，应当采取拍卖或者变卖的方式处置其股权。这就是说，为维持公司资本，可采取将出资财产所形成的股权通过折价补偿受害人的损失，但不能直接将出资的财产从公司抽出。

此外，我国《公司法》还规定，有限责任公司成立后，股东不得抽逃出资。但在实践中，股东常常采取各种手段抽逃出资，导致公司资本不实。为了保障公司资本之维持，维护公司债权人利益，《公司法》司法解释(三)进一步作了具体规定，即公司成立后，公司、股东或者公司债权人以相关股东的行为符合下列情形之一且损害公司权益为由，请求认定该股东抽逃出资的，人民法院应予支持：

(1) 制作虚假财务会计报表虚增利润进行分配；

(2) 通过虚构债权债务关系将其出资转出；

(3) 利用关联交易将出资转出；

(4) 其他未经法定程序将出资抽回的行为。

《公司法》司法解释(三)还规定了股东抽逃出资后的民事责任，进一步完善了公司法律制度，即股东抽逃出资，公司或者其他股东请求其向公司返还出资本息。协助抽逃出资的其他股东、董事、高级管理人员或者实际控制人对此承担连带责任的，人民法院应予支持。公司债权人请求抽逃出资的股东在抽逃出资本息范围内对公司债务不能清偿的部分承担补充赔偿责任，协助抽逃出资的其他股东、董事、高级管理人员或者实际控制人对此承担连带责任的，人民法院应予支持；抽逃出资的股东已经承担上述责任，其他债权人提出相同请求的，人民法院不予支持。

此外，《公司法》司法解释(三)还规定，股东未履行或者未全面履行出资义务或者抽逃出资，公司根据公司章程或者股东会决议对其利润分配请求权、新股优先认购权、剩余财产分配请求权等股东权利作出相应的合理限制，该股东请求认定该限制无效的，人民法院不予支持。有限责任公司的股东未履行出资义务或者抽逃全部出资，经公司催告缴纳或者返还，其在合理期间内仍未缴纳或者返还出资，公司以股东会决议解除该股东的股东资格，该股东请求确认该解除行为无效的，人民法院不予支持。

对于实践中发生的第三人垫付出资的行为，《公司法》司法解释(三)规定，第三人代垫资金协助发起人设立公司，双方明确约定在公司验资后或者在公司成立后将该发起人的出资抽回以偿还该第三人，发起人依照前述约定抽回出资偿还第三人后又不能补足出资，相关权利人请求第三人连带承担发起人因抽回出资而产生的相应责任的，人民法院应予支持。

5. 申请设立登记

股东认足公司章程规定的出资后，由全体股东指定的代表或者共同委托的代理人向公司登记机关报送公司登记申请书、公司章程等文件，申请设立登记。公司经核准登记后，领取公司营业执照，公司企业法人营业执照签发日期为公司成立日期。

根据我国《公司法》的规定，有限责任公司成立后，应当向股东签发出资证明书。

出资证明书是确认股东出资的凭证，应当载明下列事项：

(1) 公司名称；

(2) 公司成立日期；

（3）公司注册资本；

（4）股东的姓名或者名称、缴纳的出资额和出资日期；

（5）出资证明书的编号和核发日期，出资证明书由公司盖章。

有限责任公司应当置备股东名册。股东名册是公司为记载股东情况及其资本事项而设置的簿册。记载于股东名册的股东，可以依股东名册主张行使股东权利。公司应当将股东的姓名或者名称向公司登记机关登记，登记事项发生变更的，应当办理变更登记。未经登记或者变更登记的，不得对抗第三人。

【例题 4-4·单选题】甲、乙、丙共同出资设立一有限责任公司。其中，公司章程规定丙以房产出资 30 万元。公司成立后又吸收丁入股。后查明，丙作为出资的房产仅值 20 万元，丙现有可执行的个人财产 6 万元。下列处理方式中，符合《公司法》规定的是（　　）。

A. 丙以现有可执行财产补交差额，不足部分由丙在 3 年内用公司分得的利润予以补足

B. 丙以现有可执行财产补交差额，不足部分由甲、乙补足

C. 丙以现有可执行财产补交差额，不足部分由甲、乙、丁补足

D. 丙无须补交差额，甲、乙、丁都不承担补足出资的连带责任

解析：正确答案为 B。根据《公司法》的规定，有限责任公司成立后，发现作为设立公司出资的非货币财产的实际价额显著低于公司章程所定价额时，应当由交付该出资的股东补足其差额，公司设立时的其他股东承担连带责任。本例中，甲、乙为公司设立时的股东，故丙以现有可执行财产补交差额后，不足的部分应由甲、乙承担连带责任。

二、有限责任公司的组织机构

（一）股东会

1. 股东会的职权

有限责任公司股东会由全体股东组成。股东会是公司的权力机构，依法行使下列职权：

（1）选举和更换董事、监事，决定有关董事、监事的报酬事项；

（2）审议批准董事会的报告；

（3）审议批准监事会的报告；

（4）审议批准公司的利润分配方案和弥补亏损方案；

（5）对公司增加或者减少注册资本作出决议；

（6）对发行公司债券作出决议；

（7）对公司合并、分立、解散和清算或者变更公司形式作出决议；

（8）修改公司章程；

（9）公司章程规定的其他职权。

2. 股东会的形式

股东会会议分为定期会议和临时会议。定期会议应当按照公司章程的规定按时召开。代表 1/10 以上表决权的股东，1/3 以上的董事，监事会或者不设监事会的公司的监事提议召开临时会议的，应当召开临时会议。

3. 股东会的召开

首次股东会会议由出资最多的股东召集和主持，依法行使职权。以后的股东会会议，公司设立董事会的，由董事会召集，董事长主持；董事长不能履行职务或者不履行职务的，由副董事长主持；副董事长不能履行职务或者不履行职务的，由半数以上董事共同推举 1

名董事主持。公司不设董事会的，股东会会议由执行董事召集和主持。董事会或者执行董事不能履行或者不履行召集股东会会议职责的，由监事会或者不设监事会的公司的监事召集和主持；监事会或者监事不召集和主持的，代表1/10以上表决权的股东可以自行召集和主持。所谓不能履行职务，是指生病、出差在外等客观原因导致其无法履行职务的情形。所谓不履行职务，是指不存在无法履行职务的客观原因，但以其他理由或者根本就没有理由而不履行职务的情形。召开股东会会议，应当于会议召开15日前通知全体股东；但是，公司章程另有规定或者全体股东另有约定的除外。股东会应当对所议事项的决定作成会议记录，出席会议的股东应当在会议记录上签名。

4. **股东会的决议**

股东会会议由股东按照出资比例行使表决权；但是，公司章程另有规定的除外。股东会的议事方式和表决程序，除《公司法》有规定的外，由公司章程规定。股东会会议作出修改公司章程、增加或者减少注册资本的决议，以及公司合并、分立、解散或者变更公司形式的决议，必须经代表2/3以上表决权的股东通过。

【例题4-5·多选题】辉煌有限责任公司由甲、乙、丙、丁四个股东共同出资设立，丙提议召开临时股东会会议，提议将公司变更为股份有限公司，在表决时，甲、丙两股东表示同意，丙占出资比例为15%、甲占出资比例为45%，根据《公司法》的规定，下列表述中，正确的有（　　）。

A. 丙股东依法不能提议召开临时股东会会议

B. 丙股东依法能够提议召开临时股东会会议

C. 因甲、丙股东所代表的表决权过半数，因此，变更公司形式的决议有效

D. 因甲、丙股东所代表的表决权未达到2/3以上，因此，变更公司形式的决议无效

解析：正确答案为BD。根据《公司法》的规定，代表1/10以上表决权的股东、1/3以上的董事，监事会或者不设监事会的公司的监事提议召开临时会议的，应当召开临时会议。有限责任公司股东会议作出修改公司章程、增加或者减少注册资本的决议，以及公司合并、分立、解散或者变更公司形式的决议，必须经代表2/3以上表决权的股东通过。

（二）董事会

董事会是公司股东会的执行机构，对股东会负责。

1. **董事会的组成**

根据《公司法》的六十八条之规定，有限责任公司董事会成员为三人以上，其成员中可以有公司职工代表。职工人数三百人以上的，除依法设监事会并有公司职工代表的外，其董事会成员中应当有公司职工代表。董事会中的职工代表由公司职工通过职工代表大会、职工大会或者其他形式民主选举产生。董事会设董事长一人，可以设副董事长。董事长、副董事长的产生办法由公司章程规定。

2. **董事会的职权**

根据《公司法》的六十七条之规定，董事会对股东会负责，行使下列职权：

（1）召集股东会会议，并向股东会报告工作；

（2）执行股东会的决议；

（3）决定公司的经营计划和投资方案；

（4）制订公司的利润分配方案和弥补亏损方案；

（5）制订公司增加或者减少注册资本以及发行公司债券的方案；

(6) 制订公司合并、分立、解散或者变更公司形式的方案；

(7) 决定公司内部管理机构的设置；

(8) 决定聘任或者解聘公司经理及其报酬事项，并根据经理的提名决定聘任或者解聘公司副经理、财务负责人及其报酬事项；

(9) 制定公司的基本管理制度；

(10) 公司章程规定或者股东会授予的其他职权。

3. 董事会的召开

董事会会议由董事长召集和主持；董事长不能履行职务或者不履行职务的，由副董事长召集和主持；副董事长不能履行职务或者不履行职务的，由半数以上董事共同推举1名董事召集和主持。

4. 董事会的决议

根据《公司法》的七十三条之规定董事会的议事方式和表决程序，除本法有规定的外，由公司章程规定。

董事会会议应当有过半数的董事出席方可举行。董事会作出决议，应当经全体董事的过半数通过。

董事会决议的表决，应当一人一票。

董事会应当对所议事项的决定作成会议记录，出席会议的董事应当在会议记录上签名。

【例题4-6·多选题】下列关于有限责任公司董事会的表述中，不符合《公司法》规定的有(　　)。

A. 董事会成员中必须有公司职工代表

B. 董事任期由公司章程规定，但每届任期不得超过三年

C. 董事长和副董事长依法由公司董事会选举产生

D. 董事长和副董事长不召集和主持董事会的，必须由全体董事共同推举1名董事召集和主持

解析：正确答案为BCD。根据我国《公司法》的规定，其董事会成员中应当有公司职工代表，其他有限责任公司董事会成员中也可以有，不是应当有。董事长、副董事长的产生办法由公司章程规定而不是由公司董事会选举产生。董事长和副董事长不召集和主持董事会的，由半数以上董事共同推举1名董事召集和主持，而不是必须由全体董事共同推举。

5. 经理

有限责任公司可以设经理，由董事会决定聘任或者解聘。经理对董事会负责，行使下列职权：

(1) 主持公司的生产经营管理工作，组织实施董事会决议；

(2) 组织实施公司年度经营计划和投资方案；

(3) 拟订公司内部管理机构设置方案；

(4) 拟订公司的基本管理制度；

(5) 制订公司的具体规章；

(6) 提请聘任或者解聘公司副经理、财务负责人；

(7) 决定聘任或者解聘除应由董事会决定聘任或者解聘以外的负责管理人员；

(8) 董事会授予的其他职权。公司章程对经理职权另有规定的，从其规定。经理列席董事会会议。

规模较小或者股东人数较少的有限责任公司，可以不设董事会，设一名董事，行使董事会的职权。该董事可以兼任公司经理。

（三）监事会

监事会是公司的监督机构。

1. 监事会的组成

有限责任公司设立监事会，其成员不得少于三人。股东人数较少或者规模较小的有限责任公司，不设立监事会，可以设一名监事。经全体股东一致同意，也可以不设监事。

监事会应当包括股东代表和适当比例的公司职工代表，其中，职工代表的比例不得低于1/3，具体比例由公司章程规定。监事会中的职工代表由公司职工通过职工代表大会、职工大会或者其他形式民主选举产生。

监事会设主席1人，由全体监事过半数选举产生。监事会主席召集和主持监事会会议；监事会主席不能履行职务或者不履行职务的，由半数以上监事共同推举一名监事召集和主持监事会会议。董事、高级管理人员不得兼任监事。监事的任期每届为三年。监事任期届满，连选可以连任。监事任期届满未及时改选，或者监事在任期内辞职导致监事会成员低于法定人数的，在改选出的监事就任前，原监事仍应当依照法律、行政法规和公司章程的规定，履行监事职务。

2. 监事会的职权

监事会、不设监事会的公司的监事行使下列职权：

（1）检查公司财务；

（2）对董事、高级管理人员执行公司职务的行为进行监督，对违反法律、行政法规、公司章程或者股东会决议的董事、高级管理人员提出罢免的建议；

（3）当董事、高级管理人员的行为损害公司的利益时，要求董事、高级管理人员予以纠正；

（4）提议召开临时股东会会议，在董事会不履行规定的召集和主持股东会会议职责时召集和主持股东会会议；

（5）向股东会会议提出提案；

（6）依照《公司法》的规定，对董事、高级管理人员提起诉讼；

（7）公司章程规定的其他职权。监事可以列席董事会会议，并对董事会决议事项提出质询或者建议。监事会、不设监事会的公司的监事发现公司经营情况异常，可以进行调查；必要时，可以聘请会计师事务所等协助其工作，费用由公司承担。监事会、不设监事会的公司的监事行使职权所必需的费用，由公司承担。

3. 监事会的决议

监事会每年度至少召开一次会议，监事可以提议召开临时监事会会议。监事会的议事方式和表决程序，除《公司法》有规定的外，由公司章程规定。监事会决议应当经半数以上监事通过。监事会应当对所议事项的决定作成会议记录，出席会议的监事应当在会议记录上签名。

（四）公司决议效力

根据《公司法》司法解释（四）的规定，公司股东、董事、监事等请求确认股东会或者股东大会、董事会决议无效或者不成立的，人民法院应当依法予以受理。股东会、董事会决议存在下列情形之一，当事人主张决议不成立的，人民法院应当予以支持：

(1) 公司未召开会议的，但依据《公司法》第五十九条(《公司法》第五十九条规定，对股东会行使职权事项，股东以书面形式一致表示同意的，可以不召开股东会会议，直接作出决定，并由全体股东在决定文件上签名、盖章。)或者公司章程规定可以不召开股东会或者股东大会而直接作出决定，并由全体股东在决定文件上签名、盖章的除外；

(2) 会议未对决议事项进行表决的；

(3) 出席会议的人数或者股东所持表决权不符合《公司法》或者公司章程规定的；

(4) 会议的表决结果未达到《公司法》或者公司章程规定的通过比例的；

(5) 导致决议不成立的其他情形。

股东会、董事会的会议召集程序、表决方式违反法律、行政法规或者公司章程，或者决议内容违反公司章程的，股东可以自决议作出之日起 60 日内，请求人民法院撤销股东会、董事会决议，人民法院应当予以支持，但会议召集程序或者表决方式仅有轻微瑕疵，且对决议未产生实质影响的，人民法院不予支持。请求撤销股东会、董事会决议的原告，应当在起诉时具有公司股东资格。原告请求确认股东会、董事会决议不成立、无效或者撤销决议的案件，应当列公司为被告。对决议涉及的其他利害关系人，可以依法列为第三人。一审法庭辩论终结前，其他有原告资格的人以相同的诉讼请求申请参加上述规定诉讼的，可以列为共同原告。

股东会、董事会决议被人民法院判决确认无效或者撤销的，公司依据该决议与善意相对人形成的民事法律关系不受影响。

三、有限责任公司的股权转让

有限责任公司的股东之间可以相互转让其全部或者部分股权。有限责任公司股东转让股权，包括股东之间转让股权、股东向股东以外的人转让股权和人民法院强制转让股东股权几种情形。

(一) 股东之间转让股权

《公司法》规定，有限责任公司的股东之间可以相互转让其全部或者部分股权。《公司法》对股东之间转让股权没有作任何限制。

(二) 股东向股东以外的人转让股权

股东向股东以外的人转让股权的，应当将股权转让的数量、价格、支付方式和期限等事项书面通知其他股东，其他股东在同等条件下有优先购买权。股东自接到书面通知之日起 30 日内未答复的，视为放弃优先购买权。两个以上股东行使优先购买权的，协商确定各自的购买比例；协商不成的，按照转让时各自的出资比例行使优先购买权。公司章程对股权转让另有规定的，从其规定。

(三) 人民法院强制转让股东股权

人民法院依照法律规定的强制执行程序转让股东的股权时，应当通知公司及全体股东，其他股东在同等条件下有优先购买权。其他股东自人民法院通知之日起满 20 日不行使优先购买权的，视为放弃优先购买权。

(四) 其他特别规定

(1) 股东转让已认缴出资但未届出资期限的股权的，由受让人承担缴纳该出资的义务；受让人未按期足额缴纳出资的，转让人对受让人未按期缴纳的出资承担补充责任。

未按照公司章程规定的出资日期缴纳出资或者作为出资的非货币财产的实际价额显著

低于所认缴的出资额的股东转让股权的，转让人与受让人在出资不足的范围内承担连带责任；受让人不知道且不应当知道存在上述情形的，由转让人承担责任。

(2) 有下列情形之一的，对股东会该项决议投反对票的股东可以请求公司按照合理的价格收购其股权：

① 公司连续五年不向股东分配利润，而公司该五年连续盈利，并且符合本法规定的分配利润条件；

② 公司合并、分立、转让主要财产；

③ 公司章程规定的营业期限届满或者章程规定的其他解散事由出现，股东会通过决议修改章程使公司存续。

(3) 自股东会决议作出之日起 60 日内，股东与公司不能达成股权收购协议的，股东可以自股东会决议作出之日起 90 日内向人民法院提起诉讼。

(4) 公司的控股股东滥用股东权利，严重损害公司或者其他股东利益的，其他股东有权请求公司按照合理的价格收购其股权。

(5) 自然人股东死亡后，其合法继承人可以继承股东资格；但是，公司章程另有规定的除外。

(五) 转让的程序和手续

(1) 股东转让股权的，应当书面通知公司，请求变更股东名册；需要办理变更登记的，并请求公司向公司登记机关办理变更登记。公司拒绝或者在合理期限内不予答复的，转让人、受让人可以依法向人民法院提起诉讼。股权转让的，受让人自记载于股东名册时起可以向公司主张行使股东权利。

(2) 依照本法转让股权后，公司应当及时注销原股东的出资证明书，向新股东签发出资证明书，并相应修改公司章程和股东名册中有关股东及其出资额的记载。对公司章程的该项修改不需再由股东会表决。

(3) 股东退出公司的法定程序。

① 请求公司收购其股权。股东要求退出公司时，首先应当请求公司收购其股权。股东请求公司收购其股权时，其所要求的价格不应过高，而应当是合理的价格，这样才能既满足股东的要求，保护要求退出公司的股东的权益，又不损害公司和其他股东的权益。

② 依法向人民法院提起诉讼。股东请求公司收购其股权，应当尽量通过协商的方式解决。但如果协商不成，根据《公司法》规定，自股东会会议决议通过之日起 60 日内，股东与公司不能达成股权收购协议的，股东可以自股东会会议决议通过之日起 90 日内向人民法院提起诉讼。

四、国家出资公司组织机构的特别规定

(一) 国家出资公司的概念

国家出资公司，是指国家出资的国有独资公司、国有资本控股公司，包括国家出资的有限责任公司、股份有限公司。

国家出资公司，由国务院或者地方人民政府分别代表国家依法履行出资人职责，享有出资人权益。国务院或者地方人民政府可以授权国有资产监督管理机构或者其他部门、机构代表本级人民政府对国家出资公司履行出资人职责。

代表本级人民政府履行出资人职责的机构、部门，以下统称为履行出资人职责的机构。

（二）国家出资公司组织机构的特别规定

1. 中国共产党的组织

国家出资公司中中国共产党的组织，按照中国共产党章程的规定发挥领导作用，研究讨论公司重大经营管理事项，支持公司的组织机构依法行使职权。

2. 公司章程

国有独资公司章程由履行出资人职责的机构制定。

3. 董事会

（1）国有独资公司不设股东会，由履行出资人职责的机构行使股东会职权。履行出资人职责的机构可以授权公司董事会行使股东会的部分职权，但公司章程的制定和修改，公司的合并、分立、解散、申请破产，增加或者减少注册资本，分配利润，应当由履行出资人职责的机构决定。

（2）国有独资公司的董事会依照本法规定行使职权。国有独资公司的董事会成员中，应当过半数为外部董事，并应当有公司职工代表。董事会成员由履行出资人职责的机构委派；但是，董事会成员中的职工代表由公司职工代表大会选举产生。

（3）董事会设董事长一人，可以设副董事长。董事长、副董事长由履行出资人职责的机构从董事会成员中指定。

（4）国有独资公司的董事、高级管理人员，未经履行出资人职责的机构同意，不得在其他有限责任公司、股份有限公司或者其他经济组织兼职。

4. 经理

国有独资公司的经理由董事会聘任或者解聘。经履行出资人职责的机构同意，董事会成员可以兼任经理。

5. 监事

国有独资公司在董事会中设置由董事组成的审计委员会行使本法规定的监事会职权的，不设监事会或者监事。

国家出资公司应当依法建立，健全内部监督管理和风险控制制度，加强内部合规管理。

任务三　股份有限公司

一、股份有限公司的设立

（一）股份有限公司的设立方式

股份有限公司可以采取发起设立或者募集设立的方式设立。发起设立，是指由发起人认购公司应发行的全部股份而设立公司。以发起设立的方式设立股份有限公司的，在设立时其股份全部由该公司的发起人认购，而不向发起人之外的任何社会公众发行股份。募集设立，是指由发起人认购公司应发行股份的一部分，其余股份向社会公开募集或者向特定对象募集而设立公司。以募集设立方式设立股份有限公司的，在公司设立时，认购公司应发行股份的人不仅有发起人，而且还有发起人以外的人。

（二）股份有限公司的设立条件

《公司法》规定，设立股份有限公司，应当具备下列条件。

1. 发起人符合法定人数

发起人是指依法筹办创立股份有限公司事务的人。为设立公司而签署公司章程、向公司认购出资或者股份并履行公司设立职责的人，应当认定为公司的发起人。发起人既可以是自然人，也可以是法人；既可以是中国公民，也可以是外国公民。设立股份有限公司，应当有一人以上二百人以下为发起人，其中，须有半数以上的发起人在中国境内有住所。发起人应当签订发起人协议，明确各自在公司设立过程中的权利和义务。

2. 有符合公司章程规定的全体发起人认购的股本总额或者募集的实收股本总额

股份有限公司采取发起设立方式设立的，注册资本为在公司登记机关登记的全体发起人认购的股本总额。在发起人认购的股份缴足前，不得向他人募集股份。股份有限公司采取募集方式设立的，注册资本为在公司登记机关登记的实收股本总额。法律、行政法规以及国务院决定对股份有限公司注册资本实缴、注册资本最低限额另有规定的，从其规定。发起人可以用货币出资，也可以用实物、知识产权、土地使用权等可以用货币估价并可以依法转让的非货币财产作价出资；但是，法律、行政法规规定不得作为出资的财产除外。对作为出资的非货币财产应当评估作价，核实财产，不得高估或者低估作价。法律、行政法规对评估作价有规定的，从其规定。

3. 股份发行、筹办事项符合法律规定

发起人为设立股份有限公司发行股份，以及在进行其他的筹办事项时，都必须符合法律规定的条件和程序，不得违反。

4. 发起人制定公司章程，采用募集方式设立的须经创立大会通过

股份有限公司的章程是指记载有关公司组织和行动基本规则的文件。公司章程对公司、股东、董事、监事、高级管理人员具有约束力。设立公司必须依法制定章程。对于以发起设立方式设立的股份有限公司，由全体发起人共同制定公司章程；对于以募集设立方式设立的股份有限公司，发起人制定的公司章程，还应当召开有其他认股人参加的创立大会，并经出席会议的认股人所持表决权的过半数通过，方为有效。

股份有限公司章程应当载明下列事项：

（1）公司名称和住所；

（2）公司经营范围；

（3）公司设立方式；

（4）公司注册资本、已发行的股份数和设立时发行的股份数、面额股的每股金额；

（5）发行类别股的，每一类别股的股份数及其权利和义务；

（6）发起人的姓名或者名称、认购的股份数、出资方式；

（7）董事会的组成、职权和议事规则；

（8）公司法定代表人的产生、变更办法；

（9）监事会的组成、职权和议事规则；

（10）公司利润分配办法；

（11）公司的解散事由与清算办法；

（12）公司的通知和公告办法；

（13）股东会认为需要规定的其他事项。

5. 有公司名称，建立符合股份有限公司要求的组织机构

6. 有公司住所

（三）股份有限公司的设立程序

1. 发起设立方式设立股份有限公司的程序

（1）发起人书面认足公司章程规定其认购的股份。

（2）缴纳出资。《公司法》规定，以发起设立方式设立股份有限公司的，发起人应当书面认足公司章程规定其认购的股份，并按照公司章程规定缴纳出资。以非货币财产出资的，应当依法办理其财产权的转移手续。发起人不按照规定缴纳出资的，应当按照发起人协议的约定承担违约责任。

（3）选举董事会和监事会。发起人首次缴纳出资后，应当选举董事会和监事会，建立公司的组织机构。

（4）申请设立登记。发起人在选举董事会和监事会后，董事会应当向公司登记机关报送公司章程、验资证明以及法律、行政法规规定的其他文件，申请设立登记。一旦公司登记机关依法予以登记，发给公司营业执照，公司即告成立。

2. 募集设立方式设立股份有限公司的程序

（1）发起人认购股份。发起人认购的股份不得少于公司股份的35%，但是法律、行政法规另有规定的，从其规定。这里应当注意的是，发起人认购的股份是指所有发起人认购股份的总额，而不是某一个发起人认购的股份。

（2）向社会公开募集股份。发起人向社会公开募集股份，必须公告招股说明书，并制作认股书。认股书由认股人填写认购股数、金额、住所，并签名、盖章。认股人按照所认购股数缴纳股款。发起人向社会公开募集股份，应当由依法设立的证券公司承销，签订承销协议。发起人向社会公开募集股份，应当同银行签订代收股款协议。代收股款的银行应当按照协议代收和保存股款，向缴纳股款的认股人出具收款单据，并负有向有关部门出具收款证明的义务。

根据《公司法》司法解释(三)的规定，股份有限公司的认股人未按期缴纳所认股份的股款，经公司发起人催缴后在合理期间内仍未缴纳，公司发起人对该股份另行募集的，人民法院应当认定该募集行为有效。认股人延期缴纳股款给公司造成损失，公司请求该认股人承担赔偿责任的，人民法院应予支持。

3. 召开创立大会

发行股份的股款缴足后，必须经依法设立的验资机构验资并出具证明。发起人应当在股款缴足之日起30日内主持召开公司创立大会，创立大会由发起人、认股人组成。发起人应当在创立大会召开15日前将会议日期通知各认股人或者予以公告。创立大会应有代表股份总数过半数的发起人、认股人出席，方可举行。

创立大会行使下列职权。

（1）审议发起人关于公司筹办情况的报告。

（2）通过公司章程；选举董事会成员。

（3）选举监事会成员；对公司的设立费用进行审核。

（4）对发起人用于抵作股款的财产的作价进行审核。

（5）发生不可抗力或者经营条件发生重大变化直接影响公司设立的，可以作出不设立公司的决议。

创立大会对上述所列事项作出决议，必须经出席会议的认股人所持表决权过半数通过。发行的股份超过招股说明书规定的截止期限尚未募足的，或者发行股份的股款缴足后，发起人在30日内未召开创立大会的，或创立大会作出不设立公司决议的，认股人可以按照所缴股款并加算银行同期存款利息，要求发起人返还。发起人、认股人缴纳股款或者交付抵作股款的出资后，除上述情形外不得抽回其股本。

【例题4-7·多选题】下列关于创立大会的表述中，符合《公司法》规定的有(　　)。

A. 发起人应当在股款缴足之日起60日内主持召开公司创立大会

B. 发起人未按期召开创立大会的，认股人可以按照所缴股款并加算银行同期存款利息，要求发起人返还

C. 创立大会应有代表股份总数过半数的发起人、认股人出席，方可举行

D. 创立大会对通过公司章程作出决议，必须经出席会议的认股人所持表决权2/3以上通过

解析：正确答案为BC。根据我国《公司法》的规定，选项A中，发起人应当在股款缴足之日起30日内主持召开公司创立大会，而不是60日。选项D中，创立大会对通过公司章程作出决议，必须经出席会议的认股人所持表决权过半数通过，而不是2/3以上。

4. 申请设立登记

董事会应于创立大会结束后30日内，向公司登记机关申请设立登记。公司登记机关依法核准登记后，应当发给公司企业法人营业执照。自公司企业法人营业执照签发之日起，公司即告成立。

股份有限公司成立后，发起人未按照公司章程的规定缴足出资的，应当补缴；其他发起人承担连带责任。股份有限公司成立后，发现作为设立公司出资的非货币财产的实际价额显著低于公司章程所定价额的，应当由交付该出资的发起人补足其差额；其他发起人承担连带责任。股份有限公司应当将公司章程、股东名册、公司债券存根、股东大会会议记录、董事会会议记录、监事会会议记录、财务会计报告置备于本公司，供股东查阅。

(四) 股份有限公司发起人承担的责任

根据《公司法》的规定，股份有限公司的发起人应当承担下列责任：

(1) 公司不能成立时，对设立行为所产生的债务和费用负连带责任。根据《公司法》司法解释(三)的规定，公司因故未成立，债权人请求全体或者部分发起人对设立公司行为所产生的费用和债务承担连带清偿责任的，人民法院应予支持。部分发起人依照前述规定承担责任后，请求其他发起人分担的，人民法院应当判令其他发起人按照约定的责任承担比例分担责任；没有约定责任承担比例的，按照约定的出资比例分担责任；没有约定出资比例的，按照均等份额分担责任。

(2) 公司不能成立时，对认股人已缴纳的股款，负返还股款并加算银行同期存款利息的连带责任。

(3) 在公司设立过程中，由于发起人的过失致使公司利益受到损害的，应当对公司承担赔偿责任。根据《公司法》司法解释(三)的规定，因部分发起人的过错导致公司未成立，其他发起人主张其承担设立行为所产生的费用和债务的，人民法院应当根据过错情况，确定过错一方的责任范围。发起人因履行公司设立职责造成他人损害，公司成立后受害人请求公司承担侵权赔偿责任的，人民法院应予支持；公司未成立，受害人请求全体发起人承担连带赔偿责任的，人民法院应予支持。公司或者无过错的发起人承担赔偿责任后，可以向有过错的发起人追偿。

此外，《公司法》司法解释(三)还规定了公司设立阶段的合同责任。这是因为在公司设

立过程中，发起人可能会因筹办公司事务对外订立合同。此时，该合同责任应如何承担?《公司法》司法解释(三)对此作了具体的规定。

(1) 发起人为设立公司以自己名义对外签订合同，合同相对人请求该发起人承担合同责任的，人民法院应予支持。公司成立后对前款规定的合同予以确认，或者已经实际享有合同权利或者履行合同义务，合同相对人请求公司承担合同责任的，人民法院应予支持。

(2) 发起人以设立中公司名义对外签订合同，公司成立后合同相对人请求公司承担合同责任的，人民法院应予支持。公司成立后有证据证明发起人利用设立中公司的名义为自己的利益与相对人签订合同，公司以此为由主张不承担合同责任的，人民法院应予支持，相对人为善意的除外。

二、股份有限公司的组织机构

股份有限公司的组织机构由股东会、董事会、经理、监事会等组成。

(一) 股东会

1. 股东会的性质和组成

股份有限公司的股东会是公司的权力机构，依法行使职权。股东会作为公司的权力机构，虽然对外并不直接代表公司，对内也不直接从事经营活动，但却有权决定公司的重大事项。股份有限公司的股东会由全体股东组成，公司的任何一个股东，无论其所持股份有多少，都是股东大会的成员。

2. 股东会的职权

股东会还有权对公司聘用、解聘会计师事务所作出决议；审议公司在年内购买、出售重大资产超过公司最近一期经审计总资产 30%的事项；审议批准变更募集资金用途事项；审议股权激励计划；审议批准下列担保行为。

(1) 本公司及本公司控股子公司的对外担保总额，达到或超过最近一期经审计净资产的 50%以后提供的任何担保；

(2) 公司的对外担保总额，达到或超过最近一期经审计总资产的 30%以后提供的任何担保；

(3) 为资产负债率超过 70%的担保对象提供的担保；

(4) 单笔担保额超过最近一期经审计净资产 1%的担保；

(5) 对股东、实际控制人及其关联方提供的担保。

3. 股东会的形式

股份有限公司的股东会分为年会和临时股东会两种。年会是指依照法律和公司章程的规定每年按时召开的股东会。《公司法》规定，股东会应当每年召开一次年会。上市公司的年度股东会应当于上一会计年度结束后的 6 个月内举行。临时股东会是指股份有限公司在出现召开临时股东大会的法定事由时，应当在法定期限召开的股东会。《公司法》规定，有下列情形之一的，应当在 2 个月内召开临时股东会：

(1) 董事人数不足《公司法》规定人数或者公司章程所定人数的 2/3 时；

(2) 公司未弥补的亏损达实收股本总额 1/3 时；

(3) 单独或者合计持有公司 10%以上股份的股东请求时；

(4) 董事会认为必要时；

（5）监事会提议召开时；

（6）公司章程规定的其他情形。

4. **股东会的召开**

股东会会议由董事会召集，董事长主持；董事长不能履行职务或者不履行职务的，由副董事长主持；副董事长不能履行职务或者不履行职务的，由半数以上董事共同推举1名董事主持。董事会不能履行或者不履行召集股东大会会议职责的，监事会应当及时召集和主持；监事会不召集和主持的，连续90日以上单独或者合计持有公司10%以上股份的股东可以自行召集和主持。

召开股东会会议，应当将会议召开的时间、地点和审议的事项于会议召开20日前通知各股东；临时股东大会应当于会议召开15日前通知各股东；发行无记名股票的，应当于会议召开30日前公告会议召开的时间、地点和审议事项。

单独或者合计持有公司3%以上股份的股东，可以在股东大会召开10日前提出临时提案并书面提交董事会；董事会应当在收到提案后2日内通知其他股东，并将该临时提案提交股东大会审议。临时提案的内容应当属于股东大会职权范围，并有明确议题和具体决议事项。股东大会不得对上述通知中未列明的事项决议。无记名股票持有人出席股东大会会议的，应当于会议召开5日前至股东大会闭会时将股票交存于公司。

5. **股东会的决议**

股东出席股东会议，所持每一股份有一表决权。股东可以委托代理人出席股东大会会议，代理人应当向公司提交股东授权委托书，并在授权范围内行使表决权。公司持有的本公司股份没有表决权。

股东会作出决议，必须经出席会议的股东所持表决权过半数通过。

但是，股东会作出修改公司章程、增加或者减少注册资本的决议，以及公司合并、分立、解散或者变更公司形式的决议，必须经出席会议的股东所持表决权的2/3以上通过。

股东大会选举董事、监事，可以依照公司章程的规定或者股东大会的决议，实行累积投票制。这里所称累积投票制，是指股东大会选举董事或者监事时，每一股份拥有与应选董事或者监事人数相同的表决权，股东拥有的表决权可以集中使用。例如，某股东拥有100股，每股1票，选出6位董事，通常的办法是让该股东给选中的6位董事候选人的每一位投100票，总共600票。而累积投票法则可以将这600票投给1位董事候选人，或根据自己的意愿分投给选中的各候选人。

股东大会应当对所议事项的决定作成会议记录，主持人、出席会议的董事应当在会议记录上签名。会议记录应当与出席股东的签名册及代理出席的委托书一并保存。

（二）董事会、经理

1. **董事会的性质和组成**

股份有限公司的董事会是股东大会的执行机构，对股东大会负责。股份有限公司设董事会。

2. **董事会的职权**

股份有限公司董事会的职权与有限责任公司董事会的职权的规定基本相同。

董事会设董事长1人，可以设副董事长。董事长和副董事长由董事会以全体董事的过半数选举产生。董事长召集和主持董事会会议，检查董事会决议的实施情况。副董事长协助董事长工作，董事长不能履行职务或者不履行职务的，由副董事长履行职务；副董事长不能履行职务或者不履行职务的，由半数以上董事共同推举1名董事履行职务。

3. 董事会的召开

董事会每年度至少召开2次会议，每次会议应当于会议召开10日前通知全体董事和监事。代表1/10以上表决权的股东、1/3以上董事或者监事会，可以提议召开董事会临时会议。董事长应当自接到提议后10日内，召集和主持董事会会议。董事会召开临时会议，可以另定召集董事会的通知方式和通知时限。

4. 董事会的决议

董事会会议应有过半数的董事出席方可举行。董事会作出决议，必须经全体董事的过半数通过。董事会决议的表决，实行一人一票，即每个董事只能享有一票表决权。

董事会会议，应由董事本人出席；董事因故不能出席，可以书面委托其他董事代为出席，委托书中应载明授权范围。董事会应当对会议所议事项的决定作成会议记录，出席会议的董事应当在会议记录上签名。董事应当对董事会的决议承担责任。董事会的决议违反法律、行政法规或者公司章程、股东大会决议，致使公司遭受严重损失的，参与决议的董事对公司负赔偿责任。但经证明在表决时曾表明异议并记载于会议记录的，该董事可以免除责任。这里需要注意的是，并不是在所有的情况下，也不是所有的董事都对公司负赔偿责任。只有具备了下列三个条件，董事才对公司负赔偿责任：一是董事会的决议违反了法律、行政法规或者公司章程、股东大会决议；二是董事会的决议致使公司遭受严重损失；三是该董事参与了董事会的决议并对某项决议表示了同意。对该决议持相反意见并记载于会议记录的董事，不对公司负赔偿责任。

5. 经理

股份有限公司设经理，由董事会决定聘任或者解聘。股份有限公司经理的职权与有限责任公司经理的职权的规定基本相同。公司董事会可以决定由董事会成员兼任公司经理。

【例题4-8·多选题】某股份有限公司召开董事会，下列各项中，符合公司法律制度规定的有(　　)。

A. 董事长因故不能出席会议，会议由副董事长主持

B. 通过了有关公司董事报酬的决议

C. 通过了免除乙的经理职务，聘任副董事长甲担任经理的决议

D. 董事会的决议违反法律，致使公司遭受严重损失的，参与决议的全体董事对公司负赔偿责任。

解析：正确答案为AC。根据《公司法》的规定，董事长不能履行职务时，由副董事长履行职务，故选项A正确；决定董事报酬事项属于公司股东大会的职权，不属于董事会职权，故选项B错误；聘任或者解聘公司经理属于董事会职权，且公司董事会可以决定由董事会成员兼任经理，故选项C正确；董事会的决议违反法律、行政法规或者公司章程、股东大会决议，致使公司遭受严重损失的，参与决议的董事对公司负赔偿责任，但经证明在表决时曾表示异议并记载于会议记录的，该董事可以免除责任，故选项D错误。

【例题4-9·简答题】某股份有限公司于2018年3月28日召开董事会会议，该次会议召开情况及讨论的有关问题如下：

(1) 公司董事会由7名董事组成。出席该次会议的董事有王某、张某、李某、陈某；何某、孙某、肖某因事不能出席会议，其中，孙某电话委托王某代为出席会议并表决，肖某委托董事会秘书杨某代为出席会议并表决。

(2) 根据总经理提名，出席本次会议的董事讨论并一致同意，聘任顾某为公司财务负责人，并决定给予顾某年薪10万元；董事会会议讨论通过了公司内部机构设置的方案，表决时，董事张某反对，其他董事表示同意。

(3) 该次董事会会议记录，由出席董事会会议的全体董事和列席会议的监事签名后存档。

要求：

(1) 根据本题(1)所述内容，出席该次董事会会议的董事人数是否符合规定？董事孙某、肖某委托他人出席该次董事会会议是否有效？请分别说明理由。

(2) 根据本题(2)所述内容，董事会通过的两项决议是否符合规定？请分别说明理由。

(3) 指出本题(3)所述内容中不规范之处，并说明理由。

解析：(1)出席该次董事会会议的董事人数符合规定。根据《公司法》的规定，董事会会议应有过半数的董事出席方可举行。董事孙某电话委托董事王某代为出席会议并表决不符合规定。根据《公司法》的规定，董事因故不能出席董事会会议时，可以书面委托其他董事代为出席。董事肖某委托董事会秘书杨某代为出席会议并表决不合规定。根据《公司法》的规定，董事因故不能出席董事会会议时，只能委托其他董事出席，而不能委托董事之外的人代为出席。(2)首先，出席本次董事会会议的董事讨论并一致通过的聘任财务负责人并决定其报酬的决议符合规定。根据《公司法》的规定，该事项属于董事会职权范围。其次，批准公司内部设置方案不符合规定。根据《公司法》的规定，董事会作出决议必须经全体董事的过半数通过。公司董事由7人组成，张某反对，何某未出席，孙某、肖某委托不合法，实际只有3名董事同意，未达到全体董事的过半数。(3)该次会议记录无须列席会议的监事签名。根据《公司法》的规定，董事会应当对会议所议事项的决定作成会议记录，出席会议的董事应当在会议记录上签名。

（三）监事会

1. 监事会的组成

股份有限公司监事会成员不得少于3人，应当包括股东代表和适当比例的公司职工代表，其中，职工代表的比例不得低于1/3，具体比例由公司章程规定。监事会中的职工代表由公司职工通过职工代表大会、职工大会或者其他形式民主选举产生。董事、高级管理人员不得兼任监事。监事的任期每届为3年。监事任期届满，连选可以连任。监事任期届满未及时改选，或者监事在任期内辞职导致监事会成员低于法定人数的，在改选出的监事就任前，原监事仍应当依照法律、行政法规和公司章程的规定，履行监事职务。

2. 审计委员会

《公司法》第一百二十一条规定：股份有限公司可以按照公司章程的规定在董事会中设置由董事组成的审计委员会，行使本法规定的监事会的职权，不设监事会或者监事。

审计委员会成员为三名以上，过半数成员不得在公司担任除董事以外的其他职务，且不得与公司存在任何可能影响其独立客观判断的关系。公司董事会成员中的职工代表可以成为审计委员会成员。审计委员会作出决议，应当经审计委员会成员的过半数通过。审计委员会决议的表决，应当一人一票。审计委员会的议事方式和表决程序，除本法有规定的外，由公司章程规定。

3. 监事会的职权

股份有限公司监事会的职权与有限责任公司监事会的职权的规定基本相同。监事可以列席董事会会议，并对董事会决议事项提出质询或者建议。监事会发现公司经营情况异常，可以进行调查；必要时，可以聘请会计师事务所等协助其工作，费用由公司承担。监事会行使职权所必需的费用，由公司承担。

4. **监事会的召开**

监事会设主席1人，可以设副主席。监事会主席和副主席由全体监事过半数选举产生。监事会主席召集和主持监事会会议；监事会主席不能履行职务或者不履行职务的，由监事会副主席召集和主持监事会会议；监事会副主席不能履行职务或者不履行职务的，由半数以上监事共同推举1名监事召集和主持监事会会议。监事会每6个月至少召开1次会议。监事可以提议召开临时监事会会议。监事会的议事方式和表决程序，除《公司法》有规定的外，由公司章程规定。监事会应当对所议事项的决定作成会议记录，出席会议的监事应当在会议记录上签名。

三、上市公司组织机构的特别规定

上市公司，是指其股票在证券交易所上市交易的股份有限公司。《公司法》对上市公司组织及活动原则的特别规定，主要包括以下几个方面。

（一）增加股东会特别决议事项

上市公司在一年内购买、出售重大资产或者担保金额超过公司资产总额30%的，应当由股东会作出决议，并经出席会议的股东所持表决权的2/3以上通过。

（二）上市公司设立独立董事

上市公司独立董事，是指不在公司担任除董事外的其他职务，并与其受聘的上市公司及其主要股东不存在可能妨碍其进行独立客观判断的关系的董事。独立董事除了应履行董事的一般职责外，主要职责在于对控股股东及其选任的上市公司的董事、高级管理人员，以及其与公司进行的关联交易等进行监督。中国证券监督管理委员会发布《关于在上市公司建立独立董事制度的指导意见》（以下简称《指导意见》）的通知，要求上市公司建立独立董事制度。独立董事制度应当具备与其行使职权相适应的任职条件。

担任独立董事应当符合下列基本条件：

（1）根据法律、行政法规及其他有关规定，具备担任上市公司董事的资格；

（2）具有《指导意见》所要求的独立性；

（3）具备上市公司运作的基本知识，熟悉相关法律、行政法规、规章及规则；

（4）具有5年以上法律、经济或者其他履行独立董事职责所必需的工作经验；

（5）公司章程规定的其他条件。

下列人员不得担任独立董事：

（1）在上市公司或者其附属企业任职的人员及其直系亲属、主要社会关系（直系亲属是指配偶、父母、子女等；主要社会关系是指兄弟姐妹、岳父母、儿媳女婿、兄弟姐妹的配偶、配偶的兄弟姐妹等）；

（2）直接或间接持有上市公司已发行股份1%以上或者是上市公司前10名股东中的自然人股东及其直系亲属；

（3）在直接或间接持有上市公司已发行股份5%以上的股东单位或者在上市公司前5名股东单位任职的人员及其直系亲属；

（4）最近1年内曾经具有前三项所列举情形的人员；

（5）为上市公司或者其附属企业提供财务、法律、咨询等服务的人员；

(6) 公司章程规定的其他人员；

(7) 中国证监会认定的其他人员。

独立董事除依法行使股份有限公司董事的职权外，还行使下列职权：对公司关联交易、聘用或者解聘会计师事务所等重大事项进行审核并发表独立意见；就上市公司董事、高级管理人员的提名、任免、报酬、考核事项以及其认为可能损害中小股东权益的事项发表独立意见。独立董事发表的独立意见应当作成记录，并经独立董事书面签字确认。股东有权查阅独立董事发表的独立意见。

(三) 审计委员会

《公司法》的第一百三十七条规定：上市公司在董事会中设置审计委员会的，董事会对下列事项作出决议前应当经审计委员会全体成员过半数通过：

(1) 聘用、解聘承办公司审计业务的会计师事务所；

(2) 聘任、解聘财务负责人；

(3) 披露财务会计报告；

(4) 国务院证券监督管理机构规定的其他事项。

(四) 上市公司设立董事会秘书

董事会秘书是指掌管董事会文件并协助董事会成员处理日常事务的人员。董事会秘书是董事会设置的服务席位，既不能代表董事会，也不能代表董事长。上市公司董事会秘书是公司的高级管理人员，承担法律、行政法规以及公司章程对公司高级管理人员所要求的义务，享有相应的工作职权，获得相应的报酬。上市公司设立董事会秘书，负责公司股东大会和董事会会议的筹备、文件保管以及公司股东资料的管理，办理信息披露事务等事宜。

(五) 增设关联关系董事的表决权排除制度

上市公司董事与董事会会议决议事项所涉及的企业有关联关系的，不得对该项决议行使表决权，也不得代理其他董事行使表决权。该董事会会议由过半数的无关联关系董事出席即可举行，董事会会议所作决议须经无关联关系董事过半数通过。出席董事会的无关联关系董事人数不足 3 人的，应将该事项提交上市公司股东大会审议。这里所称关联关系，是指上市公司的董事与董事会决议事项所涉及的企业之间存在直接或者间接的利益关系。

【例题 4-10 · 多选题】某上市公司董事会成员有 11 人，根据公司章程的规定，对与其甲股东签订重要采购合同的事宜召开临时董事会议，其中张董事是甲股东的公司董事长，李董事、刘董事因故没有参加会议，表决时有 3 个董事不同意。下列关于该次决议的表述中，正确的有(　　)。

A. 该董事会会议由于过半数的无关联关系董事出席，因此可以举行

B. 该董事会会议决议经参加会议的无关联关系董事半数以上通过，有效

C. 该董事会会议决议未经无关联关系董事过半数通过，无效

D. 该董事会会议决议经全体董事过半数以上通过，有效

解析：正确答案为 AC。根据我国《公司法》的规定，上市公司董事与董事会会议决议事项所涉及的企业有关联关系的，不得对该项决议行使表决权，因此，能够行使表决权的董事只有 10 人。该董事会会议由过半数的无关联关系董事出席即可举行，本公司有无关联关系董事 8 人参加，已过半数。董事会会议所作决议须经无关联关系董事(10 人)过半数通过，即至少应当经无关联关系董事 6 人同意，但决议只有 5 人同意，因此不通过，无效。

任务四　公司董事、监事、高级管理人员的资格和义务

一、公司董事、监事、高级管理人员的资格

公司董事、监事、高级管理人员在公司中处于管要的地位并具有法定的职权，因此需要对其任职资格作一些限制性的规定，以保证其具有正确履行职责的能力和条件。因此，《公司法》规定，有下列情形之一的，不得担任公司的董事、监事、高级管理人员。

(1) 无民事行为能力或者限制民事行为能力。无民事行为能力的人包括不满8周岁的未成年人和不能辨认自己行为的成年人。限制民事行为能力的人包括8周岁以上的未成年人和不能完全辨认自己行为的成年人，但16周岁以上的未成年人，以自己的劳动收入为主要生活来源的，视为完全民事行为能力人。

(2) 因贪污、贿赂、侵占财产、挪用财产或者破坏社会主义市场经济秩序，被判处刑罚，执行期满未逾5年，或者因犯罪被剥夺政治权利，执行期满未逾5年。

(3) 担任破产清算的公司、企业的董事或者厂长、经理，对该公司、企业的破产负有个人责任的，自该公司、企业破产清算完结之日起未逾3年。

(4) 担任因违法被吊销营业执照、责令关闭的公司、企业的法定代表人，并负有个人责任的，自该公司、企业被吊销营业执照之日起未逾3年。

(5) 个人所负数额较大的债务到期未清偿。

公司违反《公司法》的上述规定选举、委派董事、监事或者聘任高级管理人员的，该选举、委派或者聘任无效、公司董事、监事、高级管理人员在任职期间出现上述所列情形的，公司应当解除其职务。

二、公司董事、监事、高级管理人员的义务

公司董事、监事、高级管理人员应当遵守法律、行政法规和公司章程，对公司负有忠实义务和勤勉义务。公司董事、监事、高级管理人员不得利用职权收受贿赂或者其他非法收入，不得侵占公司的财产。

《公司法》规定，公司董事、高级管理人员不得有下列行为：

(1) 挪用公司资金；

(2) 将公司资金以其个人名义或者以其他个人名义开立账户存储；

(3) 违反公司章程的规定，未经股东会、股东大会或者董事会同意，将公司资金借贷给他人或者以公司财产为他人提供担保；

(4) 违反公司章程的规定或者未经股东会、股东大会同意，与本公司订立合同或者进行交易；

(5) 未经股东会或者股东大会同意，利用职务便利为自己或者他人谋取属于公司的商业机会，自营或者为他人经营与所任职公司同类的业务；

(6) 接受他人与公司交易的佣金归为己有；

(7) 擅自披露公司秘密；

(8) 违反对公司忠实义务的其他行为。

公司董事、高级管理人员违反上述规定所得的收入应当归公司所有。公司董事、监事、高级管理人员执行公司职务时违反法律、行政法规或者公司章程的规定，给公司造成损失

的，应当承担赔偿责任。公司股东会或者股东大会要求董事、监事、高级管理人员列席会议的，董事、监事、高级管理人员应当列席并接受股东的质询。董事、高级管理人员应当如实向公司监事会或者不设监事会的有限责任公司的监事提供有关情况和资料，不得妨碍监事会或者监事行使职权。

三、股东诉讼

（一）股东代表诉讼

股东代表诉讼，也称股东间接诉讼，是指当董事、监事、高级管理人员或者他人违反法律、行政法规或者公司章程的行为给公司造成损失，公司拒绝或者怠于向该违法行为人请求损害赔偿时，具备法定资格的股东有权代表其他股东，代替公司提起诉讼，请求违法行为人赔偿公司损失的行为。股东代表诉讼的目的，是保护公司利益和股东整体利益，而不仅仅是个别股东的利益。为保护个别股东利益而进行的诉讼是股东直接诉讼。根据侵权人身份的不同与具体情况的不同，提起股东代表诉讼有以下几种程序。

（1）公司董事、监事、高级管理人员的行为给公司造成损失时股东代表公司提起诉讼的程序。按照《公司法》的规定，公司董事、监事、高级管理人员执行公司职务时违反法律、行政法规或者公司章程的规定，给公司造成损失的，应当承担赔偿责任。

为了确保责任者真正承担相应的赔偿责任，《公司法》对股东代表诉讼作了如下规定。

① 公司董事、高级管理人员执行公司职务时违反法律、行政法规或者公司章程的规定的，股东通过监事会或者监事提起诉讼。公司董事、高级管理人员执行公司职务时违反法律、行政法规或者公司章程的规定，给公司造成损失的，有限责任公司的股东、股份有限公司连续180日以上单独或者合计持有公司1%以上股份的股东，可以书面请求监事会或者不设监事会的有限责任公司的监事向人民法院提起诉讼。根据《公司法》司法解释(一)的规定，180日以上连续持股期间，应为股东向人民法院提起诉讼时，已期满的持股时间；规定的合计持有公司1%以上股份，是指两个以上股东持股份额的合计。

② 监事执行公司职务时违反法律、行政法规或者公司章程的规定的，股东通过董事会或者董事提起诉讼。监事执行公司职务时违反法律、行政法规或者公司章程的规定，给公司造成损失的，有限责任公司的股东、股份有限公司连续180日以上单独或者合计持有公司1%以上股份的股东，可以书面请求董事会或者不设董事会的有限责任公司的执行董事向人民法院提起诉讼。

③ 股东直接提起诉讼。监事会、不设监事会的有限责任公司的监事，或者董事会、执行董事，收到有限责任公司的股东、股份有限公司连续180日以上单独或者合计持有公司1%以上股份的股东的书面请求后，拒绝提起诉讼，或者自收到请求之日起30日内未提起诉讼，或者情况紧急、不立即提起诉讼将会使公司利益受到难以弥补的损害的，有限责任公司的股东、股份有限公司连续180日以上单独或者合计持有公司1%以上股份的股东，有权为了公司的利益，以自己的名义直接向人民法院提起诉讼。股东直接对董事、监事、高级管理人员或者他人提起诉讼的，应当列公司为第三人参加诉讼。一审法庭辩论终结前，符合《公司法》规定条件的其他股东，以相同的诉讼请求申请参加诉讼的，应当列为共同原告。股东直接提起诉讼的案件，胜诉利益归属于公司，其诉讼请求部分或者全部得到人民法院支持的，公司应当承担股东因参加诉讼支付的合理费用，股东请求被告直接向其承担民事责任的，人民法院不予支持。

（2）其他人的行为给公司造成损失时股东提起诉讼的程序。公司董事、监事、高级管理人员以外的其他人侵犯公司合法权益，给公司造成损失的，有限责任公司的股东、股份有限公司连续180日以上单独或者合计持有公司1%以上股份的股东，可以通过监事会或者监事、董事会或者董事向人民法院提起诉讼，或者直接向人民法院提起诉讼。提起诉讼的具体程序，依照上述股东对公司董事、监事、高级管理人员给公司造成损失的行为提起诉讼的程序进行。

（二）股东直接诉讼

股东直接诉讼，是指股东对董事、高级管理人员违反规定损害股东利益的行为提起的诉讼。《公司法》规定，公司董事、高级管理人员违反法律、行政法规或者公司章程的规定，损害股东利益的，股东可以依法直接向人民法院提起诉讼。

【例题4-11·判断题】公司所有股东对公司董事、高级管理人员执行公司职务时违反法律规定给公司造成损失的，可以以自己的名义直接向人民法院提起诉讼。（　　）

解析：正确答案为×。

根据我国《公司法》的规定，公司董事、高级管理人员执行公司职务时违反法律、行政法规或者公司章程的规定，给公司造成损失的，有限责任公司的股东、股份有限公司连续180日以上单独或者合计持有公司1%以上股份的股东，可以书面请求监事会或者不设监事会的有限责任公司的监事向人民法院提起诉讼。监事会、不设监事会的有限责任公司的监事，收到有限责任公司的股东、股份有限公司连续180日以上单独或者合计持有公司1%以上股份的股东的书面请求后，拒绝提起诉讼，或者自收到请求之日起30日内未提起诉讼，或者情况紧急、不立即提起诉讼将会使公司利益受到难以弥补的损害的，有限责任公司的股东、股份有限公司连续180日以上单独或者合计持有公司1%以上股份的股东，才有权为了公司的利益，以自己的名义直接向人民法院提起诉讼。

任务五　公司股票和公司债券

一、股份发行

（一）股份和股票的概念

股份是指将股份有限公司的注册资本按相同的金额或比例划分为相等的份额。股份作为代表公司资本的一部分，是公司资本的最小划分单位，股东根据其出资额度计算出其持有的股份数量，所有股东持有的股份加起来所代表的资本数额即为公司的资本总额。股份有限公司的股份具有平等性，公司每股金额相等，所表现出的股东权利和义务是相等的。股票是指公司签发的证明股东所持股份的凭证，是股份的表现形式。

股票具有以下性质。

（1）股票是有价证券。股票是一种具有财产价值的证券，股票记载着股票种类、票面金额及代表的股份数，反映着股票的持有人对公司的权利。

（2）股票是证权证券。股票表现的是股东的权利，任何人只要合法占有股票，其就可以依法向公司行使权利，而且公司股票发生转移时，公司股东的权益也即随之转移。

（3）股票是要式证券。股票应当采取纸面形式或者国务院证券监督管理机构规定的其他形式，其记载的内容和事项应当符合法律的规定。

（4）股票是流通证券。股票可以在证券交易市场依法进行交易。

（二）股票的种类

依据不同的标准，可以将股票分为以下几类。

1. 普通股和优先股

这是按照股东权利、义务的不同进行的分类。普通股是指享有普通权利、承担普通义务的股份，是股份的最基本形式。依照规定，普通股股东享有决策参与权、利润分配权、优先认股权和剩余资产分配权。优先股是指享有优先权的股份。公司对优先股的股利须按约定的股利率支付，有特别约定时，当年可供分配股利的利润不足以按约定的股利率支付优先股利的，还可由以后年度可供分配股利的利润补足。在公司进行清算时，优先股股东先于普通股股东取得公司剩余财产。但是，优先股股东不参与公司决策，不参与公司红利分配。

2. 国有股、发起人股和社会公众股

这是按照投资主体性质的不同进行的分类。国有股包括国家股和国有法人股，国家股是指有权代表国家投资的政府部门或机构以国有资产投入公司形成的股份或依法定程序取得的股份。国有法人股是指具有法人资格的国有企业、事业及其他单位以其依法占用的法人资产向独立于自己的股份公司出资形成或依法定程序取得的股份。发起人股是指股份公司的发起人认购的股份。社会公众股是指个人和机构以合法财产购买并可依法流通的股份。

3. 记名股票和无记名股票

这是按照票面上是否记载股东的姓名或名称进行的分类。记名股票是指在票面上记载股东姓名或名称的股票。我国《公司法》规定，公司向发起人、法人发行的股票，应当为记名股票，并应当记载该发起人、法人的名称或者姓名，不得另立户名或者以代表人姓名记名。无记名股票是指在票面上不记载股东姓名或名称的股票。我国《公司法》规定，发行无记名股票的，公司应当记载其股票数量、编号及发行日期。

除上述分类以外，我国的股票还可根据发行对象的不同分为A股、B股、H股等；按股东有无表决权分为表决权股和无表决权股等。

（三）股份的发行原则

股份的发行是指股份有限公司为了筹集公司资本而出售和分配股份的法律行为。《公司法》规定："股份的发行，实行公平、公正的原则，同种类的每一股份应当具有同等权利。同次发行的同种类股票，每股的发行条件和价格应当相同；任何单位或者个人所认购的股份，每股应当支付相同价额。"据此，股份发行应当遵循下列原则。

1. 公平、公正的原则

所谓公平，首先是指发行的股份所代表权利的公平，即在同一次发行中的同一种股份应当具有同等的权利，享有同等的利益，同类股份必须同股同权、同股同利；其次是指股份发行条件的公平，即在同次股份发行中，相同种类的股份，每股的发行条件和发行价格应当相同。所谓公正，是指在股份的发行过程中，应保持公正性，不允许任何人通过内幕交易、价格操纵、价格欺诈等不正当行为获得超过其他人的利益。

2. 同股同价原则

同股同价，是指同次发行的同种类股票，每股的发行条件和价格应当是相同的，任何单位或者个人所认购的股份，每股应当支付相同价额，对于同一种类的股票不允许针对不同的投资主体规定不同的发行条件和发行价格。这是股权平等原则在股份发行中的具体体现。

（四）股票的发行价格

股票的发行价格是指股票发行时所使用的价格，也是投资者认购股票时所支付的价格。股票的发行价格可以分为平价发行的价格和溢价发行的价格。平价发行是指股票的发行价格与股票的票面金额相同，也称为等价发行、券面发行。溢价发行是指股票的实际发行价格超过其票面金额。《公司法》规定，股票发行价格可以按票面金额，也可以超过票面金额，但不得低于票面金额。

（五）股份有限公司发行新股，股东大会应当对下列事项作出决议

（1）新股种类及数额；

（2）新股发行价格；

（3）新股发行的起止日期；

（4）向原有股东发行新股的种类及数额。

公司经国务院证券监督管理机构核准公开发行新股时，必须公告新股招股说明书和财务会计报告，并制作认股书。公司公开发行新股应当由依法设立的证券公司承销，签订承销协议，并同银行签订代收股款协议。公司发行新股，可以根据公司经营情况和财务状况，确定其作价方案。公司发行新股募足股款后，必须向公司登记机关办理变更登记，并公告。

（六）股份转让

是指股份有限公司的股份持有人依法自愿将自己所拥有的股份转让给他人，使他人取得股份成为股东或增加股份数额的法律行为。

1. 股份转让的法律规定

《公司法》对股份有限公司的股份转让作出了具体的规定，主要包括以下内容：股份转让的地点。股东持有的股份可以依法转让。股东转让其股份，应当在依法设立的证券交易场所进行或者按照国务院规定的其他方式进行。上市公司的股票，依照有关法律、行政法规及证券交易所交易规则上市。股份转让的方式。记名股票，由股东以背书方式或者法律、行政法规规定的其他方式转让，转让后由公司将受让人的姓名或者名称及住所记载于股东名册。股东大会召开前 20 日内或者公司决定分配股利的基准日前 5 日内，不得进行股东名册的变更登记。但是，法律对上市公司股东名册变更登记另有规定的，从其规定。无记名股票的转让，由股东将该股票交付给受让人后即发生转让的效力。

2. 股份转让的限制

（1）对发起人转让股份的限制。根据《公司法》的规定，发起人持有的本公司股份，自公司成立之日起 1 年内不得转让。公司公开发行股份前已发行的股份，自公司股票在证券交易所上市交易之日起 1 年内不得转让。

（2）对公司董事、监事、高级管理人员转让股份的限制。根据《公司法》的规定，公司董事、监事、高级管理人员应当向公司申报所持有的本公司的股份及其变动情况，在任职期间每年转让的股份不得超过其所持有本公司股份总数的 25%；所持本公司股份自公司股票上市交易之日起 1 年内不得转让。上述人员离职后半年内，不得转让其所持有的本公司股份。公司章程可以对公司董事、监事、高级管理人员转让其所持有的本公司股份作出其他限制性规定。

上市公司的董事、监事和高级管理人员除了遵守上述规定，还应遵守《上市公司董事、监事和高级管理人员所持本公司股份及其变动管理规则》（以下简称《管理规则》）的规定。《管理规则》规定，上市公司董事、监事和高级管理人员在任职期间，每年通过集中竞价、大宗交易、协议转让等方式转让的股份不得超过其所持本公司股份总数的25%，因司法强制执行、继承、遗赠、依法分割财产等导致股份变动的除外。上市公司董事、监事和高级管理人员所持股份不超过1 000股的，可一次全部转让，不受上述转让比例的限制。

上市公司董事、监事和高级管理人员在下列期间不得买卖本公司股票：

① 上市公司定期报告公告前30日内；

② 上市公司业绩预告、业绩快报公告前10日内；

③ 自可能对本公司股票交易价格产生重大影响的重大事项发生之日或在决策过程中，至依法披露后2个交易日内；

④ 证券交易所规定的其他期间。

（3）对公司收购自身股票的限制。根据《公司法》的规定，公司不得收购本公司股份。但是，有下列情形之一的除外：

① 减少公司注册资本；

② 与持有本公司股份的其他公司合并；

③ 将股份用于员工持股计划或者股权激励；

④ 股东因对股东大会作出的公司合并、分立决议持异议，要求公司收购其股份；

⑤ 将股份用于转换上市公司发行的可转换为股票的公司债券；

⑥ 上市公司为维护公司价值及股东权益所必需。

公司因上述第①项、第②项规定的情形收购本公司股份的，应当经股东大会决议；公司因上述第③项、第⑤项、第⑥项规定的情形收购本公司股份的，可以依照公司章程的规定或者股东大会的授权，经2/3以上董事出席的董事会会议决议。公司收购本公司股份，可以通过公开的集中交易方式，或者法律、法规和中国证监会认可的其他方式进行。

公司依照上述规定收购本公司股份后，属于第①项情形的，应当自收购之日起10日内注销；属于第②项、第④项情形的，应当在6个月内转让或者注销；属于第③项、第⑤项、第⑥项情形的，公司合计持有的本公司股份数不得超过本公司已发行股份总额的10%，并应当在3年内转让或者注销。

上市公司收购本公司股份的，应当依照《证券法》的规定履行信息披露义务。上市公司因上述第③项、第⑤项、第⑥项规定的情形收购本公司股份的，应当通过公开的集中交易方式进行。

（4）对公司股票质押的限制。根据《公司法》的规定，公司不得接受本公司的股票作为质押权的标的。

3. 记名股票被盗、遗失或者灭失

股东可以依照《民事诉讼法》规定的公示催告程序，请求人民法院宣告该股票失效。人民法院宣告该股票失效后，股东可以向公司申请补发股票。公示催告的期间，由人民法院根据情况决定，但不得少于60日。

4. 上市公司的股票

依照有关法律、行政法规及证券交易所交易规则上市交易。

【**例题 2-12 · 简答题**】甲公司、乙公司和朱某作为发起人募集设立了丙股份有限公司(简称“丙公司”)，丙公司共有200万股股份，甲公司持有丙公司40万股股份，乙公司持有丙公司20万股股份，朱某持有丙公司10万股股份，其余股份以无记名股票的形式发放募集。丙公司章程中规定实行累积投票制。丙公司为奖励公司杰出员工王某，经公司过半数董事出席的董事会决议收购了本公司1万股股票，但是在转让给王某前，王某辞职，丙公司遂决定由公司自己长期持有这1万股股票。丙公司董事会成员之间发生矛盾，公司章程规定的9名董事有4名辞职，公司管理混乱，董事会于4名董事辞职3个月后决定召开临时股东大会增选4名董事。临时股东大会会议召开12日前董事会通知了甲公司、乙公司和朱某，并公告了会议召开的时间、地点和审议事项。张某持有丙公司6万股股票，张某在临时股东大会召开10日前提出临时提案并书面提交董事会，提案要求股东大会作出解散公司的决议，董事会认为张某的提案是无稽之谈，未予理会。丙公司临时股东大会增选出4名董事。周某持有丙公司2万股股票，但由于周某没有看到丙公司的公告，便没有参加临时股东大会。周某在股东大会决议作出之日起第45日向人民法院申请撤销丙公司此次临时股东大会增选4名董事的决议。根据以上情况，回答下列问题：

(1) 丙公司是否有权收购本公司股份？为什么？

(2) 本案中丙公司收购本公司股份的行为有哪些不符合法律规定之处？

(3) 丙公司召开临时股东大会的程序有哪些不符合法律规定之处？

(4) 丙公司董事会对张某提案的处理是否符合法律规定？为什么？

(5) 甲公司、乙公司、朱某、丙公司在增选4名董事的表决中各拥有多少表决权？

(6) 人民法院是否应当支持周某的主张？为什么？

解析：(1) 丙公司有权收购本公司股份。根据《公司法》的规定，为将股份用于员工持股计划或者股权激励，公司可以收购本公司股份。

(2) 本案中丙公司收购本公司股份的行为有两处不符合法律规定：①公司因将股份用于员工持股计划或者股权激励而收购本公司股份的，如果公司章程有规定或者有股东大会的授权，可以经2/3以上董事出席的董事会会议决议，本案未提及公司章程规定或者股东大会授权，直接由过半数董事出席的董事会决议不合法；②丙公司收购本公司股份用于员工持股计划或者股权激励的，应当在3年内转让或者注销，不能自己长期持有。

(3) 有两处不符合法律规定：①丙公司应当在董事会只有5名成员之日起2个月内召开临时股东大会，不应该在3个月后方决定召开临时股东大会；②董事会应当于临时股东大会召开15日前公告会议的召开时间、地点和审议事项，不应当在召开12日前才通知和公告。

(4) 丙公司董事会对张某提案的处理不符合法律规定。根据《公司法》的规定，张某拥有丙公司3%的股份，有权在股东大会召开10日前提出临时提案，董事会应当在收到提案2日内通知其他股东，并将该临时提案提交股东大会审议。丙公司董事会对张某的提案不予理会。

(5) 甲公司拥有160万表决权，乙公司拥有80万表决权，朱某拥有40万表决权，丙公司没有表决权。根据《公司法》的规定，股东大会选举董事、监事，可以依照公司章程的规定或者股东大会的决议，实行累积投票制。累积投票制，是指股东大会选举董事或者监事时，每1股份拥有与应选董事或者监事人数相同的表决权，股东拥有的表决权可以集中使用。丙公司的章程中规定实行累积投票制，临时股东大会表决增选4名董事，所以每1股份有4个表决权。甲企业持有40万股股份，所以拥有160万表决权；乙企业持有20万股股份，所以拥有80万表决权；朱某持有10万股股份，所以拥有40万表决权。根据《公司法》的规定，公司持有的本公司股份没有表决权，所以丙公司没有表决权。

(6) 人民法院应当支持周某的主张。丙公司临时股东大会的会议召集程序违反法律规定，根据《公司法》的规定，周某有权自决议作出之日起60日内请求人民法院撤销股东大会作出的决议。

二、公司债券

(一) 公司债券的概念和特征

公司债券是指公司依照法定程序发行、约定在一定期限还本付息的有价证券。公司债券与股票相比，具有下列特征：

(1) 公司债券的持有人是公司的债权人，对于公司享有民法上规定的债权人的所有权利，而股票的持有人则是公司的股东，享有《公司法》所规定的股东权利；

(2) 公司债券的持有人，无论公司是否有盈利，对公司享有按照约定给付利息的请求权，而股票持有人，则必须在公司有盈利时才能依法获得股利分配；

(3) 公司债券到了约定期限，公司必须偿还债券本金，而股票持有人仅在公司解散时方可请求分配剩余财产；

(4) 公司债券的持有人享有优先于股票持有人获得清偿的权利，而股票持有人必须在公司全部债务清偿之后，方可就公司剩余财产请求分配；

(5) 公司债券的利率一般是固定不变的，风险较小，而股票股利分配的高低，与公司经营好坏密切相关，故常有变动，风险较大。

(二) 公司债券的种类

依照不同的标准，对公司债券可作以下分类。

1. 记名公司债券和无记名公司债券

记名公司债券是指在公司债券上记载债权人姓名或者名称的债券；无记名公司债券是指在公司债券上不记载债权人姓名或者名称的债券。区分记名公司债券和无记名公司债券的法律意义在于两者转让的要求不同。记名公司债券的转让，转让人须在债券上背书；而无记名公司债券的转让，转让人交付债券即发生转让的法律效力。

2. 可转换公司债券和不可转换公司债券

可转换公司债券是指可以转换成公司股票的公司债券。这种公司债券在发行时规定了转换为公司股票的条件与办法。当条件具备时，债券持有人拥有将公司债券转换为公司股票的选择权。不可转换公司债券是指不能转换为公司股票的公司债券。凡在发行债券时未作出转换约定的，均为不可转换公司债券。

(三) 公司债券的发行

1. 公司债券发行的条件

公司发行公司债券应当符合《证券法》和《公司债券发行与交易管理办法》规定的发行条件与程序。具体内容见证券法律制度。

2. 公司债券募集办法

公司发行债券，应当公告公司债券募集办法。公司债券募集办法中应当载明下列主要事项：

（1）公司名称；

（2）债券募集资金的用途；

（3）债券总额和债券的票面金额；

（4）债券利率的确定方式；

（5）还本付息的期限和方式；

（6）债券担保情况；

（7）债券的发行价格、发行的起止日期；

（8）公司净资产额；

（9）已发行的尚未到期的公司债券总额；

（10）公司债券的承销机构。

公司以实物券方式发行公司债券的，必须在债券上载明公司名称、债券票面金额、利率、偿还期限等事项，并由法定代表人签名，公司盖章。

3. 置备公司债券存根簿

公司债券，可以为记名债券，也可以为无记名债券。公司发行公司债券应当置备公司债券存根簿。发行记名公司债券的，应当在公司债券存根簿上载明下列事项：

（1）债券持有人的姓名或者名称及住所；

（2）债券持有人取得债券的日期及债券的编号；

（3）债券总额，债券的票面金额、利率、还本付息的期限和方式；

（4）债券的发行日期。

发行无记名公司债券的，应当在公司债券存根簿上载明债券总额、利率、偿还期限和方式、发行日期及债券的编号。发行可转换为股票的公司债券的，应当在债券上标明可转换公司债券字样，并在公司债券存根簿上载明可转换公司债券的数额。

（四）公司债券的转让

《公司法》规定，公司债券可以转让，转让价格由转让人与受让人约定。公司债券在证券交易所上市交易的，按照证券交易所的交易规则转让。根据公司债券种类的不同，公司债券的转让有不同的方式。记名公司债券，由债券持有人以书面方式或者法律、行政法规规定的其他方式转让；转让后，由公司将受让人的姓名或者名称及住所记载于公司债券存根簿，以备公司存查。无记名公司债券的转让，由债券持有人将该债券交付给受让人后即发生转让的效力。受让人一经持有该债券，即成为公司的债权人。

发行可转换为股票的公司债券的，公司应当按照其转换办法向债券持有人换发股票，但债券持有人对转换股票或者不转换股票有选择权。

任务六　公司财务、会计、合并、分立、增资、减资、解散和清算

一、公司财务、会计的基本要求

（一）公司应当依法建立财务、会计制度

公司应当依照法律、行政法规和国务院财政部门的规定建立本公司的财务、会计制度。

（二）公司应当依法编制财务会计报告

公司应当在每一会计年度终了时编制财务会计报告，并依法经会计师事务所审计。公

司财务会计报告主要包括：资产负债表、利润表、现金流量表、所有者权益(或股东权益)变动表等报表及附注。

(三) 公司应当依法披露有关财务、会计资料

有限责任公司应当按照公司章程规定的期限将财务会计报告送交各股东。股份有限公司的财务会计报告应当在召开股东大会年会的20日前置备于本公司，供股东查阅；公开发行股票的股份有限公司必须公告其财务会计报告。

(四) 公司应当依法建立账簿、开立账户

公司除法定的会计账簿外，不得另立会计账簿。对公司资产，不得以任何个人名义开立账户存储。

(五) 公司应当依法聘用会计师事务所对财务会计报告审查验证

公司聘用、解聘承办公司审计业务的会计师事务所，依照公司章程的规定，由股东会、股东大会或者董事会决定。公司股东会或者董事会就解聘会计师事务所进行表决时，应当允许会计师事务所陈述意见。公司应当向聘用的会计师事务所提供真实和完整的会计凭证、会计账簿、财务会计报告及其他会计资料，不得拒绝、隐匿、谎报。

二、利润分配

(一) 公司利润分配顺序

根据我国《公司法》等相关法律的规定，公司应当按照如下顺序进行利润分配。

(1) 弥补以前年度的亏损，但不得超过税法规定的弥补期限。

(2) 缴纳所得税，即公司应依我国《企业所得税法》规定缴纳企业所得税。

(3) 弥补在税前利润弥补亏损之后仍存在的亏损。

(4) 提取法定公积金。

(5) 提取任意公积金。

(6) 向股东分配利润。

股东会作出分配利润的决议的，董事会应当在股东会决议作出之日起6个月内进行分配。

(二) 公积金

公积金是公司在资本之外所保留的资金金额，又称为附加资本或准备金。公司为增强自身财力，扩大营业范围和预防意外亏损，从利润中提取一定的资金，以用于扩大资本，或弥补亏损。

1. 公积金的种类

公积金分为盈余公积金和资本公积金两类。

(1) 盈余公积金。盈余公积金是从公司税后利润中提取的公积金，分为法定公积金和任意公积金两种。法定公积金按照公司税后利润的10%提取，当公司法定公积金累计额为公司注册资本的50%以上时可以不再提取。公司的法定公积金不足以弥补以前年度亏损的，在依照规定提取法定公积金之前，应当先用当年利润弥补亏损。任意公积金按照公司股东会或者股东大会决议，从公司税后利润中提取。

(2) 资本公积金。资本公积金是直接由资本原因等形成的公积金，股份有限公司以超过股票票面金额的发行价格发行股份所得的溢价款，以及国务院财政部门规定列入资本公积金的其他收入，应当列为公司资本公积金。

2. 公积金的用途

公司的公积金应当按照规定的用途使用。公司的公积金主要有以下用途：

(1) 弥补公司亏损。

公积金弥补公司亏损，应当先使用任意公积金和法定公积金；仍不能弥补的，可以按照规定使用资本公积金。

(2) 扩大公司生产经营。

公司可以根据生产经营的需要，用公司的公积金来扩大公司的生产经营规模，增强公司实力。

(3) 转增公司资本。

公司为了实现增加资本的目的，可以将公积金的一部分转为资本。对用任意公积金转增资本的，法律没有限制，但用法定公积金转增资本时，《公司法》规定，法定公积金转为资本时，所留存的该项公积金不得少于转增前公司注册资本的25%。

三、公司合并

公司合并是指两个以上的公司依照法定程序变为一个公司的行为。

其形式有两种：一是吸收合并；二是新设合并。

吸收合并是指一个公司吸收其他公司加入本公司，被吸收的公司解散。新设合并是指两个以上公司合并设立一个新的公司，合并各方解散。公司合并应遵循以下程序。

（一）签订合并协议

公司合并，应当由合并各方签订合并协议。合并协议应当包括：合并后存续公司或新设公司的名称、住所；合并各方的债权债务处理办法；合并各方的资产状况及其处理办法等其他事项。

（二）编制资产负债表及财产清单

（三）作出合并决议

签订合并协议并编制资产负债表及财产清单后，应当就公司合并的有关事项作出合并决议。有限责任公司的股东会在对公司合并作出决议时，必须经代表2/3以上表决权的股东通过；股份有限公司的股东大会在对公司合并作出决议时，必须经出席会议的股东所持表决权的2/3以上通过；国有独资公司的合并决议，由国有资产监督管理机构决定。重要的国有独资公司的合并，应当由国有资产监督管理机构审核后，报本级人民政府批准。

（四）通知债权人

公司应当自作出合并决议之日起10日内通知债权人，并于30日内在报纸上公告。债权人自接到通知书之日起30日内，未接到通知书的自公告之日起45日内，可以要求公司清偿债务或者提供相应的担保。

（五）依法进行登记

公司合并后，登记事项发生变更的，应当依法向公司登记机关办理变更登记；公司解散的应当依法办理公司注销登记；设立新公司的应当依法办理公司设立登记。公司合并时，合并各方的债权、债务，应当由合并后存续的公司或者新设的公司承继。

四、公司分立

公司分立是指一个公司依法分为两个以上的公司。

《公司法》未明确规定公司分立的形式，一般有两种：

第一种是派生分立，即公司以其部分财产和业务另设一个新的公司，原公司存续；

第二种是新设分立，即公司以其全部财产设立两个以上的新公司，原公司解散。

公司分立的程序与公司合并的程序基本一样，要签订分立协议，编制资产负债表及财产清单，作出分立决议，通知债权人，办理公司登记等。公司分立前的债务由分立后的公司承担连带责任。但是，公司在分立前与债权人就债务清偿达成的书面协议另有约定的除外。

五、公司注册资本的减少和增加

（一）公司注册资本的减少

公司需要减少注册资本时，必须编制资产负债表及财产清单。公司减少注册资本时，应当自作出减少注册资本决议之日起 10 日内通知债权人，并于 30 日内在报纸上公告。债权人自接到通知书之日起 30 日内，未接到通知书的自公告之日起 45 日内，有权要求公司清偿债务或者提供相应的担保。公司减少注册资本，应当依法向公司登记机关办理变更登记。

（二）公司注册资本的增加

有限责任公司增加注册资本时，股东认缴新增资本的出资，依照《公司法》设立有限责任公司缴纳出资的有关规定执行。股份有限公司为增加注册资本发行新股时，股东认购新股，依照《公司法》设立股份有限公司缴纳股款的有关规定执行。公司增加注册资本，应当依法向公司登记机关办理变更登记。

六、公司解散的原因

根据《公司法》的规定，公司解散的原因有以下情形：

（1）公司章程规定的营业期限届满或者公司章程规定的其他解散事由出现；

（2）股东会或者股东大会决议解散；

（3）因公司合并或者分立需要解散；

（4）依法被吊销营业执照、责令关闭或者被撤销；

（5）人民法院依法予以解散。

公司有上述第（1）项情形的，可以通过修改公司章程而存续。公司依照规定修改公司章程的，有限责任公司须经持有 2/3 以上表决权的股东通过，股份有限公司须经出席股东大会会议的股东所持表决权的 2/3 以上通过。《公司法》规定，公司经营管理发生严重困难，继续存续会使股东利益受到重大损失，通过其他途径不能解决的，持有公司全部股东表决权 10%以上的股东，可以请求人民法院解散公司。

根据《公司法》司法解释（二）的规定，单独或者合计持有公司全部股东表决权 1%以上的股东，以下列事由之一提起解散公司诉讼，并符合《公司法》有关规定的，人民法院应予受理：

（1）公司持续两年以上无法召开股东会或者股东大会，公司经营管理发生严重困难的；

（2）股东表决时无法达到法定或者公司章程规定的比例，持续两年以上不能作出有效的股东会或者股东大会决议，公司经营管理发生严重困难的；

（3）公司董事长期冲突，且无法通过股东会或者股东大会解决，公司经营管理发生严重困难的；

（4）经营管理发生其他严重困难，公司继续存续会使股东利益受到重大损失的情形。

【扫一扫】

阅读《公司清算》

扫一扫

【知识拓展】

2024 年 7 月 1 日起施行——新《中华人民共和国公司法》全文

扫一扫

【温故而知新】

一、单选题

1. 根据《公司法》的规定，国有独资公司监事会主席的产生方式是(　　)。

A. 由董事会选举产生

B. 由监事会选举产生

C. 由国有资产监督管理机构从监事会成员中指定

D. 由公司职工代表大会选举产生

2. 张某与王某拟共同投资设立甲有限责任公司，张某找到李某称自己无钱出资，恳求李某借给其 100 万元，并声明出资后立即抽回并偿还给李某，李某答应了张某的请求。公司成立后，张某在董事、高级管理人员的协助下将出资抽回向李某还本付息。根据公司法律制度的规定，下列表述中，不正确的是(　　)。

A. 张某抽逃出资后，不能将其补足，王某有权要求协助张某抽逃出资的董事承担连带责任

B. 张某抽逃出资后，王某有权要求张某补足出资

C. 张某抽逃出资后，不能将其补足，公司债权人谢某有权要求协助张某抽逃出资的高级管理人员对张某应承担的责任承担补充赔偿责任，而非连带责任

D. 张某已经向公司补足出资后，公司债权人谢某无权要求其对公司不能清偿的债务承担补充赔偿责任

3. 华东有限责任公司由甲、乙、丙三人投资设立，甲出资 50%，乙、丙各出资 25%。因为甲、乙之间闹矛盾，甲拟对外转让 20%股权，向丙转让 30%股权，达到退出公司的目的。公司章程对股权转让没有其他规定，根据公司法律制度的规定，下列表述正确的是(　　)。

A. 甲向丙转让股权，应当提前 30 日通知乙

B. 甲向丙转让股权没有任何限制规定

C. 乙不同意甲对外转让股权的，甲可以进行转让

D. 甲对外转让股权事项应通过股东会表决

4. 根据公司法律制度的规定，下列关于公司组织机构的表述，符合《公司法》规定的是(　　)。

A. 有限责任公司必须设立董事会，董事会成员中可以包括职工代表

B. 股份有限公司必须设立董事会，董事会成员中应当包括职工代表

C. 有限责任公司必须设立监事会，监事会成员中可以包括职工代表

D. 股份有限公司必须设立监事会，监事会成员中应当包括职工代表

5. 甲公司是一家上市公司，根据有关规定，下列人员中，可以担任甲上市公司独立董事的是(　　)。

A. 担任甲上市公司附属企业总经理之职的赵某

B. 乙公司持有甲上市公司 31%的股份，乙公司经理的儿子钱某

C. 持有该上市公司已发行股份 3%的丙公司的董事孙某的儿子

D. 持有甲上市公司股份 2%的李某

6. 股份有限公司董事、高级管理人员的下列行为，符合公司法律制度规定的是(　　)。

A. 将公司资金以其个人名义开立账户存储

B. 违反公司章程的规定，未经股东大会或者董事会同意，将公司资金借贷给他人或者以公司财产为他人提供担保

C. 违反公司章程的规定或者未经股东大会同意，与本公司订立合同或者进行交易

D. 经股东大会同意，利用职务便利为自己谋取属于公司的商业机会，自营与所任职公司同类的业务

7. 根据公司法律制度的规定，上市公司的优先股股东有权出席股东大会会议，就相关事项与普通股股东分类表决。该相关事项不包括(　　)。

A. 修改公司章程中与优先股相关的内容　　B. 一次减少公司注册资本达 5%

C. 变更公司形式　　D. 公司合并

8. 根据公司法律制度的规定，下列关于利润分配的表述，正确的是(　　)。

A. 公司持有的本公司股份不得分配利润

B. 有限责任公司必须按照股东实缴的出资比例分配利润

C. 股份有限公司必须按持股比例分配利润

D. 法定公积金按照公司税后利润的 5%提取，当公司法定公积金累计额为公司注册资本的 50%以上时可以不再提取

9. 因公司章程所规定的营业期限届满，甲有限责任公司进入清算程序。根据公司法律制度的规定，下列有关该公司清算的说法中，不正确的是(　　)。

A. 公司解散逾期不成立清算组进行清算的，债权人有权申请人民法院指定清算组进行清算

B. 公司在清算期间，由清算组代表公司参加民事诉讼

C. 在公司清算程序终结前补充申报的，清算组应予登记

D. 人民法院指定清算的，清算方案报人民法院备案后，清算组即可执行

10. 下列关于公司清算的表述中，符合法律规定的是(　　)。

A. 人民法院组织清算的，清算组应当自成立之日起6个月内清算完毕，不得延长

B. 执行未经确认的清算方案给公司或者债权人造成损失，公司、股东或者债权人主张清算组成员承担赔偿责任的，人民法院不予支持

C. 公司自行清算的，清算方案应当报董事会决议确认

D. 股份有限公司的控股股东因怠于履行义务，导致公司主要财产、账册、重要文件等灭失，无法进行清算，债权人主张其对公司债务承担连带清偿责任，人民法院应依法予以支持。

二、多选题

1. 根据公司法律制度的规定，下列情形中，导致股份有限公司董事会的决议不成立的有(　　)。

A. 出席会议的董事人数不符合《公司法》或者公司章程的规定

B. 会议的表决结果未达到《公司法》或者公司章程规定的通过比例

C. 会议的召集程序、表决方式违反法律、行政法规或者公司章程

D. 会议的决议内容违反公司章程

2. 根据公司法律制度的规定，下列表述中，正确的有(　　)。

A. 母公司具有法人资格，依法独立承担民事责任

B. 子公司具有法人资格，依法独立承担民事责任

C. 分公司具有法人资格，依法独立承担民事责任

D. 分公司没有独立的公司名称、章程，没有独立的财产，但可领取营业执照，进行经营活动

3. 甲有限责任公司拟对其股东乙提供担保，根据公司法律制度的规定，下列表述中，不正确的有(　　)。

A. 该项担保须经股东会决议

B. 该项担保须经董事会决议

C. 该项担保应经全体股东所持表决权的过半数通过

D. 该项担保应经出席股东会的除乙以外的其他股东所持表决权的过半数通过

4. 下列选项中，不属于有限责任公司监事会职权的有(　　)。

A. 提议召开临时股东会会议

B. 对公司发行公司债券作出决议

C. 对公司的董事、高级管理人员执行公司职务的行为进行监督

D. 制定公司的年度财务预算方案

5. 郑某欲与他人投资设立A有限责任公司，但是不想自己的名字出现在股东名册中，于是冒用了好友田某的身份并将田某作为股东在公司登记机关登记。后经查，郑某未完全履行出资义务。公司债权人袁某向人民法院起诉，请求田某对公司债务不能清偿的部分承担赔偿责任。根据公司法律制度的规定，下列表述不正确的有(　　)。

A. 股东为郑某

B. 股东为田某

C. 田某对公司债务不能清偿的部分承担赔偿责任

D. 田某对公司债务不能清偿的部分不承担赔偿责任

6. 下列关于一人有限责任公司的表述中，不符合公司法律制度规定的有(　　)。

A. 股东只能是一个自然人

B. 一个自然人可以投资设立多个一人有限责任公司

C. 财务会计报告应当经会计师事务所审计

D. 股东不能证明公司财产独立于自己财产的，应当对公司债务承担连带责任

7. 根据《公司法》的规定，下列关于股份有限公司股东大会的表述中，不正确的有(　　)。

A. 股东大会应当每年召开 1 次年会

B. 股东大会应当对所议事项的决定作成会议记录，主持人、出席会议的董事应当在会议记录上签名

C. 股东大会作出公司合并的决议，应当经出席会议的股东所持表决权的半数以上通过

D. 召开年度股东大会应当于会议召开 10 日前通知各股东

8. 根据公司法律制度的规定，下列有关股份有限公司监事会的表述，正确的有(　　)。

A. 监事会成员应当包括股东代表和职工代表

B. 监事的任期是每届 3 年，连选可以连任

C. 监事会主席由全体监事的半数以上选举产生

D. 监事会每 6 个月至少召开 1 次会议

9. 根据公司法律制度的规定，有限责任公司股东请求查阅会计账簿时。下列表述中，正确的有(　　)。

A. 股东应当向公司提出书面请求，说明目的

B. 公司有合理根据认为股东查阅会计账簿有不正当目的，可能损害公司合法利益的，可以拒绝查阅

C. 公司拒绝提供查阅时，应自股东提出书面请求之日起 10 日内书面答复股东并说明理由

D. 公司拒绝提供查阅时，股东可以请求人民法院要求公司提供查阅

10. 以下关于股份有限公司发行新股的表述中，说法正确的有(　　)。

A. 必须经国务院证券监督管理机构核准才可以公开发行

B. 必须公告新股招股说明书和财务会计报告，并制作认股书

C. 应当与依法设立的证券公司签订承销协议和代收股款协议

D. 必须向公司登记机关办理变更登记，并公告

三、判断题(正确的画√，错误的画×)

1. 公司具有独立的法人资格，体现在公司拥有独立的法人财产，有独立的组织机构并能够独立承担民事责任。(　　)

2. 股东代表公司对董事、监事、高级管理人员或者他人提起诉讼的案件，其诉讼请求部分或者全部得到人民法院支持的，公司应当承担股东因参加诉讼支付的合理费用。(　　)

3. 股东会或者股东大会、董事会决议被人民法院判决确认无效或者撤销的，公司依据该决议与善意相对人形成的民事法律关系因此而无效。(　　)

4. 重要的国有独资公司合并、分立、解散、申请破产的，必须由国有资产监督管理机

构决定。(　　)

5. 无记名股票的转让，由股东将该股票交付给受让人后即发生转让的效力。(　　)

6. 甲上市公司发行优先股，该项决议除须经出席会议的普通股股东(含表决权恢复的优先股股东)所持表决权的2/3以上通过之外，还须经出席会议的优先股股东(不含表决权恢复的优先股股东)所持表决权的2/3以上通过。(　　)

7. 同一公司既发行强制分红优先股，又发行不含强制分红条款优先股的，不属于发行在股息分配上具有不同优先顺序的优先股。(　　)

8. 有限责任公司的股东、股份有限公司的董事和控股股东，以及公司的实际控制人在公司解散后，恶意处置公司财产给债权人造成损失，或者未经依法清算，以虚假的清算报告骗取公司登记机关办理法人注销登记，债权人主张其对公司债务承担相应赔偿责任，人民法院依法予以支持。(　　)

9. 甲、乙、丙三人拟以发起设立方式设立A股份有限公司，则甲、乙、丙三人认购的股份不得低于公司股份总数的35%，剩余部分向社会公众募集。(　　)

10. 股份有限公司发行无记名股票的，应当于股东大会会议召开30日前公告会议召开的时间、地点和审议事项。(　　)

四、简答题

1. 2018年6月1日，甲、乙、丙共同出资设立一家有限责任公司，并制定了公司章程。该公司章程有关要点如下：(1)公司注册资本为1 000万元，甲以货币出资400万元，乙以机器设备作价出资300万元，丙以一项专利权作价出资200万元，另以货币出资100万元；(2)公司的法定代表人由董事长担任。

2018年7月1日，公司召开了首次股东会，该次会议由股东甲召集和主持。

2018年7月27日，公司的经理提议召开临时股东会，公司以经理无权提议召开临时股东会为由拒绝。

2018年8月12日，公司股东会通过了公司分立的决议，在股东会上投反对票的股东丙请求公司以合理价格收购其股权，但是2018年10月15日，公司与股东丙未能达成股权收购协议。遂丙于2018年10月16日向人民法院提起诉讼。

要求：

根据公司法律制度的规定，分别回答以下问题。

(1) 公司章程所规定的股东出资方式、法定代表人是否符合法律规定？并说明理由。

(2) 首次股东会由股东甲召集和主持是否符合法律规定？并说明理由。

(3) 公司拒绝召开临时股东会是否符合法律规定？并说明理由。

(4) 丙向人民法院提起诉讼是否符合法律规定？并说明理由。

五、综合题

1. 某股份有限公司于2015年8月10日在上海证券交易所上市。2016年以来公司发生了下列事项。

(1) 2016年7月，监事张某将所持公司股份10万股中的1万股卖出。

(2) 2017年5月，总经理刘某将所持公司股份20万股中的10万股卖出。

(3) 2017年8月，董事陈某辞去董事职务，并于2018年10月将其持有公司股份3万股全部卖出。

（4）2017 年 10 月，公司拟向 B 公司进行投资，其中，公司的董事王某是 B 公司的董事长。根据公司章程的规定，公司董事会对该投资事项进行表决，有关表决情况如下：公司董事会由 9 名董事组成，王某予以回避未参加表决，其余 8 名董事均出席了该次董事会会议，除 2 名董事不同意，投票反对外，其他董事一致投票通过了此项的决议。

（5）2019 年 1 月，公司股东大会通过决议，由公司收购本公司股票 1 000 万股，占公司已发行股份总额的 5%，用于奖励本公司职工。并于 2019 年 5 月，将 1 000 万股股票全部转让给本公司职工。

（6）2019 年 8 月，经董事会同意，董事长李某同公司进行了一笔交易，获利 100 万元。经查，公司章程对此无相关规定。

要求：

根据相关法律制度的规定，分别回答以下问题。

（1）张某卖出其所持股票的行为是否符合法律规定？并说明理由。

（2）刘某卖出其所持股票的行为是否符合法律规定？并说明理由。

（3）陈某卖出其所持股票的行为是否符合法律规定？并说明理由。

（4）公司董事会能否通过对 B 公司的投资决议？并说明理由。

（5）公司收购本公司股份用于奖励职工，其数额是否符合法律规定？并说明理由。5 月公司将 1 000 万股股票全部转让给本公司职工是否符合法律规定？并说明理由。

（6）李某同公司进行交易的行为是否符合法律规定，所得收入应如何处理？并说明理由。

项目五　合同法律制度

【任务目标】

1. 了解合同的概念、分类，掌握合同的调整范围和基本原则。

2. 掌握合同订立内容、形式、步骤、合同履行的原则、合同约定不明时的履行规则、双务合同中的履行抗辩权、合同担保的含义，准确把握各种合同担保方式的适用条件、合同的变更转让和终止的含义及其适用的条件。

3. 理解违约责任的概念、特点、种类。

【知识框架】

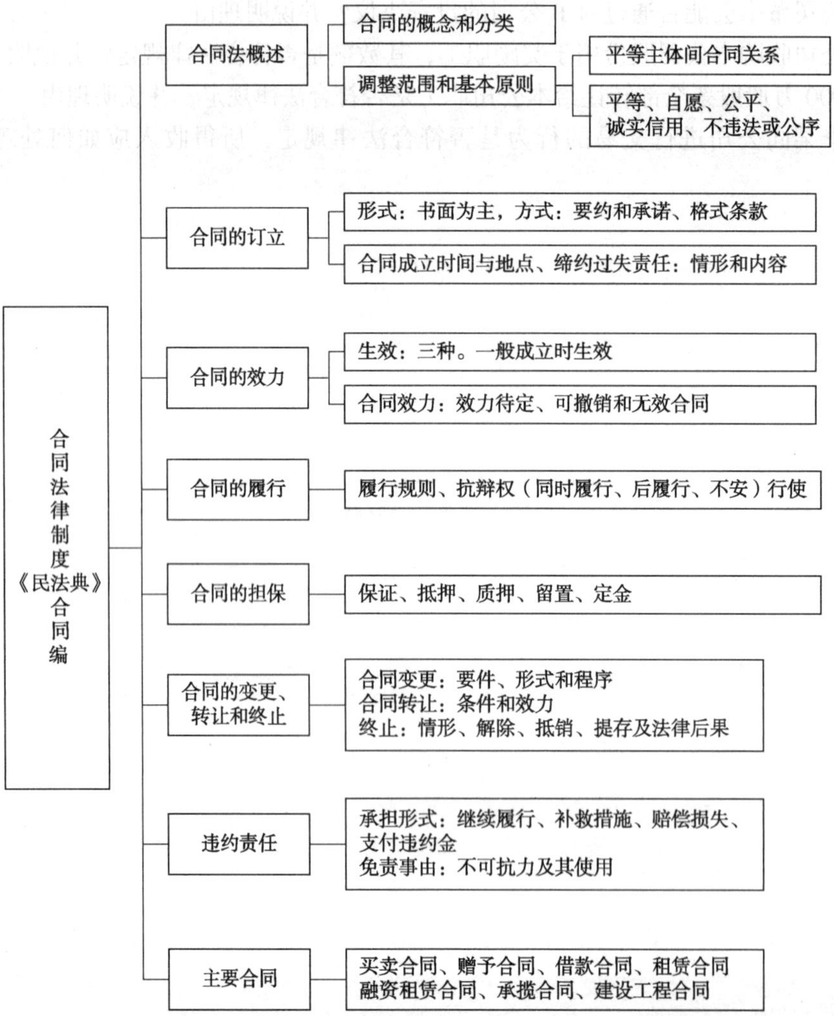

任务一　合同法律制度概述

一、合同的概念和分类

我国现行的合同法律制度主要规定在《民法典》合同编。根据《民法典》第四百六十四条的规定，合同是指民事主体之间设立、变更、终止民事法律关系的协议。按照不同的标准可以将合同划分成不同的类型，合同主要有以下分类。

(1) 以法律、法规是否对其名称作出明确规定为标准，分为有名合同和无名合同。有名合同是指法律设有规范，并赋予一定名称的合同。无名合同是指法律尚未特别规定，也未赋予一定名称的合同。当事人之间依合意成立的无名合同，只要不违反法律、行政法规的强制性规范，不违背公序良俗，即属有效。在无名合同因当事人意思不完备而出现纠纷时，应适用《民法典》合同编通则的规定，并可以参照适用合同编分则或者其他法律最相类似合同的规定。

(2) 按照除双方意思表示一致外，是否尚需交付标的物才能成立为标准，分为诺成合同与实践合同。诺成合同是指当事人意思表示一致即成立的合同，如买卖合同、租赁合同。实践合同是指除当事人意思表示一致以外，尚须交付标的物或完成其他给付才能成立的合同，如自然人间的借贷合同、定金合同。

(3) 按照法律、法规或者当事人约定是否要求具备特定形式和手续为标准，分为要式合同和不要式合同。要式合同是指法律或当事人要求必须具备一定形式的合同。不要式合同即法律或当事人不要求必须具备一定形式的合同。

(4) 按照双方是否互负给付义务为标准，分为双务合同和单务合同。双务合同是双方当事人互负给付义务的合同，如买卖、租赁、承揽等合同。单务合同是只有一方当事人负给付义务的合同，如赠与合同。

(5) 以合同相互间的主从关系为标准，分为主合同与从合同。凡不以他种合同的存在为前提即能独立存在的合同为主合同，而必须以他种合同的存在为前提，自身不能独立存在的合同为从合同。如贷款合同与作为履行债务担保的保证合同，前者为主合同，后者为从合同。

《民法典》合同编按照合同业务性质和权利义务内容的不同，将合同分为买卖合同；供用电、水、气、热力合同；赠与合同；借款合同；保证合同；租赁合同；融资租赁合同；保理合同；承揽合同；建设工程合同；运输合同；技术合同；保管合同；仓储合同；委托合同；物业服务合同；行纪合同；中介合同；合伙合同等。

二、合同编的调整范围和基本原则

(一) 合同编的调整范围

《民法典》合同编主要调整作为平等主体的自然人、法人、非法人组织之间的经济合同关系，如买卖、租赁、借贷、赠与、融资租赁等合同关系。在政府机关参与的合同中，政府机关作为平等的主体与对方签订合同时，适用合同编的规定。合同编及其他法律没有明文规定的合同，适用合同编通则的规定；其他法律对合同另有规定的，依照其规定。

婚姻、收养、监护等有关身份关系的协议，适用有关该身份关系的法律规定；没有规定的，可以根据其性质参照适用合同编的规定。

我国境内的企业、个体经济组织、民办非企业单位等组织(以下简称用人单位)与劳动者之间，国家机关、事业单位、社会团体和与其建立劳动关系的劳动者之间，依法订立、履行、变更、解除或者终止劳动合同的，适用《劳动合同法》。

(二) 合同编的基本原则

合同编的基本原则是合同当事人在合同活动中应当遵守的基本准则，也是人民法院、仲裁机构在审理、仲裁合同纠纷时应当遵循的原则。

我国《民法典》合同编基本原则包括：

(1) 平等原则；

(2) 自愿原则；

(3) 公平原则；

(4) 诚实信用原则；

(5) 不违反法律或公序良俗原则。

任务二　合同的订立

一、合同订立的形式

(一) 书面形式

书面形式是指合同书、文件和数据电文(包括电报、电传、传真、电子数据交换和电子邮件)等可以有形地表现所载内容的形式。法律、行政法规规定或者当事人约定采用书面的，应当采用书面形式。

(二) 口头形式

口头形式是指当事人双方就合同内容面对面或以通信设备交谈达成的协议。

(三) 其他形式

除了书面形式和口头形式，合同还可以其他形式成立。法律没有列举具体的“其他形式”。例如，交易实践中，可以根据当事人的行为或者特定情形推定合同的成立。这种形式的合同可以称为默示合同，指当事人未用语言或文字明确表示意见，而是根据当事人的行为表明其已经接受合同内容或在特定的情形下推定成立的合同。

二、合同订立的方式

当事人可以采取要约、承诺方式订立合同。

(一) 要约

要约是一方当事人以缔结合同为目的，向对方当事人提出合同条件，希望对方当事人接受的意思表示。发出要约的当事人称为要约人，要约所指向的对方当事人则称为受要约人。

1. 要约应具备的条件

(1) 要约须由要约人向特定相对人作出意思表示。要约必须经过相对人的承诺才能成立合同，因此要约必须是要约人向相对人发出的意思表示。相对人一般为特定的人，但在特殊情况下，对不特定的人作出但不妨碍要约所达目的时，相对人也可以是不特定人。《民法典》第四百七十三条第二款规定：“商业广告和宣传的内容符合要约条件的，构成要约。”

（2）要约的内容必须具有足以使合同成立的条款，如标的、数量、质量、价款或者报酬、履行期限、地点和方式等，一经受要约人承诺，合同即可成立。

（3）要约须表明经受要约人承诺，要约人即受该意思表示约束。要约人发出的要约的内容必须能够表明：如果对方接受要约，合同即告成立。

2. 要约邀请

要约邀请是希望他人向自己发出要约的表示。要约邀请与要约不同，要约是一经承诺就成立合同的意思表示；而要约邀请的目的则是邀请他人向自己发出要约，一旦他人发出要约，要约邀请人则处于一种可以选择是否接受对方要约的承诺人地位。要约邀请处于合同的准备阶段，没有法律约束力。《民法典》第四百七十三条第一款规定：拍卖公告、招标公告、招股说明书、债券募集办法、基金招募说明书、商业广告和宣传、寄送的价目表等为要约邀请。

【例题5-1·简答题】某化妆品广告称：水晶宝宝是引进德国全新技术专业除皱消眼袋组合，能有效消除眼袋、黑眼圈及周围暗沉。咨询订购热线4008001234，免费送货上门。试问该广告属于要约还是要约邀请？

解析：这是一个要约邀请，目的是希望他人看到广告后向自己发出订合同的要约。

3. 要约生效时间

以对话方式作出的要约，自相对人知道其内容时生效。

以非对话方式作出的要约，自到达受要约人时生效。要约到达受要约人，并不是指要约一定实际送达到受要约人或者其代理人手中，要约只要送达到受要约人通常的地址、住所或者其他能够控制的现实或虚拟空间（如信箱或邮箱等），即为送达。《民法典》第一百三十七条第二款规定："以非对话方式作出的采用数据电文形式的意思表示，相对人指定特定系统接收数据电文的，该数据电文进入该特定系统时生效；未指定特定系统的，相对人知道或者应当知道该数据电文进入其系统时生效。当事人对采用数据电文形式的意思表示的生效时间另有约定的，按照其约定。"

4. 要约的效力

要约一经生效，要约人即受到要约的约束，不得随意撤销或对要约加以限制、变更和扩张。

受要约人在要约生效时即取得了依其承诺而成立合同的法律地位，所以受要约人可以承诺，也可以不承诺。

5. 要约的撤回、撤销与失效

（1）要约撤回。

要约撤回是指要约在发出后、生效前，要约人使要约不发生法律效力的意思表示。法律规定要约可以撤回，原因在于这时要约尚未发生法律效力，撤回要约不会对受要约人产生任何影响，也不会对交易秩序产生不良影响。原则上，只有以非对话方式作出的要约可能被撤回。由于该种要约在到达受要约人时即生效，因此，撤回要约的通知应当在要约到达受要约人之前或者与要约同时到达受要约人。

（2）要约撤销。

要约撤销是指要约人在要约生效后、受要约人承诺前，使要约丧失法律效力的意思表示。撤销要约的意思表示以对话方式作出的，该意思表示的内容应当在受要约人作出承诺前为受要约人所知道；撤销要约的意思表示以非对话方式作出的，应当在受要约人作出承诺之前到达受要约人。也就是说，要约已经到达受要约人，在受要约人作出承诺之前，要约人可以撤销要约。由于撤销要约可能会给受要约人带来不利的影响，损害受要约人的利益，法律规定了两种不得撤销要约的情形：①要约人以确定承诺期限或者其他形式明示要约不可撤销；②受要约人有理由认为要约是不可撤销的，并已经为履行合同做了合理准备工作。

（3）要约失效。

要约失效是指要约丧失法律效力，即要约人与受要约人均不再受其约束，要约人不再承担接受承诺的义务，受要约人也不再享有通过承诺使合同得以成立的权利。《民法典》第四百七十八条有下列情形之一的，要约失效：

① 要约被拒绝；

② 要约被依法撤销；

③ 承诺期限届满，受要约人未作出承诺；

④ 受要约人对要约的内容作出实质性变更。

（二）承诺

承诺是受要约人同意要约的意思表示。

1. 承诺应当具备的条件

（1）承诺必须由受要约人作出。要约和承诺是相对人之间的行为，只有受要约人享有承诺的资格，所以承诺必须由受要约人作出。如由代理人作出承诺，则代理人须有合法的委托手续。

（2）承诺必须向要约人作出。受要约人承诺的目的在于同要约人订立合同，所以承诺只有向要约人作出才有意义。

（3）承诺的内容必须与要约的内容一致。承诺是受要约人愿意按照要约的内容与要约人订立合同的意思表示，所以要取得成立合同的法律效果，承诺就必须在内容上与要约的内容一致。承诺不得对要约作出实质性变更。

（4）承诺必须在承诺期限内作出并到达要约人。承诺期间，即为要约存续期间。要约在其存续期间内才有效，包括一旦受要约人承诺便可成立合同的效力，所以承诺必须在此期间内作出并到达要约人。

2. 承诺的方式

承诺应当以通知的方式作出，通知的方式可以是口头的，也可以是书面的。一般来说，如果法律或要约中没有规定必须以书面形式表示承诺，当事人就可以口头形式表示承诺。根据交易习惯或当事人之间的约定，承诺也可以不以通知的方式，而通过实施一定的行为或以其他方式作出。如果要约人在要约中规定承诺需用特定方式的，只要该种方式不为法律所禁止或不属于在客观上根本不可能，承诺人在作出承诺时就必须符合要约人规定的承诺方式。

3. 承诺的期限

承诺应当在要约确定的期限内到达要约人。要约以信件或者电报作出的，承诺期限自信件载明的日期或者电报交发之日开始计算。信件未载明日期的，自投寄该信件的邮戳日期开始计算。要约以电话、传真等快速通信方式作出的，承诺期限自要约到达受要约人时开始计算。

要约没有明确承诺期限的，承诺应当依照下列规定到达：（1）要约以对话方式作出的，应当即时作出承诺；(2)要约以非对话方式作出的，承诺应当在合理期限内到达。

受要约人超过承诺期限发出承诺，或者在承诺期限内发出承诺，按照通常情形能及时到达要约人的，除要约人及时通知受要约人该承诺有效的以外，为新要约。受要约人在承诺期限内发出承诺，按照通常情形能够及时到达要约人，但因其他原因承诺到达要约人时超过承诺期限的，除要约人及时通知受要约人因承诺超过期限不接受该承诺的以外，该承诺有效。

4. 承诺的生效

承诺通知到达要约人时生效。承诺不需要通知的，根据交易习惯或者要约的要求作出承诺的行为时生效。采用数据电文形式订立合同的，承诺到达的时间同上述要约到达时间的规定相同。

承诺可以撤回。承诺的撤回指受要约人阻止承诺发生法律效力的意思表示。撤回承诺的通知应当在承诺的通知到达要约人之前或者与承诺通知同时到达要约人。

受要约人要约的内容作出实质性变更的，为新要约。承诺对要约的内容作出非实质性变更的，除要约人及时表示反对或者要约表明承诺不得对要约的内容作任何变更的以外，该承诺有效，合同的内容以承诺的内容为准。

【例题 5-2 · 简答题】乙接到甲发出的电报，电报称："现有 1 000 吨白糖，每吨售价 5 000 元，如有意购买，请于 3 月 1 日前到我厂提货。"于是乙给甲回了一封电报，称："我厂同意按你厂提出的条件购买白糖，并将于 2 月 28 日到你厂提货。"乙给甲发出的电报是否属于承诺？

解析：乙给甲发出的电报是承诺，因为乙完全同意了甲的要约的内容。

三、合同格式条款

（一）格式条款的概念

格式条款是当事人为了重复使用而预先拟订，并在订立合同时未与对方协商的条款。格式条款的适用可以简化签约程序，加快交易速度，减少交易成本。但是，由于格式条款是当事人一方预先拟定，且在合同谈判中不容许对方协商修改，条款内容可能对于对方当事人不公平。所以，当事人采用格式条款订立合同时，提供格式条款的一方应当遵循公平原则确定当事人之间的权利和义务。

（二）对格式条款适用的限制

1. 提供格式条款一方的义务

提供格式条款的一方应当遵循公平原则确定当事人之间的权利和义务，并采取合理的方式提请对方注意免除或者限制其责任的条款，按照对方的要求，对该条款予以说明。

提供格式条款的一方对格式条款中免除或者限制其责任的内容，在合同订立时采用足以引起对方注意的文字、符号、字体等特别标识，并按照对方的要求对该格式条款予以说明的，提供格式条款一方对已尽合理提示及说明义务承担举证责任。提供格式条款的一方未履行提示或者说明义务，致使对方没有注意或者理解与其有重大利害关系的条款的，对方可以主张该条款不成为合同的内容。

2. 格式条款无效的情形

格式条款有下列情形之一的无效：

(1) 提供格式条款的一方不合理地免除或减轻其责任，加重对方责任，限制对方主要权利。

(2) 提供格式条款的一方排除对方主要权利。

(3) 格式条款具有《民法典》总则编第六章规定的无效情形，包括行为人与相对人以虚假的意思表示实施；恶意串通，损害他人合法权益；违反法律、行政法规的强制性规定或违背公序良俗等。

(4) 格式条款具有《民法典》第五百零六条规定的无效情形，包括造成对方人身损害的免责条款；因故意或重大过失造成对方财产损失的免责条款。

3. 对格式条款的解释

对格式条款的理解发生争议的，应当按照通常理解予以解释。对格式条款有两种以上解释的，应当作出不利于提供格式条款一方的解释；格式条款和非格式条款不一致的，应当采用非格式条款。

四、合同成立的时间和地点

(一) 合同成立的时间

一般来说，合同谈判成立的过程，就是要约、新要约、更新的要约直到承诺的过程。一般情况下，承诺作出生效后合同即告成立，当事人于合同成立时开始享有合同权利、承担合同义务。但在一些特殊情况下，合同成立的具体时间依不同情况而定。

(1) 当事人采用合同书形式订立合同的，自双方当事人签名、盖章或者按指印时合同成立。在签名、盖章或者按指印之前，当事人一方已经履行主要义务并且对方接受的，该合同成立。

(2) 当事人采用信件、数据电文等形式订立合同的，可以在合同成立之前要求签订确认书，签订确认书时合同成立。

(3) 当事人一方通过互联网等信息网络发布的商品或者服务信息符合要约条件的，对方选择该商品或者服务并提交订单成功时合同成立，但是当事人另有约定的除外。

(4) 当事人以直接对话方式订立的合同，承诺人的承诺生效时合同成立；法律、行政法规规定或者当事人约定采用书面形式订立合同，当事人未使用书面形式但一方已经履行主要义务并且对方接受的，该合同成立。

(5) 当事人签订要式合同的，以法律、法规规定的特殊形式要求完成的时间为合同成立时间。

【例题 5-3 · 单选题】甲公司与乙公司就一批货物的买卖进行磋商，甲公司在传真中表示，如达成协议则以最终签订售货确认书为准。乙公司在接到甲公司的最后一份传真时认为，双方已就该笔买卖的价格、期限等主要问题达成一致，遂向甲公司开出信用证，但甲公司以信用证上注明的价格条件不能接受为由拒绝发货。下列有关该案的表述中，符合法律规定的是(　　)。

A. 合同不成立，甲公司有权拒绝发货

B. 合同不成立，甲公司有权拒绝发货，但应补偿乙公司相应的损失

C. 买卖合同已成立，甲公司应履行合同

D. 买卖合同已成立，但因未发生实际损失，甲公司不承担法律责任

解析：正确答案为 A。本题考核在采用确认书的情况下合同的成立时间。《民法典》第四百九十一条第一款规定："当事人采用信件、数据电文等形式订立合同要求签订确认书

的，签订确认书时合同成立。”

（二）合同成立的地点

一般来说，承诺生效的地点为合同的成立地点，但在特殊情况下，合同可以有不同的成立地点。

（1）采用数据电文形式订立合同的，收件人的主营业地为合同成立的地点，没有主营业地的，其住所地为合同成立的地点。

（2）当事人采用合同书、确认书形式订立合同的，双方当事人签名、盖章或者按指印的地点为合同成立的地点。双方当事人签名、盖章或者按指印不在同一地点的，最后签名、盖章或者按指印的地点为合同成立地点。

（3）合同需要完成特殊的约定或法定形式才能成立的，如以完成合同的约定形式或法定形式的地点为合同的成立地点。

（4）当事人对合同的成立地点另有约定的按照其约定。采用书面形式订立合同，合同约定的成立地点与实际签字或盖章地点不符的，应当认定约定的地点为合同成立地点。

五、缔约过失责任

（一）缔约过失责任的概念

缔约过失责任是指当事人在订立合同过程中，因故意或过失致使合同未成立、未生效、被撤销或无效，给他人造成损失应承担的损害赔偿责任。

（二）承担缔约过失责任的情形

在订立合同过程中有下列情形之一，给对方造成损失，应当承担损害赔偿责任：

（1）假借订立合同、恶意进行磋商；

（2）故意隐瞒与订立合同有关的重要事实或者提供虚假情况；

（3）当事人泄露或不正当地使用在订立合同过程中知悉的商业秘密或其他应当保密的信息；

（4）有其他违背诚实信用原则的行为。

（三）承担缔约过失责任的内容

缔约过失责任与违约责任不同，违约责任产生于合同生效之后，适用生效合同，赔偿的是可期待利益的损害；缔约过失责任适用于合同不成立、无效、被撤销等情形，赔偿的是信赖利益的损失。

信赖利益损失，一般以实际损失为限，包括所受损害与所失利益。所受损失包括为订立合同而支出的缔约费用、交通费、鉴定费、咨询费等；所失利益主要指丧失订约机会的损失，如因缔约过失而导致与第三人另订合同机会丧失的损失。信赖利益的赔偿不得超过合同有效时相对人所可能得到的履行利益。

任务三　合同的效力

一、合同的生效

（一）合同生效时间

《民法典》根据合同类型的不同，分别规定了合同不同的生效时间：

(1) 依法成立的合同，原则上自成立时生效；

(2) 法律、行政法规规定应当办理批准、登记等手续生效的，自批准、登记时生效；

(3) 当事人对合同的效力可以附条件或附期限。

附生效条件的合同，自条件成就时生效。附解除条件的合同，自条件成就时失效。当事人为自己的利益不正当地阻止条件成就的，视为条件已成就；不正当地促成条件成就的，视为条件不成就。附生效期限的合同，自期限届至时生效。附终止期限的合同，自期限届满时失效。

(二) 合同效力的分类

合同依效力可分为有效合同、效力待定合同、可撤销合同和无效合同。

二、效力待定合同

(一) 效力待定合同的概念

效力待定合同是指合同订立后尚未生效，须经同意权人追认才能生效的合同。追认的意思表示自到达相对人时生效，合同自订立时起生效。

(二) 效力待定合同的分类

效力待定合同主要包括以下几种情形。

(1) 限制民事行为能力人超出自己的行为能力范围与他人订立的合同，为效力待定合同。经法定代理人追认后，该合同有效。但限制民事行为能力人订立的纯获利益的合同或者是与其年龄、智力、精神健康状况相适应的合同有效，不必经法定代理人追认。对于此类效力待定合同，相对人可以催告法定代理人在 30 日内予以追认。法定代理人未作表示的，视为拒绝追认。合同被追认之前，善意相对人有撤销的权利，撤销应当以通知的方式作出。

(2) 行为人没有代理权、超越代理权或者代理权终止后以被代理人名义订立的合同，为效力待定合同。未经被代理人追认，该合同对被代理人不发生效力，由行为人承担责任。相对人可以催告被代理人在 30 日内予以追认。被代理人未作表示的，视为拒绝追认。被代理人已经开始履行合同义务或者接受相对人履行的，视为对合同的追认。合同被追认之前，善意相对人有撤销的权利，撤销应当以通知的方式作出。

行为人实施的行为未被追认的，善意相对人有权请求行为人履行债务或者就其受到的损害请求行为人赔偿的，但是赔偿的范围不得超过被代理人追认时相对人所能获得的利益。相对人知道或者应当知道行为人无权代理的，相对人和行为人按照各自的过错承担责任。

三、可撤销的法律行为

(一) 可撤销法律行为的概念和效力

可撤销法律行为是指可因行为人行使撤销权请求人民法院或仲裁机关予以撤销而归于无效的法律行为。

在效力方面，可撤销法律行为具有以下特征。

(1) 在该行为被撤销前，其效力已经发生，未经撤销，其效力不消灭，即其效力的消灭以撤销为条件。

(2) 该行为的撤销应由享有撤销权的当事人行使，且撤销权人须通过人民法院或仲裁机关行使撤销权。

(3) 撤销权人对权利的行使拥有选择权，其可以选择撤销或不撤销其行为。

（4）撤销权的行使有时间限制。《民法典》第一百五十二条第一款规定：“有下列情形之一的，撤销权消灭：①当事人自知道或者应当知道撤销事由之日起一年内、重大误解的当事人自知道或者应当知道撤销事由之日起九十日内没有行使撤销权；②当事人受胁迫，自胁迫行为终止之日起一年内没有行使撤销权；③当事人知道撤销事由后明确表示或者以自己的行为表明放弃撤销权。”第二款规定：“当事人自民事法律行为发生之日起五年内没有行使撤销权的，撤销权消灭。”

（5）该行为一经撤销，其效力溯及自行为开始时无效。

（二）可撤销法律行为的种类

根据《民法典》的规定，下列法律行为，一方有权请求人民法院或仲裁机关予以撤销。

1. 行为人对行为内容有重大误解的

重大误解是指行为人因对行为的性质、对方当事人、标的物的品种、质量、规格和数量等的错误认识，使行为的后果与自己的真实意思相悖，并造成较大损失的情形。

2. 受欺诈的

根据《民法典》第一百四十八条、第一百四十九条的规定，受欺诈而实施的法律，第一百四十八条一方以欺诈手段，使对方在违背真实意思的情况下实施的民事法律行为，受欺诈方有权请求人民法院或者仲裁机构予以撤销。

四、无效法律行为

（一）无效法律行为的概念

无效法律行为，是指对于当事人所追求的法律效果，自始、当然、确定不发生的法律行为。无效法律行为，多表现为违反法律、行政法规的强制性规定或违背公序良俗，因而欠缺生效要件，所以不发生当事人所追求的法律效果，但并非不发生任何法律后果。无效法律行为，可能引发侵权责任、缔约过失责任或公法上的责任等。

法律行为，按照无效原因存在于行为内容的全部或部分，可分为全部无效与部分无效。《民法典》第一百五十六条规定：“民事法律行为部分无效，不影响其他部分效力的，其他部分仍然有效。”部分无效不影响其他部分效力的主要情形有以下几种。

（1）法律行为标的之数量超过法律许可范围。例如《民法典》第五百八十六条第二款规定：“定金的数额由当事人约定；但是，不得超过主合同标的额的百分之二十，超过部分不产生定金的效力。”

（2）法律行为的内容由数种不同事项合并而成，其中一项或数项无效。如约定赠与金钱与枪支若干，其中，仅赠与枪支的部分无效。

（3）法律行为的非主要条款，因违反强制性规定或公序良俗而无效。如雇佣合同约定“工伤概不负责”，该条款被认定无效，并不会影响雇佣合同其他内容的效力。

（二）无效法律行为的种类

根据《民法典》的规定，下列几种法律行为无效。

1. 无民事行为能力人独立实施的

2. 当事人通谋虚假表示实施的

《民法典》第一百四十六条第一款规定：“行为人与相对人以虚假的意思表示实施的民事法律行为无效。”例如，债务人为避免财产被强制执行，虚假地将房子卖给自己的朋友。通谋虚假表示实施的法律行为之所以无效，主要是因为对于双方当事人而言，均无真实的意思表示。

3. **恶意串通，损害他人合法权益的**

《民法典》第一百五十四条规定："行为人与相对人恶意串通，损害他人合法权益的民事法律行为无效。"恶意串通实施的法律行为与通谋虚假表示实施的法律行为均包含串通或通谋，但前者强调恶意以损害他人，后者主要着眼于意思表示的虚假，所以，二者在适用对象上存在交叉，但不完全重合。

4. **违反强制性规定或违背公序良俗的**

如前文所述，违反强制性规定的法律行为不当然无效，仍须具体分析确定。

（三）无效法律行为的法律后果

无效的法律行为，从行为开始就没有法律约束力。其在法律上产生以下法律后果。

1. **恢复原状**

指恢复到无效法律行为发生之前的状态，应当予以返还；不能返还或者没有必要返还的，应当折价补偿。有过错的一方应当赔偿对方因此所受到的损失，双方都有过错的，应当各自承担相应的责任。

2. **赔偿损失**

有过错的一方应当赔偿对方因此所受的损失。如果双方都有过错的，应当各自承担相应的责任。

3. **收归国家、集体所有或返还第三人**

双方恶意串通，实施法律行为损害国家、集体或第三人利益的，应当追缴双方取得的财产，收归国家、集体所有或返还第三人。

4. **其他制裁**

对行为人实施无效法律行为损害国家利益或社会公共利益，依法需要给予行政制裁或刑事制裁的，还应当依法追究其行政责任或刑事责任。

任务四　合同的履行

一、合同履行的规则

（一）当事人就有关合同内容约定不明确时的履行规则

合同生效后，当事人就质量、价款或者报酬、履行地点等内容没有约定或者约定不明确的，可以协议补充；不能达成补充协议的，按照合同有关条款或者交易习惯确定；仍不能确定的，适用下列规定：(1)质量要求不明确的，按照强制性国家标准履行；没有强制性国家标准的，按照推荐性国家标准履行；没有推荐性国家标准的，按照行业标准履行；没有国家标准、行业标准的，按照通常标准或者符合合同目的的特定标准履行。(2)价款或者报酬不明确的，按照订立合同时履行地的市场价格履行；依法应当执行政府定价或者政府指导价的，按照规定履行。(3)履行地点不明确、给付货币的，在接受货币一方所在地履行，交付不动产的，在不动产所在地履行；其他标的，在履行义务一方所在地履行。(4)履行期限不明确的，债务人可以随时履行，债权人也可以随时请求履行，但是应当给对方必要的准备时间。(5)履行方式不明确的，按照有利于实现合同目的的方式履行。(6)履行费用的负担不明确的，由履行义务一方负担；债权人原因增加的履行费用，由债权人负担。

（二）涉及第三人的合同履行

1. 向第三人履行的合同

向第三人履行的合同又称利他合同，指双方当事人约定，由债务人向第三人履行债务的合同。债务人向第三人履行的合同的法律效力为：①法律规定或者当事人约定第三人可以直接请求债务人向其履行债务，第三人表示接受该权利或未在合理期限内明确拒绝，债务人未向第三人履行债务或者履行债务不符合约定的，第三人可以请求债务人承担违约责任。②债务人对于合同债权人可行使的一切抗辩权，对该第三人均可行使。③因向第三人履行债务增加的费用，除双方当事人另有约定外，由债权人承担。

2. 由第三人履行的合同

由第三人履行的合同又称第三人负担的合同，指双方当事人约定债务由第三人履行的合同，该债务履行的约定必须征得第三人同意。该合同以债权人、债务人为合同双方当事人，第三人不是合同的当事人。

由第三人履行的合同的法律效力为：①第三人不履行债务或履行债务不符合约定的，债务人应当向债权人承担违约责任。②第三人向债权人履行债务所增加的费用，除合同另有约定外，一般由债务人承担。

3. 第三人代替履行的合同

债务人不履行债务，第三人对履行该债务具有合法利益的，第三人有权向债权人代为履行；但是，根据债务性质、按照当事人约定或者依照法律规定只能由债务人履行的除外。

债权人接受第三人履行后，其对债务人的债权转让给第三人，但是债务人和第三人另有约定的除外。

【例题 5-4 · 单选题】甲乙签订了一份合同，约定由丙向甲履行债务，但丙履行债务的行为不符合合同的约定，下列有关甲请求承担违约责任的表述中，正确的是（　　）。

A. 请求丙承担　　　　B. 请求乙承担

C. 请求丙和乙共同承担　　　　D. 请求丙或乙承担

解析：正确答案为 B。本题考核第三人代为履行合同的责任承担。《民法典》第五百二十三条规定："当事人约定由第三人向债权人履行债务，第三人不履行债务或者履行债务不符合约定的，债务人应当向债权人承担违约责任。"

二、抗辩权的行使

抗辩权是指在双务合同中，一方当事人在对方不履行或履行不符合约定时，依法对抗对请求或否认对方权利主张的权利。《民法典》规定了同时履行抗辩权、后履行抗辩权和不安抗辩权三种。

（一）同时履行抗辩权

同时履行抗辩权，是指无给付先后顺序的双务合同当事人，一方在他方当事人未为对待给付前，有拒绝自己给付的抗辩权。

《民法典》规定，当事人互负债务，没有先后履行顺序的，应当同时履行。一方在对方履行之前有权拒绝其履行要求；一方在对方履行债务不符合约定时，有权拒绝其相应的履行要求。

1. 同时履行抗辩权行使的条件

① 双方因同一双务合同互负债务。②双方债务已届清偿期。③行使抗辩权之当事人无

先为给付义务，即双方的互负债务没有先后履行顺序。“没有先后履行顺序”，或者是当事人约定同时履行，也可能是当事人对履行顺序未约定或约定不明确，且根据交易习惯不能确定。④须对方当事人未履行或未适当履行合同债务。

2. **同时履行抗辩权的效力**

同时履行抗辩权只是暂时阻止对方当事人请求权的行使，而不是永久地消灭对方当事人的请求权。当对方当事人完全履行了合同义务，同时履行抗辩权即告消灭，主张抗辩权的当事人就应当履行自己的义务。当事人因行使同时履行抗辩权致使合同迟延履行的，延迟履行责任由对方当事人承担。

（二）后履行抗辩权

后履行抗辩权是指合同当事人互负债务，有先后履行顺序，先履行一方未履行的，后履行一方有权拒绝其履行要求。先履行一方履行债务不符合约定的，后履行一方有权拒绝其相应的履行要求。

1. **后履行抗辩权行使的条件**

① 当事人基于同一双务合同，互负债务。②当事人的履行有先后顺序。③应当先履行的当事人不履行合同或不适当履行合同。④后履行抗辩权的行使人是履行义务顺序在后的一方当事人。

2. **后履行抗辩权的效力**

后履行抗辩权不是永久性的，它的行使只是暂时阻止了当事人请求权的行使。先履行一方的当事人如果完全履行了合同义务，则后履行抗辩权消灭，后履行当事人就应当按照合同约定履行自己的义务。

（三）不安抗辩权

不安抗辩权，是指当事人互负债务，有先后履行顺序的，先履行的一方有确切证据证明另一方丧失履行债务能力时，在对方没有履行或者没有提供担保之前，有拒绝自己履行的权利。规定不安抗辩权是为了切实保护当事人的合法权益，防止借合同进行欺诈，促使对方履行义务。

1. **不安抗辩权行使的条件**

① 当事人基于同一双务合同，互负债务；②当事人的履行有先后顺序；③不安抗辩权的行使人是履行义务顺序在先的一方当事人；④后履行合同的一方当事人有丧失或可能丧失履行债务能力的情形；⑤后履行合同的一方当事人未履行或提供担保。

2. **不安抗辩权适用的情形**

应当先履行债务的当事人，有确切证据证明对方有下列情形之一的，可以中止履行：①经营状况严重恶化；②转移财产、抽逃资金，以逃避债务；③丧失商业信誉；④有丧失或可能丧失履行债务能力的其他情形。

先履行合同义务的当事人应当有证据证明对方不能履行合同或者有不能履行合同的可能性；没有确切证据而行使不安抗辩权，造成对方损失的，应当承担违约责任。

3. **不安抗辩权的效力**

① 中止履行，即应当先履行债务的当事人中止履行。应当先履行债务的当事人行使中止权时，应当及时通知对方，以免给对方造成损失，也便于对方在接到通知后，提供相应的担保，使合同得以履行。如果对方当事人恢复了履行能力或提供了相应的担保后，先履行一方当事人“不安”的原因消除，应当恢复合同的履行。②解除合同。中止履行合同后，

如果对方在合理期限内未恢复履行能力并且未提供适当担保的，视为以自己的行为表明不履行主要债务，中止履行合同的一方可以解除合同，并可以请求对方承担违约责任。

【例题 5-5 · 简答题】甲乙签订了一份买卖合同，双方约定由甲向乙提供一批生产用原材料，总货款为 500 万元，甲最晚于 3 月底前供货，乙收到货后在 10 日内付款。2 月甲从报纸上得知：乙为逃避债务私自转移财产，被人民法院依法查封扣押了财产。于是甲通知乙，在乙付款或提供担保前中止履行合同。甲行使的是什么权利?

解析：甲行使的是不安抗辩权。根据合同法律制度规定，先履行的一方有确切证据证明另一方丧失履行债务能力时，在对方没有履行或者没有提供担保之前，有权中止合同的履行，即有权行使不安抗辩权。本例中甲明确得知乙丧失了履行能力，于是依法行使了不安抗辩权。

三、保全措施

(一) 代位权

1. 代位权的概念

代位权，是指债务人怠于行使其对第三人(次债务人)享有的到期债权或者与该债权相关的从权利，危及债权人债权的实现时，债权人为了保障自己的债权，可以自己的名义代位行使债务人对次债务人的权利，但该债权专属于债务人自身的除外。

2. 代位权的构成要件

(1) 债务人对第三人享有合法债权或者与该债权有关的从权利。

(2) 债务人怠于行使其债权，如果债务人已经行使了权利，即使不尽如人意，债权人也不能行使代位权。

(3) 因债务人怠于行使权利已害及债权人的债权，即债务人不履行其对债权人到期债务，又不以诉讼方式或仲裁方式向其债务人主张其享有的到期债权，致使债权人的到期债权未能实现。

(4) 债务人的债务已到期，债务人已处于延迟履行，如果债务人的债务未到履行期或履行期间未届满的，债权人不能行使代位权。债权人的债权到期前，债务人的债权或者与该债权有关的从权利存在诉讼时效期间即将届满或者未及时申报破产债权等情形，影响债权人的债权实现的，债权人可以代位向债务人的相对人请求其向债务人履行、向破产管理人申报或者作出其他必要的行为。

(5) 债务人的债权不是专属于债务人自身的债权。专属于债务人自身的债权是指，基于扶养关系、抚养关系、赡养关系、继承关系产生的给付请求权和劳动报酬、退休金、养老金、抚恤金、安置费、人寿保险、人身伤害赔偿请求权等权利。

3. 代位权的行使与效力

(1) 代位权的行使。

① 债权人必须以自己的名义通过诉讼形式行使代位权。债权人以次债务人为被告向人民法院提起代位权诉讼，未将债务人列为第三人的，人民法院可以追加债务人为第三人。

② 代位权的行使范围以债权人的到期债权为限，债权人行使代位权的请求数额不能超过债务人所负债务的数额，否则对超出部分人民法院不予支持。

③ 债权人行使代位权的必要费用，由债务人负担。

④ 次债务人对债务人的抗辩，可以向债权人主张。

（2）代位权行使的效力。

债权人向次债务人（即债务人的债务人）提起的代位权诉讼，经人民法院审理后认定代位权成立的，由次债务人向债权人履行清偿义务。债权人接受履行后，债权人与债务人、债务人与次债务人之间相应的权利义务关系即予消灭。债务人对相对人的债权或者与该债权有关的从权利被采取保全、执行措施，或者债务人破产的，依照相关法律的规定处理。在代位权诉讼中，债权人胜诉的，诉讼费由次债务人负担，从实现的债权中优先支付。

【例题5-6·简答题】甲对乙享有1 000万元的到期合同债权。乙又是丙的债权人，债权为2 000万元，乙因怠于行使其对丙的到期债权，致使甲的到期债权得不到清偿，甲是否可以行使代位权？如何行使？数额是多少？如果甲对乙的债权为2 000万元，乙对丙的债权为1 000万元，甲行使代位权的数额是多少？

解析：甲可以行使代位权。甲可以向人民法院请求以自己的名义代位行使乙对丙的债权，甲请求的数额应该以其所保全的债权为限，即只能请求丙向其清偿1 000万元。如果甲对乙的债权为2 000万元，乙对丙的债权为1 000万元，则甲请求的数额应以乙对丙的债权数额为限，即只能请求丙向其清偿1 000万元。

（二）撤销权

1. 撤销权的概念

撤销权，是指债务人实施了减少财产或增加财产负担的行为并危及债权人债权实现时，债权人为了保障自己的债权，请求人民法院撤销债务人行为的权利。

2. 撤销权的构成要件

（1）债权人对债务人享有有效的债权。

（2）债务人实施了处分其财产的行为。这些行为包括：①放弃到期债权。②无偿转让财产。③以明显不合理的低价转让财产或以明显不合理高价受让他人财产。所谓"明显不合理的低价"，人民法院应当以交易当地一般经营者的判断，并参考交易当时交易地的物价部门指导价或者市场交易价，结合其他相关因素综合考虑予以确认。转让价格达不到交易时交易地的指导价或者市场交易价70%的，一般可以视为明显不合理的低价。债务人以明显不合理的高价收购他人财产，人民法院可以根据债权人的申请，予以撤销。对转让价格高于当地指导价或者市场交易价30%的，一般可以视为明显不合理的高价。④债务人放弃其未到期的质权或者放弃债权担保，或者恶意延长到期债权的履行期或者为他人的债务提供担保。

（3）债务人处分其财产的行为有害于债权人债权的实现。若债务人实施减少其财产或增加其财产负担的处分行为，但不影响其清偿债务，则债权人不能行使撤销权。

（4）对于债务人有偿转让、受让财产，或者为他人债务提供担保的行为，债权人行使撤销权须以第三人的恶意为要件；若第三人无恶意，则不能撤销其取得财产的行为。《民法典》第五百三十九条规定："债务人以明显不合理的低价转让财产、以明显不合理的高价受让他人财产或者为他人的债务提供担保，影响债权人的债权实现，债务人的相对人知道或者应当知道该情形的，债权人可以请求人民法院撤销债务人的行为。"相反，债权人放弃到期债权、无偿转让财产等无偿行为，不论第三人善意或恶意，债权人均得以请求撤销。

3. 撤销权的行使与效力

（1）撤销权的行使。

债权人行使撤销权应以自己的名义，向被告住所地人民法院提起诉讼，请求人民法院撤销债务人因处分财产而危害债权的行为。

撤销权自债权人知道或者应当知道撤销事由之日起 1 年内行使。自债务人的行为发生之日起 5 年内没有行使撤销权的，该撤销权消灭。

撤销权的行使范围以债权人的债权为限。债权人行使撤销权的必要费用，由债务人承担。

(2) 撤销权行使的效力。

债务人、第三人的行为被撤销的，其行为自始无效。第三人应向债务人返还财产或折价补偿。第三人返还或折价补偿的财产构成债务人全部财产的一部分，债权人对于撤销权行使的结果并无优先受偿的权利。

任务五　合同的担保

一、合同担保概论

（一）担保的概念及方式

担保是指依照法律规定，或由当事人双方经过协商一致而约定的，为保障合同债权实现的法律措施。

根据《民法典》物权编和合同编的规定，担保的方式包括保证、抵押、质押、留置和定金五种方式。其中，保证属于人的担保，定金属于金钱担保，其余为物的担保。第三人为债务人向债权人提供担保的，可以要求提供反担保。反担保可以是债务人，也可以是债务人之外的其他人。反担保方式可以是债务人提供的抵押或者质押，也可以是其他人提供的保证、抵押或者质押。

（二）担保合同的性质

担保合同是主债权债务合同的从合同，主债权债务合同有效，担保合同有效；主债权债务合同无效，担保合同无效，但法律另有规定的除外。

（三）担保合同的无效

(1) 国家机关和以公益为目的的事业单位、社会团体违反法律规定提供担保的，担保合同无效。

(2) 以法律、法规禁止流通的财产或者不可转让的财产设定担保的，担保合同无效。

（四）担保合同无效的法律责任

担保合同被确认无效后，债务人、担保人、债权人有过错的，应当根据其过错各自承担相应的民事责任。

《最高人民法院关于适用〈中华人民共和国担保法〉若干问题的解释》(以下简称《担保法》司法解释)对担保合同无效的法律责任规定如下：

(1) 主合同有效而担保合同无效，债权人无过错的，担保人与债务人对主合同债权人的经济损失，承担连带赔偿责任；债权人、担保人有过错的，担保人承担民事责任的部分，不应超过债务人不能清偿部分的 1/2。

(2) 主合同无效而导致担保合同无效，担保人无过错的，担保人不承担民事责任；担保人有过错的、担保人承担民事责任的部分，不应超过债务人不能清偿部分的 1/3。

(3) 担保人因无效担保合同向债权人承担赔偿责任后，可以向债务人追偿，或者在承担赔偿责任的范围内，要求有过错的反担保人承担赔偿责任。担保人可以根据承担赔偿责任的事实对债务人或者反担保人另行提起诉讼。

(4) 主合同解除后，担保人对债务人应当承担的民事责任仍应承担担保责任。但是，担保合同另有约定的除外。

二、保证

(一) 保证和保证人

1. 保证

保证是指第三人为债务人的债务履行作担保，由第三人和债权人约定，当债务人不履行债务时，第三人按照约定履行债务或者承担责任行为。该第三人被称作保证人。保证是保证人和债权人之间的合同关系。

2. 保证人

(1) 保证人资格的一般规定。

保证人可以是具有完全民事行为能力的自然人及法人、非法人组织。

不具有完全代偿能力的法人、其他组织或者自然人，以保证人身份订立保证合同后，又以自己没有代偿能力要求免除保证责任的，人民法院不予支持。

(2) 保证人资格的限制。

① 国家机关以及学校、幼儿园、医院等以公益为目的的非营利法人、非法人组织，企业法人的分支机构、职能部门，不得作保证人。但是，经国务院批准为使用外国政府或者国际经济组织贷款进行转酬情况下，国家机关可以作保证人。

② 企业法人的分支机构有法人书面授权的，可以在授权范围内提供保证。企业法人的分支机构经营管理部的财产不足以承担保证责任的，由企业法人承担民事责任。

企业法人的分支机构未经法人书面授权或者超出授权范围提供保证的，保证合同无效或超出授权范围的部分无效，债权人和企业法人有过错的，应当根据其过错各自承担相应的民事责任，债权人无过错的，由企业法人承担民事责任。

企业法人的分支机构经法人书面授权提供保证的，如果法人的书面授权范围不明确，法人的分支机构应当对保证合同约定的全部债务承担保证责任。

企业法人的分支机构提供的保证无效后应当承担赔偿责任的，由分支机构经营管理的财产承担。

③ 企业法人的职能部门提供保证的，保证合同无效。债权人知道或者应当知道保证人为企业法人的职能部门的，因此造成的损失由债权人自行承担；债权人不知道保证人为企业法人的职能部门，因此造成的损失由债权人和保证人根据其过错各自承担相应的民事责任。

法人或者非法人组织的法定代表人、负责人超越权限订立的担保合同，包括保证合同，除相对人知道或者应当知道其超越权限的以外。该代表行为有效，订立的担保合同对法人或者非法人组织发生效力。

(二) 保证合同和保证方式

1. 保证合同

保证人与债权人应当以书面形式订立保证合同，保证的内容在保证合同中加以确定，保证人与债权人可以就单个主合同分别订立保证合同，也可以协议在最高债权额限度内就一定期间连续发生的借款合同或者某项商品交易合同订立一个保证合同。

保证合同可以是单独订立的书面合同，也可以是主债权债务合同中的保证条款，第三人单方以书面形式向债权人作出保证，债权人接收且未提出异议的，保证合同成立。

保证合同应当包括以下内容：被保证的主债权（即主合同债权，下同）种类、数额；债务人履行债务的期限；保证的方式、范围、期间；以及双方认为需要约定的其他事项。保证合同不完全具备上述规定内容的，可以补正。

2. 保证方式

保证的方式有一般保证和连带责任保证两种。

（1）一般保证。

当事人在保证合同中约定，在债务人不能履行债务时，由保证人承担保证责任的，为一般保证。

一般保证的保证人享有先诉抗辩权。所谓先诉抗辩权，是指在主合同纠纷未经审判或者仲裁，并就债务人财产依法强制执行仍不能履行债务前，保证人对债权人可拒绝承担保证责任。

有下列情形之一的，保证人不得行使先诉抗辩权：①债务住所变更，致使债权人要求其履行债务发生重大困难的，如债务人下落不明、移居境外，且无财产可供执行；②人民法院受理债务人破产案件，中止执行程序的；③债权人有证据证明债务人的财产不足以履行全部债务或者丧失履行债务能力的；④保证人以书面形式放弃先诉抗辩权的。

（2）连带责任保证。

当事人在保证合同中约定保证人与债务人对债务承担连带责任的，为连带责任保证。

连带责任保证的债务人不履行到期债务或者发生当事人约定的情形时，债权人可以要求债务人履行债务，也可以要求保证人在其保证范围内承担保证责任。

当事人对保证方式没有约定或者约定不明确的，按照一般保证承担保证责任。

需注意的是，作为保证方式的连带责任保证与共同保证形式之一的连带共同保证不应混淆。同一债务有两个或两个以上保证人的，为共同保证。共同保证人应当按照保证合同约定的保证份额，承担保证责任。各保证人与债权人没有约定保证份额的，应当认定为连带共同保证。

（三）保证责任

1. 保证责任的范围

保证人在约定的保证担保范围内承担保证责任。当事人对保证担保的范围没有约定或者约定不明确的，保证人应当对全部债务承担责任。全部债务包括主债权及利息、违约金、损害赔偿金和实现债权的费用

主合同变更与保证责任承担。

（1）保证期间，债权人依法将主债权转让并通知保证人的，保证债权同时转让，保证人在原保证担保的范围内对受让人承担保证责任；未通知保证人的，该转让对保证人不发生效力。但是，保证人与债权人事先约定仅对特定的债权人承担保证责任或者禁止债权转让的，债权人未经保证人书面同意转让债权的，保证人对于受让人不再承担保证责任。

（2）保证期间，债权人许可债务人转让债务的，应当取得保证人书面同意，保证人对未经其同意转让的债务部分，不再承担保证责任。

（3）第三人加入债务的，保证人的保证责任不受影响。

（4）保证期间，债权人与债务人对主合同数量、价款、币种、利率等内容做了变动，

未经保证人书面同意的，如果减轻债务人债务的，保证人仍应当对变更后的合同承担保证责任；如果加重债务人债务的，保证人对加重的部分不承担保证责任。债权人与债务人对主合同履行期限做了变动，未经保证人书面同意的，保证期间为原合同约定的或者法律规定的期间。债权人与债务人协议变更主合同内容，但并未实际履行的，保证人仍应当承担保证责任。

(5) 主合同当事人双方协议以新贷偿还旧贷，除保证人知道或应当知道外，保证人不承担民事责任，但是新贷与旧贷系同一保证人的除外。

2. 保证担保与物的担保并存的保证责任

同一债权既有保证又有物的担保的，属于共同担保。被担保的债权既有物的担保又有人的担保，债务人不履行到期债务或发生当事人约定的实现担保物权的情形，债权人应当按照约定实现债权；没有约定或者约定不明确，债务人自己提供物的担保的，债权人应当先就该物的担保实现债权；第三人提供物的担保的，债权人可以就物的担保实现债权，也可以要求保证人承担保证责任提供担保的第三人承担担保责任后，有权向债务人追偿。

3. 保证责任承担的其他规定

(1) 一般保证的保证人在主债权履行期间届满后，向债权人提供了债务人可供执行财产的真实情况的，债权人放弃或者怠于行使权利致使该财产不能被执行，保证人在其提供可供执行财产的实际价值范围内不再承担保证责任。

(2) 保证合同中约定保证人代为履行非金钱的，如果保证人不能实际代为履行，对债权人因此造成的损失，保证人应当承担赔偿责任。

(3) 第三人向债权人保证监督支付专款专用的，在履行了监督支付专款专用的义务后，不再承担责任。未尽监督义务造成资金流失的，应当对流失的资金承担补充赔偿责任。

(4) 保证人对债务人的注册资金提供保证的，债务人的实际投资与注册资金不符，或者抽逃转移注册资金的，保证人在注册资金不足或者抽逃转移注册资金的范围内承担连带保证责任。

(5) 债务人对债权人享有抵销权或者撤销权的，保证人可以在相应范围内拒绝承担保证责任。

4. 保证人的追偿权

保证人承担保证责任后，有权向债务人追偿。保证期间，人民法院受理债务人破产案件的，债权人既可以向人民法院申报债权，也可以向保证人主张权利。

5. 保证责任的免除

有下列情形之一的，保证人不承担民事责任：

(1) 主合同当事人双方串通，骗取保证人提供保证的；

(2) 主合同债权人采取欺诈、胁迫等手段，使保证人在违背真实意思的情况下提供保证的；

(3) 主合同债务人采取欺诈、胁迫等手段，使保证人在违背真实意思的情况下提供保证的，债权人知道或者应当知道欺诈、胁迫事实的。但债务人与保证人共同欺骗债权人，订立主合同和保证合同的，债权人可以请求人民法院予以撤销。因此给债权人造成损失的，由保证人与债务人承担连带赔偿责任。

(四) 保证期间

保证期间，是指当事人约定或者法律规定的保证人承担保证责任的时间期限。保证人在与债权人约定的保证期间或者法律规定的保证期间内承担保证责任。

保证人与债权人约定保证期间的，按照约定执行。未约定的，保证期间为6个月。一般保证情况下，债权人有权自主债务履行期届满之日起6个月内对债务人提起诉讼或申请仲裁。在保证期间债权人未对债务人提起诉讼或者申请仲裁的，保证人不再承担保证责任。在连带责任保证的情况下，债权人有权自主债务履行期届满之日起6个月内要求保证人承担保证责任。

保证合同约定的保证期间早于或者等于主债务履行期限的，视为没有约定，保证期间为主债务履行期届满之日起6个月。

债权人与债务人对主债务履行期限没有约定或者约定不明的，保证期间自债权人请求债务人履行义务的宽限期届满之日起计算。

（五）保证债务的诉讼时效

一般保证的债权人在保证期间届满前对债务人提起诉讼或者申请仲裁的，从保证人拒绝承担保证责任的权利(先诉抗辩权)消灭之日起，开始计算保证债务的诉讼时效。连带责任保证的债权人在保证期间届满前请求保证人承担保证责任的，从债权人请求保证人承担保证责任之日起，开始计算保证合同的诉讼时效。保证人对已经超过诉讼时效期间的债务承担保证责任或者提供保证的，又以超过诉讼时效为由抗辩的，人民法院不予支持。

保证人对债务人行使追偿权的诉讼时效，自保证人向债权人承担责任之日起开始计算。

三、抵押

抵押是指为担保债务的履行，债务人或者第三人不转移财产的占有，将该财产作为债权的担保，债务人不履行到期债务或者发生当事人约定的实现抵押权的情形，债权人有权就该财产优先受偿。

提供财产担保的债务人或者第三人为抵押人，债权人为抵押权人，提供担保的财产为抵押财产。

（一）抵押合同

设立抵押权，当事人应当采取书面形式订立抵押合同。抵押合同一般包括下列条款：①被担保债权的种类和数额；②债务人履行债务的期限；③抵押财产的名称、数量等情况；④担保的范围；⑤当事人认为需要约定的其他事项。

抵押合同对被担保的主债权种类、抵押财产没有约定或者约定不明，根据主合同和抵押合同不能补正或者无法推定的，抵押不成立。

抵押权人在债务履行期届满前，不得与抵押人约定债务人不履行到期债务时抵押财产归债权人所有。这种条款称为“流押条款”。如果当事人在抵押合同中约定了流押条款，该条款无效。该条款的无效不影响抵押合同其他部分内容的效力。

（二）抵押财产

1. 可以设立抵押权的财产

债务人或者第三人有权处分的下列财产可以抵押：①建筑物和其他土地附着物；②建设用地使用权；③海域使用权；④生产设备、原材料、半成品、产品；⑤正在建造的建筑物、船舶、航空器；⑥交通运输工具；⑦法律、行政法规未禁止抵押的其他财产。抵押人可以将上述所列财产一并抵押。

2. 不得设立抵押权的财产

① 土地所有权；②宅基地、自留地、自留山等集体所有的土地使用权，但法律规定可

以抵押的除外；③学校、幼儿园、医院等为公益目的成立的非营利法人的教育设施、医疗卫生设施和其他公益设施；④所有权、使用权不明或者有争议的财产；⑤依法被查封、扣押、监管的财产，但是，已经设定抵押的财产被采取查封、扣押等财产保全或执行措施的，不影响抵押权的效力；⑥法律、行政法规规定不得抵押的其他财产，例如，以法定程序确认为违法、违章的建筑物抵押的，抵押无效。

3. 关于抵押财产的其他规定

（1）以建筑物抵押的，该建筑物占用范围内的建设用地使用权一并抵押。以建设用地使用权抵押的，该土地上的建筑物一并抵押。抵押人未将前述财产一并抵押的，未抵押的财产视为一并抵押。

（2）建设用地使用权抵押后，该土地上新增的建筑物不属于抵押财产。该建设用地使用权实现抵押权时，应当将该土地上新增的建筑物与建设用地使用权一并处分，但新增建筑物所得的价款，抵押权人无权优先受偿。

（3）乡镇、村企业的建设用地使用权不得单独抵押。以乡镇、村企业的厂房等建筑物抵押的，其占用范围内的建设用地使用权一并抵押。实现抵押权后，未经法定程序，不得改变土地所有权的性质和土地用途。

（4）以集体所有土地的使用权依法抵押的，实现抵押权后，未经法定程序，不得改变土地所有权的性质和土地用途。

（三）抵押登记

1. 以登记为生效要件的抵押

以建筑物和其他土地附着物、建设用地使用权、海域使用权、正在建造的建筑物设定抵押的，应当办理抵押登记，抵押权自登记时起设立。

抵押登记记载的内容与抵押合同约定的内容不一致的，以登记记载的内容为准。以尚未办理权属证书的财产抵押的，只要当事人在一审法庭辩论终结前能够提供权利证书或者补办登记手续的，人民法院可以认定抵押有效。

2. 以登记为对抗要件的抵押

当事人以生产设备、原材料、半成品、产品、交通运输工具和正在建造的船舶、航空器抵押或其他动产设定抵押，抵押权自抵押合同生效时设立；抵押权未经登记，不得对抗善意第三人。

【例题 5-7 · 简答题】甲向乙借款 10 万元办加工厂，乙要求甲以其新购置的一辆吉普车作为抵押，甲同意了，双方遂签订了借款合同约定：如果甲到期无法偿还，乙可将其吉普车变卖。合同签订后，双方并未到车管所办理抵押登记。后甲因加工厂倒闭，无力偿还乙的借款，又恐乙廉价变卖吉普车使其遭受更大的损失，遂将其吉普车卖给丙，丙并不知该车已抵押给乙，乙得知后，向人民法院起诉，要求人民法院从丙处追回吉普车变卖受偿。

问题：乙能否从丙处追回吉普车优先受偿？

解析：以车辆抵押的，抵押登记不属于抵押权设立的生效要件，但未办理抵押登记的，不能对抗善意第三人。本案中，抵押合同成立生效，抵押权即设立，但抵押未办理登记，不得对抗善意的丙。因此，乙无权请求人民法院从丙处追回吉普车，也就无法优先受偿。

（四）抵押的效力

抵押担保的范围包括主债权及利息、违约金、损害赔偿金和实现抵押权的费用。抵押合同另有约定的，按照约定。

1. **抵押权对抵押物所生孳息的效力**

债务人不履行到期债务或者发生当事人约定的实现抵押权的情形，致使抵押财产被人民法院依法扣押的，自扣押之日起抵押权人有权收取该抵押财产的天然孳息或者法定孳息，但抵押权人未通知应当清偿法定孳息的义务人的除外，孳息的清偿顺序为：①充抵收取孳息的费用；②主债权的利息；③主债权。

2. **抵押权对于抵押物上租赁权的效力**

抵押权设立前，抵押财产已经出租并转移占有的，原租赁关系不受该抵押权的影响。抵押人将已抵押的财产出租时，如果抵押人未书面告知承租人该财产已抵押的，抵押人对出租抵押物造成承租人的损失承担赔偿责任；如果抵押人已书面告知承租人该财产已抵押的，抵押权实现造成承租人的损失，由承租人自己承担。抵押权设立后抵押财产出租的，该租赁关系不得对抗已登记的抵押权，即因租赁关系的存在致使抵押权实现时无人应买抵押物，或出价降低导致不足以清偿抵押债权等情况下，抵押权人有权主张租赁终止。

3. **抵押期间抵押物转让**

《民法典》第四百零六条第一款规定："抵押期间，抵押人可以转让抵押财产。当事人另有约定的，按照其约定。抵押财产转让的，抵押权不受影响。"但事实上，动产抵押权未经登记，不得对抗善意第三人，所以，抵押人若将未办理抵押登记的动产抵押物转让给善意买受人，抵押权仍受影响。此外，如后文所述，动产抵押还将受制于"正常买受人"规则。所以，"抵押财产转让的，抵押权不受影响"，并非可一概而论。

4. **抵押权转移及消灭的从属性**

抵押权不得与债权分离而单独转让或者作为其他债权的担保。债权转让的，担保该债权的抵押权一并转让，但法律另有规定或者当事人另有约定的除外。

主债权未受全部清偿的，抵押权人可以就抵押物的全部行使其抵押权。

主债权被分割或者部分转让的，各债务人就可以就其享有的债权份额行使抵押权。

5. **抵押财产价值减少或毁损的处理**

抵押人的行为足以使抵押财产价值减少的，抵押权人有权请求抵押人停止其行为。抵押财产价值减少的，抵押权人有权请求恢复抵押财产的价值，或者提供与减少的价值相应的担保。抵押人不恢复抵押财产的价值也不提供担保的，抵押权人有权请求债务人提前清偿债务。

在抵押物灭失、毁损或者被征用的情况下，抵押权人可以就该抵押物的保险金、赔偿金或者补偿金优先受偿。抵押权所担保的债权未届清偿期的，抵押权人可以请求人民法院对保险金、赔偿金或补偿金等采取保全措施。

（五）抵押权的实现

1. **抵押权实现的条件、方式和程序**

债务人不履行到期债务成者发生当事人约定的实现抵押权的情形，抵押权人可以与抵押人协议以抵押财产折价或者以拍卖、变卖该抵押财产所得的价款优先受偿。协议损害其他债权人利益的，其他债权人可以请求人民法院撤销该协议。抵押权人与抵押人未就抵押权实现方式达成协议的，抵押权人可以请求人民法院拍卖、变卖抵押财产。抵押财产折价或者变卖的，应当参照市场价格。

抵押财产折价或者拍卖、变卖后，其价款超过债权数额的部分归抵押人所有，不足部分由债务人清偿。抵押物折价或者拍卖、变卖所得的价款，当事人没有约定的，按下列顺序清偿：①实现抵押权的费用；②主债权的利息；③主债权。抵押权人应当在主债权诉讼时效期间行使抵押权；未行使的，人民法院不予保护。

2. 抵押权的顺位及确定抵押权次序的规则

抵押权人可以放弃抵押权或者抵押权的顺位。抵押权人与抵押人可以协议变更抵押权顺位以及被担保的债权数额等内容。但是，抵押权的变更未经其他抵押权人书面同意的，不得对其他抵押权人产生不利影响。

债务人以自己的财产设定抵押，抵押权人放弃该抵押权、抵押权顺位或者变更抵押权的，其他担保人在抵押权人丧失优先受偿权益的范围内免除担保责任，但是其他担保人承诺仍然提供担保的除外。

同一财产向两个以上债权人抵押的，顺序在先的抵押权与该财产的所有权归属一人时，该财产的所有权人可以以其抵押权对抗顺序在后的抵押权；顺序在后的抵押权所担保的债权先到期的，抵押权人只能就抵押物价值超出顺序在先的抵押担保债权的部分受偿；顺序在先的抵押权所担保的债权先到期的，抵押权实现后的剩余价款应予提存，留待清偿顺序在后的抵押担保债权。

同一财产向两个以上债权人抵押的，拍卖、变卖押财产所得的价款依照下列规定清偿：①抵押权已经登记的，按照登记的时间先后确定清偿顺序；②抵押权已经登记的先于未登记的受偿；③抵押权未登记的，按照债权比例清偿。

【例题 5-8 · 简答题】甲以自己的一辆汽车作抵押，获得乙银行贷款 20 万元，办理了抵押登记。由于甲的汽车价值 80 万元，所以甲又将该汽车抵押给丁，获得丁的借款 10 万元，但未办理抵押登记。后甲又将其抵押给丙银行，获得贷款 20 万元，办理了抵押登记。后甲做生意亏本，导致无法偿还乙银行、丙银行的贷款和丁的借款。于是三个债权人同时要求实现其抵押权。但抵押物拍卖后仅获得 45 万元，不足以清偿甲的全部债务。

问题：本案中，乙银行、丙银行、丁的债权应按什么顺序受偿？

解析：本案中，由于乙银行和丙银行的抵押权都经过了登记，而丁的抵押权没有登记，所以，乙银行和丙银行的债权先于丁的受偿。同时，乙银行的抵押权先于丙银行的抵押权登记，因此，乙银行先受偿，接着是丙银行，最后是丁。

（六）最高额抵押

1. 最高额抵押的特征

（1）抵押担保的是将来发生债权，现在尚未发生，但最高额抵押权设立前已经存在的债权，经当事人同意，可以转入最高额抵押担保的债权范围；

（2）抵押担保债权额不确定，但设有最高限制额；

（3）实际发生的债权是连续的，不特定的，即债权人并不规定对方实际发生债权的次数和数额；

（4）债权人仅对抵押财产行使最高限度内的优先受偿权；

（5）最高额抵押只需首次登记即可设立，即尽管最高额抵押权所担保的是一定期间内连续发生的债权，但无须每个新生债权都到登记部门办理抵押登记，只需办理首次抵押登记即可。

2. 最高额抵押权的转让及变更

最高额抵押担保的债权确定前，部分债权转让的，最高额抵押权不得转让，但当事人另有约定的除外。最高额抵押担保的债权确定前，抵押权人与抵押人可以通过协议变更债权确定的期间、债权范围以及最高债权额，但变更的内容不得对其他抵押权人产生不利影响。

3. **最高额抵押权所担保的债权确定**

有下列情形之一的，抵押权人的债权确定：

（1）约定的债权确定期间届满；

（2）没有约定债权确定期间或者约定不明确，抵押权人或者抵押人自最高额抵押权设立之日起满2年后请求确定债权；

（3）新的债权不可能发生；

（4）抵押权人知道或者应当知道抵押财产被查封、扣押；

（5）债务人、抵押人被宣告破产或者被解散；

（6）法律规定债权确定的其他情形。

4. **最高额抵押权的行使**

最高额抵押权所担保的不特定债权，在特定后，债权已届清偿期的，最高额抵押权人可以根据普通抵押权的规定行使其抵押权。抵押权人实现最高额抵押权时，如果实际发生的债权余额高于最高限额的，以最高限额为限，超过部分不具有优先受偿的效力；如果实际发生的债权余额低于最高限额的，以实际发生的债权余额为限对抵押物优先受偿。

（七）动产浮动抵押

企业、个体工商户、农业生产经营者可以将现有的以及将有的生产设备、原材料、半成品、产品抵押，债务人不履行到期债务或者发生当事人约定的实现抵押权的情形时，债权人有权就抵押财产确定时的动产优先受偿。这种抵押称为动产浮动抵押，抵押权人应当向抵押人住所地的市场监督管理部门办理登记。抵押权自抵押合同生效时设立；未经登记，不得对抗善意第三人。动产浮动抵押无论是否办理抵押登记，均不得对抗正常经营活动中已支付合理价款并取得抵押财产的买受人。

动产浮动抵押，抵押财产自下列情形之一发生时确定：①债务履行期限届满，债权未实现；②抵押人被宣告破产或者解散；③当事人约定的实现抵押权情形；④严重影响债权实现的其他情形。

四、质押

质押分为动产质押和权利质押。

（一）动产质押

1. **动产质押的概念**

动产质押是以动产作为标的物的质押，指为担保债务的履行，债务人或者第三人将其动产出质给债权人占有，债务人不履行到期债务或者发生当事人约定的实现质权的情形，债权人有权就该动产优先受偿。

该债务人或者第三人为出质人，债权人为质权人，交付的动产为质押财产。

2. **质押合同**

为设立质权，当事人应当采取书面形式订立质押合同。质押合同一般包括以下条款：①被担保债权的种类和数额；②债务人履行债务的期限；③质押财产的名称、数量等情况；④担保的范围；⑤质押财产交付的时间、方式。其中，质押担保的范围由当事人约定；当事人未约定的，质押担保范围包括主债权及利息、违约金、损害赔偿金、质物保管费用和实现质权的费用。

质权人在债务履行期届满前，不得与出质人约定债务人不履行到期债务时质押财产归债权人所有。这类条款称为“流质条款”。当事人在质押合同中约定流质条款的，流质条款无效，但不影响质押合同其他部分内容的效力及质权的设立。

3. 动产质押的生效

(1) 质押合同自成立时生效，但质权自出质人交付质押财产时设立，即动产质权的设立以质物的交付为生效要件。

(2) 债务人或者第三人未按质押合同约定的时间移交质物的，因此给质权人造成损失的，出质人应当根据其过错承担赔偿责任。

(3) 出质人代质权人占有质物的，质权不设立；质权人将质物返还于出质人后，以其质权对抗第三人的，人民法院不予支持。

(4) 出质人以间接占有的财产出质的，质物自书面通知送达占有人时视为移交。占有人收到出质通知后，仍接受出质人的指示处分出质财产的，该行为无效。

(5) 质押合同中对质押的财产约定不明，或者约定的出质财产与实际移交的财产不一致的，以实际交付占有的财产为准。

(6) 债务人以自己的财产出质，质权人放弃该质权的，其他担保人在质权人丧失优先受偿权益的范围内免除担保责任，但其他担保人承诺仍然提供担保的除外。

4. 质权人对质物的权利和责任

(1) 质权人对质物的权利。

① 质权人有权收取质押财产的孳息，但合同另有约定的除外。上述孳息应当先充抵收取孳息的费用。

② 质物有隐蔽瑕疵造成质权人其他财产损害的，应由出质人承担赔偿责任。但是，质权人在质物移交时明知质物有瑕疵而予以接受的除外。

③ 因不能归责于质权人的事由可能使质押财产毁损或者价值明显减少，足以危害质权人权利的，质权人有权要求出质人提供相应的担保；出质人不提供的，质权人可以拍卖、变卖质押财产，并与出质人通过协议将拍卖、变卖所得的价款提前清偿债务或者提存。

(2) 质权人对质物的责任。

① 质权人在质权存续期间，未经出质人同意，擅自使用、处分质押财产，给出质人造成损害的，应当承担赔偿责任。

② 质权人负有妥善保管质押财产的义务；因保管不善致使质押财产毁损、灭失的，应当承担赔偿责任。

③ 质权人在质权存续期间，未经出质人同意转质，造成质押财产毁损、灭失的，应当向出质人承担赔偿责任。

5. 质权的实现

债务人履行债务或者出质人提前清偿所担保的债权的，质权人应当返还质押财产。债务人不履行到期债务或者发生当事人约定的实现质权的情形，质权人可以与出质人协议以质押财产折价，也可以就拍卖、变卖质押财产所得的价款优先受偿。质押财产折价或者变卖的，应当参照市场价格。

出质人可以请求质权人在债务履行期届满后及时行使质权；质权人不行使的，出质人可以请求人民法院拍卖、变卖质押财产。出质人请求质权人及时行使质权，因质权人怠于行使权利造成损害的，由质权人承担赔偿责任。

（二）权利质押

1. 权利质押的概念

权利质押是债务人或者第三人以其财产权利作为债权的担保，当债务人不履行到期债务或者发生当事人约定的实现质权的情形，债权人有权依照法律规定，以该财产权利折价或者以拍卖、变卖该财产权利的价款优先受偿。

债务人或者第三人有权处分的下列权利可以出质：①汇票、支票、本票；②债券、存款单；③仓单、提单；④可以转让的基金份额、股权；⑤可以转让的注册商标专用权、专利权、著作权等知识产权中的财产权；⑥现有的以及将有的应收账款；⑦法律、行政法规规定可以出质的其他财产权利。

《民法典》对于权利质押未作特别规定的，应适用有关动产质押的规定。

2. 以不同种类权利出质的法律规定

（1）以汇票、本票、支票、债券、存款单、仓单、提单出质的，质权自权利凭证交付质权人时设立；没有权利凭证的，质权自办理出质登记时设立。法律另有规定的，依照其规定。汇票、本票、支票、债券、存款单、仓单、提单的兑现日期或者提货日期先于主债权到期的，质权人可以兑现或者提货，并与出质人协议将兑现的价款或者提取的货物提前清偿债务或者提存。

（2）以基金份额、股权出质的，质权自办理出质登记时设立。基金份额、股权出质后，不得转让，但是出质人与质权人协商同意的除外。出质人转让基金份额、股权所得的价款，应当向质权人提前清偿债务或者提存。

（3）以注册商标专用权、专利权、著作权等知识产权中的财产权出质的，质权自办理出质登记时设立。

（4）以应收账款出质的，质权自办理出质登记时设立。应收账款出质后，不得转让，但是出质人与质权人协商同意的除外。出质人转让应收账款所得的价款，应当向质权人提前清偿债务或者提存。

【例题 5-9 · 简答题】甲于 5 月 12 日向银行借款 10 000 元，以其在该银行的 11 000 元 1 年期定期存单出质。8 月 20 日，10 000 元借款到期，甲无力偿还，银行支取了存单金额 11 000元及利息 300 元。甲存单上的本息是否应全部归银行所有？

解析：这是一个实现质权的问题。如果质押合同中没有特别约定，应就全部债务承担质押保证责任，包括主债务及利息、违约金、损害赔偿金、质物保管费用和实现质权的费用。银行支取的 11 000 元本金和 300 元利息，应扣除银行的 10 000 元借款及其利息、违约金，如有剩余应返还给甲。

五、留置

（一）留置权的概念

留置权是指债务人不履行到期债务，债权人可以留置已经合法占有的债务人的动产，并有权就该动产优先受偿。其中债权人为留置权人，占有的动产为留置财产，即留置物。

留置权属于法定担保物权。

留置担保的范围包括主债权及利息、违约金、损害赔偿金、留置物保管费用和实现留置权的费用。

（二）留置权的成立要件

（1）债权人占有债务人的动产。原则上动产应属于债务人所有。留置财产为可分物的，留置财产的价值应当相当于债务的金额。当事人可以在合同中约定不得留置的物。法律规定或者当事人约定不得留置的动产，不得留置。

（2）占有的动产应与债权属于同一法律关系，但企业之间留置的除外。留置权的适用范围不限于保管合同、运输合同、承揽合同等特定的关系，其他债权债务关系，只要法律规定不禁止留置，债务人不履行债务的债权人均可以留置已经合法占有的动产。

（3）债权已届清偿期且债务人未按规定的期限履行义务。

（三）留置权的实现

留置权人负有妥善保管留置财产的义务；因保管不善致使留置财产毁损、灭失的，应当承担赔偿责任。留置权人有权收取留置财产的孳息。孳息应当先充抵收取孳息的费用。

留置权人与债务人应当约定留置财产后的债务履行期间；没有约定或者约定不明确的，留置权人应当给债务人60日以上履行债务的期间，但鲜活易腐等不易保管的动产除外。债务人逾期未履行的，留置权人可以与债务人协议以留置财产折价，也可以就拍卖、变卖留置财产所得的价款优先受偿。留置财产折价或者变卖的，应当参照市场价格。

债务人可以请求留置权人在债务履行期届满后行使留置权；留置权人不行使的，债务人可以请求人民法院拍卖、变卖留置财产。留置财产折价或者拍卖、变卖后，其价款超过债权数额的部分归债务人所有，不足部分由债务人清偿。

留置权人在债权未受全部清偿前，留置物为不可分物的，留置权人可以就其留置物的全部行使留置权。留置的财产为可分物的，留置物的价值应当相当于债务的金额。同一动产上已设立抵押权或者质权，该动产又被留置的，留置权人优先受偿。

（四）留置权的消灭

留置权出于下列原因而消灭：①留置权人对留置财产丧失占有。②留置物灭失、损毁而无代位物。③与留置物有同一法律关系的债权消灭。④债务人另行提供价值相当的担保并被债权人接受。⑤实现留置权。

六、定金

（一）定金的概念与种类

定金是指合同当事人约定一方向对方给付一定数额的货币作为债权的担保。

定金根据当事人的约定，有以下种类。

1. 违约定金

违约定金指定金设立的目的在于保障合同的履行。当事人约定以交付定金作为主合同债务履行担保的，给付定金的一方未履行主合同债务的，无权要求返还定金；收受定金的一方未履行主合同债务的，应当双倍返还定金。

2. 成约定金

当事人约定以交付定金作为主合同成立或者生效要件的给付定金的一方未支付定金，但主合同已经履行或者已经履行主要部分的，不影响主合同的成立或者生效。

3. 解约定金

定金交付后，交付定金的一方可以按照合同的约定以丧失定金为代价而解除主合同，收受定金的一方可以双倍返还定金为代价而解除主合同。

（二）定金的生效

定金合同是实践性合同，从实际交付定金时成立。

定金的数额由当事人约定，但不得超过主合同标的额的 20%。超过部分不产生定金的效力。实际交付的定金数额多于或者少于约定数额，视为变更约定的定金数额。收受定金一方提出异议并拒绝接受定金的，定金合同不成立。

（三）定金的效力

债务人履行债务的，定金应当抵作价款或者收回。给付定金的一方不履行债务或者履行债务不符合约定，致使不能实现合同目的的，无权请求返还定金；收受定金的一方不履行债务或者履行债务不符约定，致使不能实现合同目的的应当双倍返还定金。

因不可抗力、意外事件致使主合同不能履行的，不适用定金罚则。因合同关系以外第三人的过错致使主合同不能履行的，适用定金罚则。受定金处罚的一方当事人，可以依法向第三人追偿。

任务六　合同的变更、转让和终止

一、合同的变更

合同的变更仅指合同内容的变更，合同成立后，当事人双方根据客观情况的变化，依照法律规定的条件和程序，经协商一致，对原合同内容进行修改、补充或者完善。合同的变更是在合同的主体不改变的前提下对合同内容的变更，合同性质并不改变。

（一）合同变更的要件

（1）当事人之间已存在合同关系。

（2）合同内容发生了变化。

（3）必须遵守法律的规定和当事人的约定。

合同的变更可以依据法律的规定产生，当法律规定的情形出现时，发生变化，如遇有不可抗力导致债务不能履行时，合同可以延期履行。

当事人约定变更合同有两种情形：

（1）由合同当事人达成变更合同的协议；

（2）当事人可以在订立合同时即约定，当某种特定情况出现时，当事人有权变更合同。

（二）合同变更的形式和程序

合同变更除法律规定的变更和人民法院依法变更外，主要是当事人协议变更。

合同约定变更适用《民法典》合同编关于要约、承诺的规定，双方经协商取得一致，并采用书面形式。如原合同是经过公证、鉴证的，变更后的合同应报原公证、鉴证机关备案，必要时应对变更的事实予以公证、鉴证；如原合同按照法律、行政法规的规定是经过有关部门批准、登记的，变更后仍应报原批准机关批准、登记。

合同变更后，变更后的内容就取代了原合同的内容，当事人就应当按照变更后的内容履行合同，合同各方当事人均应受变更后的合同的约束。为了减少在合同变更时可能发生的纠纷，当事人对合同变更的内容约定不明确的，推定为未变更。合同变更的效力原则上仅对未履行的部分有效，对已履行的部分没有溯及力，但法律另有规定或当事人另有约定的除外。

二、合同的转让

合同的转让是指合同当事人一方将其合同的权利和义务全部或部分转让给第三人的行为。合同的转让仅指合同主体的变更，不改变合同约定的权利义务。

（一）合同权利转让

1. 合同权利转让的概念

合同权利转让，是指债权人将合同的权利全部或部分转让给第三人。其中，转让权利的债权人称为让与人，接受权利的第三方称为受让人。

2. 合同权利转让的条件

债权人转让权利无须经债务人同意，但应当通知债务人。未经通知，该转让对债务人不发生效力。债务人接到债权转让通知后，债权转让与行为对债务人就生效，债务人应对受让人履行义务。

但下列情形的合同权利，债权人不得转让。

（1）根据合同性质不得转让。

根据当事人之间信任关系而发生的债权。如委托合同中，受托人基于对委托人的信任，愿意接受委托，债权人不得任意将请求实施委托事务的权利转让给他人。因债权目的的达成须对特定债权人为给付之债权，如扶养请求权、慰抚金请求权等。合同内容中包括了针对特定当事人的不作为义务。如合同约定了一方承担竞业禁止义务，另一方不得将请求承担该不作为义务的权利转让给他人。

（2）根据当事人约定不得转让。

当事人在订立合同时，可以对权利的转让作出特别的约定，禁止债权人将权利转让给第三人。当事人约定非金钱债权不得转让的，不得对抗善意第三人，如果一方当事人违反约定，将合同权利转让给善意第三人，则善意第三人可以取得该项权利。当事人约定金钱债权不得转让的，不得对抗第三人。

（3）依照法律规定不得转让。

3. 合同权利转让的效力

合同权利全部转让的，原合同关系消灭，受让人取代原债权人的地位，成为新的债权人，原债权人脱离合同关系。合同权利部分转让的，受让人作为第三人加入到合同关系中，与原债权人共同享有债权。

（二）合同义务转移

债务人将合同的义务全部或者部分转移给第三人，应当经债权人同意，否则债务人转移合同义务的行为对债权人不发生效力，债权人有权拒绝第三人向其履行，同时有权要求债务人履行义务并承担不履行或迟延履行义务的法律责任。

债务人或者第三人可以催告债权人在合理期限内予以同意，债权人未作表示的，视为不同意。

第三人与债务人约定加入债务并通知债权人，或者第三人向债权人表示愿意加入债务，债权人未在合理期限内明确拒绝的，债权人可以请求第三人在其愿意承担的债务范围内和债务人承担连带债务。

合同义务转移的法律后果：①新债务人成为合同一方当事人，如不履行或不适当履行合同义务，债权人可以向其请求履行债务或承担违约责任。②债务人转移义务的，新债务人可以主张原债务人对债权人的抗辩。但原债务人对债权人享有债权的，新债务人不得向债权人主张抵销。③从属于主债务的从债务，随主债务的转移而转移，但该从债务专属于原债务人自身的除外。④第三人向债权人提供的担保，若担保人未明确表示继续承担担保责任，则担保责任因债务转移而消灭。

（三）合同权利义务的一并转让

合同关系的一方当事人将权利和义务一并转让时，除了应当征得抵押当事人的同意外，还应当遵守有关转让权利和义务的规定。

（四）法人或其他组织合并或分立后债权债务关系的处理

当事人订立合同后合并的，由合并后的法人或者其他组织行使合同权利，履行合同义务。当事人订立合同后分立的，除债权人和债务人另有约定的以外，由分立的法人或者其他组织对合同的权利和义务享有连带债权，承担连带债务。

三、合同的权利义务终止

合同权利义务终止是指依法生效的合同，因具备法定情形和当事人约定的情形，合同债权、债务归于消灭，债权人不再享有合同权利，债务人也不必可履行合同义务，合同当事人双方终止合同关系，合同的效力随之消灭。

合同权利义务终止的具体情形如下。

（一）债务已经按照约定履行

债务已经按照约定履行是指债务人按照约定的标的、质量、数量、价款或报酬、履行期限、履行地点和方式全面履行。

（二）合同解除

合同解除是指合同有效成立后，因主客观情况发生变化，使合同的履行成为不必要或不可能，根据双方当事人达成的协议或一方当事人的意思表示提前终止合同效力。合同解除有约定解除和法定解除两种情况。

1. 约定解除

当事人约定解除合同包括两种情况。

（1）协商解除。指合同生效后，未履行或未完全履行之前，当事人以解除合同为目的，经协商一致，订立一个解除原来合同的协议，使合同效力消灭的行为。

（2）约定解除权。解除权可以在订立合同时约定，也可以在履行合同的过程中约定，可以约定一方解除合同的权利，也可以约定双方解除合同的权利。

2. 法定解除

有下列情形之一的，当事人可以解除合同：①因不可抗力致使不能实现合同目的。只有不可抗力致使合同目的不能实现时，当事人才可以解除合同。②因预期违约解除合同。即在履行期限届满之前，当事人一方明确表示或者以自己的行为表明不履行主要债务的，对方当事人可以解除合同。③当事人一方迟延履行主要债务，经催告后在合理期限内仍未履行。④当事人一方迟延履行债务或者有其他违约行为致使不能实现合同目的。这种情形中的迟延履行因致使合同目的不能实现，债权人可不经催告直接解除合同。⑤法律规定的其他情形。

3. 解除权的行使及其效力

（1）解除权的行使。

法律规定或者当事人约定解除权行使期限，期限届满当事人不行使的，该权利消灭。

法律没有规定或者当事人没有约定解除权行使期限，自解除权人知道或者应当知道解除事由之日起一年内不行使，或者经对方催告后在合理期限内不行使的，该权利消灭。

当事人一方依法主张解除合同的，应当通知对方。合同自通知到达对方时解除。通知载明债务人在一定期限内不履行债务则合同自动解除，债务人在该期限内未履行债务的，合同自通知载明的期限届满时解除。对方对解除合同有异议的，任何一方当事人均可以请求人民法院或者仲裁机构确认解除行为的效力。

当事人一方未通知对方，直接以提起诉讼或者申请仲裁的方式依法主张解除合同，人民法院或者仲裁机构确认该主张的，合同自起诉状副本或者仲裁申请副本送达对方时解除。

(2) 解除权行使的效力。

合同解除后尚未履行的，终止履行；已经履行的，根据履行的情况和合同性质，当事人可以要求恢复原状、采取其他补救措施，并有权要求赔偿损失。合同的权利义务终止，不影响合同中结算和清理条款的效力。

合同因违约解除的，解除权人可以请求违约方承担违约责任，但是当事人另有约定的除外。

主合同解除后，担保人对债务人应当承担的民事责任仍应当承担担保责任，但是担保合同另有约定的除外。

(三) 抵销

抵销是指双方当事人互负债务时，一方通知对方以其债权充当债务的清偿或者双方协商以债权充当债务的清偿，使得双方的债务在对等额度内消灭的行为。抵销包括法定抵销和约定抵销。抵销具有简化交易程序、降低交易成本以及确保债权实现的作用。

1. 法定抵销

当事人互负债务，该债务的标的物种类、品质相同的，任何一方可以将自己的债务与对方的到期债务抵销，但根据债务性质、按照当事人约定或依照法律规定不得抵销的除外。

下列债务不得抵销。

(1) 按债务性质不能抵销。不作为债务、提供劳务的债务、与人身不可分离的债务。

(2) 按照约定应当向第三人给付的债务。

(3) 当事人约定不得抵销的债务。

(4) 因故意实施侵权行为产生的债务。这种债务是对被害人的赔偿，如允许抵销，则意味着可以用金钱补偿对债务人的人身和财产权利的任意侵犯，是有悖社会正义的。

(5) 法律规定不得抵销的其他情形。如法律禁止扣押和强制执行的债务。

2. 约定抵销

当事人互负债务，标的物种类、品质不相同的，经双方协商一致，也可以抵销。此种抵销即属经双方协商一致发生的约定抵销。

(四) 提存

1. 提存的概念

提存是指由于债权人的原因，债务人无法向其交付合同标的物而将该标的物交给提存机关，从而消灭债务的制度。

2. 提存的原因

有下列情形之一，难以履行债务的，债务人可以将标的物提存。

(1) 债权人无正当理由拒绝受领。例如，在仓储合同中，存储期届满，仓单持有人不提取仓储物，保管人催告其在合理期限内提取货物后，逾期仍不提取的，保管人可以提存该货物。

(2) 债权人下落不明。此类情形包括债权人失踪，其财产尚无人代管、债权人不清、地址不详、无法查找等。

(3) 债权人死亡未确定继承人、遗产管理人或者丧失民事行为能力未确定监护人。此时债权人的财产没有合法的管理人，债务人无法交付。

(4) 法律规定的其他情形。

3. **提存的法律效力**

标的物提存后，除债权人下落不明的以外，债务人应当及时通知债权人或者债权人的继承人、遗产管理人、监护人、财产代管人。标的物不适于提存或者提存费用过高的，债务人依法可以拍卖或者变卖标的物，提存所得的价款。

（五）免除

债务即使同归于一人，债权也不消灭，否则将损害质权人的利益。

债务的免除是指权利人放弃自己的全部或部分权利，从而使合同义务减轻或使合同终止的一种形式。债权人免除债务人部分或者全部债务的，合同的权利义务部分或者全部终止，但是债务人在合理期限内拒绝的除外。免除债权，债权的从权利如从属于债权的担保权利、利息权利、违约金请求权等也随之消灭。

（六）混同

混同，即债权债务同归于一人。例如由于甲、乙两企业合并，甲、乙企业之间原先订立的合同中的权利义务同归于合并后的企业，债权债务关系自然终止。《民法典》第五百七十六条规定："债权和债务同归于一人的，债权债务终止，但是损害第三人利益的除外。"如债权为他人权利质押的标的，债权除外，"法律另有规定的"，债权债务不因混同而消灭。如《票据法》规定，票据未到期前依背书转让的，票据上债权债务即使同归于一人，票据仍可流通，票据上的债权债务不消灭。

（七）法律规定或者当事人约定终止的其他情形

四、合同权利义务终止的法律后果

（一）负债字据的返还

负债字据是债权债务关系的证明，债权人应当在合同关系消灭后，将负债字据返还债务人。

（二）在合同当事人之间发生的合同义务

债权债务终止后，当事人应当遵循诚信等原则，根据交易习惯履行通知、协助、保密、旧物回收等义务。

（三）合同中关于解决争议的方法、结算和清理条款的效力

合同无效、被撤销或者终止的，不影响合同中独立存在的有关解决争议方法的条款的效力。合同的权利义务终止，不影响合同中结算和清理条款的效力。

任务七　违约责任

违约责任即违反合同的民事责任，是指合同当事人一方或双方不履行合同义务或者履

行合同义务不符合约定时，依照法律规定或者合同约定所承担的法律责任。依法订立的有效合同对当事人双方来说，都具有法律约束力。如果不履行或者履行义务不符合约定，就要承担违约责任。

一、承担违约责任的形式

当事人一方不履行合同义务或者履行合同义务不符合约定的，应当承担继续履行、采取补救措施或者赔偿损失等违约责任。当事人一方明确表示或者以自己的行为表明不履行合同义务的，对方可以在履行期限届满之前要求其承担违约责任。

（一）继续履行

订立合同的目的是实现合同的约定，继续履行合同既是为了实现合同目的，又是一种违约责任。当事人一方未支付价款或者报酬的，对方可以要求其支付价款或者报酬。当事人一方不履行非金钱债务或者履行非金钱债务不符合约定的，对方可以要求履行，但有下列情形之一的除外：①法律上或者事实上不能履行；②债务的标的不适于强制履行或者履行费用过高，前者指以具有人身性质的劳务为债务的，后者指履行费用大大超过实际履行合同所能获得的利益；③债权人在合理期限内未请求履行。

有前述除外情形之一，致使不能实现合同目的的，人民法院或者仲裁机构可以根据当事人的请求终止合同权利义务关系，但是不影响违约责任的承担。

（二）采取补救措施

当事人一方履行合同义务不符合约定的，应当按照当事人的约定承担违约责任。受损害方可以根据受损害的性质以及损失的大小，合理选择要求对方适当履行，如采取修理、更换、重作、退货、减少价款或者报酬等措施，也可以选择解除合同、中止履行合同、通过提存履行债务、行使担保债权等补救措施。

（三）赔偿损失

赔偿损失，是指当事人一方不履行合同义务或者履行合同义务不符合约定而给对方造成损失的，依法或根据合同约定应承担赔偿对方当事人所受损失的责任。当事人一方不履行合同义务或者履行合同义务不符合约定的，在履行义务或者采取补救措施后，对方还有其他损失的，应当赔偿损失。当然，对方也可以不选择要求继续履行或采取补救措施，直接主张赔偿损失。损失赔偿额应当相当于因违约所造成的损失，包括合同履行后可以获得的利益，但不得超过违反合同一方订立合同时预见到或者应当预见到的因违反合同可能造成的损失。

当事人一方违约后，对方应当采取适当措施防止损失的扩大；没有采取适当措施致使损失扩大的，不得就扩大的损失要求赔偿。当事人因防止损失扩大而支出的合理费用，由违约方承担。

（四）支付违约金

为了保证合同的履行，合同当事人可以约定一方违约时应当根据情况向对方支付一定数额的违约金，也可以约定因违约产生的损失赔偿额的计算方法。与损失赔偿相比，违约金的支付可以避免损失赔偿方式在适用中经常遇到的计算损失范围和举证的困难。

合同违约方支付违约金不足以弥补非违约方遭受的损失的，非违约方仍然可以向违约方请求赔偿损失。但原则上，非违约方获得的赔偿应与其实际受到的损失大致相当，所以，《民法典》规定了如下的违约金调整情形。

(1) 约定的违约金低于造成的损失的，人民法院或者仲裁机构可以根据当事人的请求予以增加；约定的违约金过分高于造成的损失的，人民法院或者仲裁机构可以根据当事人的请求予以适当减少。

(2) 约定的违约金过分高于造成的损失的，当事人可以请求人民法院或者仲裁机构予以适当减少。当事人主张约定的违约金过高请求予以适当减少的，人民法院应当以实际损失为基础，兼顾合同的履行情况、当事人的过错程度以及预期利益等综合因素，根据公平原则和诚实信用原则予以衡量，并作出裁决。当事人约定的违约金超过造成损失 30%的，一般可以认定为“过分高于造成的损失”。

(3) 当事人就迟延履行约定违约金的，违约方支付违约金后，还应当履行债务。

(4) 在同一合同中，当事人既约定违约金，又约定定金的，一方违约时，对方可以选择适用违约金或者定金条款，即二者不能同时主张。买卖合同约定的定金不足以弥补一方违约造成的损失，对方可以请求赔偿超过定金部分的损失，但定金和损失赔偿的数额总和不应高于因违约造成的损失。

二、免责事由

(一) 法定事由

因不可抗力不能履行合同的，根据不可抗力的影响，部分或者全部免除责任，但法律另有规定的除外。当事人迟延履行后发生可抗力的，不能免除责任。

当事人一方因不可抗力不能履行合同的，应当及时通知对方不能履行或不能完全履行合同的情况和理由，并在合理期限内提供有关机关的证明，证明不可抗力及其影响当事人履行合同的具体情况。

(二) 免责条款

免责条款是指合同双方当事人在合同中约定，当出现一定的事由或条件时，可免除违约方的违约责任。

(三) 法律的特别规定

在法律有特别规定的情况下，可以免除当事人的违约责任。如《民法典》第八百三十二条规定：“承运人对运输过程中货物的毁损、灭失承担赔偿责任。但是，承运人证明货物的毁损、灭失是因不可抗力、货物本身的自然性质或者合理损耗以及托运人、收货人的过错造成的，不承担赔偿责任。”

任务八　主要合同

一、买卖合同

(一) 买卖合同概述

买卖合同是出卖人转移标的物的所有权于买受人，买受人支付价款的合同。转移买卖标的物的一方为出卖人，即卖方；受领买卖标的物、支付价款的一方是买受人，即买方。买卖合同是诺成、双务、有偿合同，可以是要式的，也可以是不要式的。

出卖人因未取得所有权或者处分权致使标的物所有权不能转移，买受人可以解除合同并请求出卖人承担违约责任。

（二）买卖合同的标的物

出卖的标的物，应当属于出卖人所有或者出卖人有权处分。

1. 标的物交付和所有权转移

（1）标的物为动产的，所有权自标的物交付时起转移；标的物为不动产的，所有权自标的物登记时起转移。

（2）标的物为数物，其中一物不符合约定的，买受人可以就该物解除，但该物与他物分离使标的物的价值显受损害的，买受人可以就数物解除合同。

（3）出卖人分批交付标的物的，出卖人对其中一批标的物不交付或者交付不符合约定，致使该批标的物不能实现合同目的的，买受人可以就该批标的物解除。出卖人不交付其中一批标的物或者交付不符合约定，致使今后其他各批标的物的交付不能实现合同目的的，买受人可以就该批以及今后其他各批标的物解除。买受人如果就其中一批标的物解除，该批标的物与其他各批标的物相互依存的，可以就已经交付和未交付的各批标的物解除。

（4）标的物为无须以有形载体交付的电子信息产品，当事人对交付方式约定不明确，且依照法律规定仍不能确定的，买受人收到约定的电子信息产品或者权利凭证即为交付。

（5）买受人拒绝接收多交部分标的物的，可以代为保管多交部分标的物。买受人主张出卖人负担代为保管期间的合理费用的，人民法院应予支持。

买受人主张出卖人承担代为保管期间因买受人故意或者重大过失造成的损失的，人民法院应予支持。

（6）出卖人仅以增值税专用发票及税款抵扣资料证明其已履行交付标的物义务，买受人不认可的，出卖人应当提供其他证据证明交付标的物的事实。

合同约定或者当事人之间习惯以普通发票作为付款凭证，买受人以普通发票证明已经履行付款义务的，人民法院应予支持，但有相反证据足以推翻的除外。

（7）当事人对风险负担没有约定，标的物为种类物，出卖人未以装运单据、加盖标记、通知买受人等可识别的方式清楚地将标的物特定于买卖合同，买受人主张不负担标的物毁损、灭失的风险的，人民法院应予支持。

（8）因标的物质量不符合要求，致使不能实现合同目的的，买受人可以拒绝接受标的物或者解除合同。买受人拒绝接受标的物或者解除合同的，标的物毁损、灭失的风险由出卖人承担。买受人有确切证据证明第三人可能就标的物主张权利的，可以中止支付相应的价款，但出卖人提供适当担保的除外。

2. 标的物毁损、灭失风险的承担

3. 标的物检验

（1）当事人对标的物的检验期间未作约定，买受人签收的送货单、确认单等载明标的物数量、型号、规格的，推定买受人已对数量和外观瑕疵进行了检验，但有相反证据足以推翻的除外。

（2）出卖人依照买受人的指示向第三人交付标的物，出卖人和买受人之间约定的检验标准与买受人和第三人之间约定的检验标准不一致的，应当以出卖人和买受人之间约定的检验标准为标的物的检验标准。

（3）出卖人交付标的物后，买受人应对收到的标的物在约定的检验期间内检验。没有约定检验期间的，应当及时检验。当事人约定检验期间的，买受人应当在检验期间内将标的物的数量或者质量不符合约定的情形通知出卖人。买受人怠于通知的，视为标的物的数量或者质量符合约定。当事人没有约定检验期间的，买受人应当在发现或者应当发现标的物的数量或者质量不符合约定的合理期间内通知出卖人。买受人在合理期间内未通知或者自标的物收之日起 2 年内未通知出卖人的，视为标的物的数量或者质量符合约定。出卖人知道或者应当知道提供的标的物不符合约定的，买受人不受前述规定的通知时间的限制。

在上述“检验期间”“合理期间”“2 年期间”经过后，买受人主张标的物的数量或者质量不符合约定的，人民法院不予支持。

出卖人自愿承担违约责任后，又以上述期间经过为由反悔的，人民法院不予支持。

4. 有关买卖合同标的物的其他规定

(1) 出卖人就交付的标的物，负有保证第三人不得向买受人主张任何权利的义务，但买受人订立合同时知道或者应当知道第三人对买卖的标的物享有权利的，出卖人不承担该义务。

(2) 出卖具有知识产权的计算机软件等标的物的，除法律另有规定或者当事人另有约定的以外，该标的物的知识产权不属于买受人。

(3) 因标的物的主物不符合约定而解除合同的，解除合同的效力及于从物。因标的物的从物不符合约定被解除的，解除的效力不及于主物。

(三) 买卖双方当事人的权责

1. 出卖人的权责

(1) 出卖人应当履行向买受人交付标的物或者交付提取标的物的单证，并转移标的物所有权的义务。出卖人还应当按照约定或者交易习惯向受人交付提取标的物单证以外的有关单证和资料，主要应当包括保险单、保修单、普通发票、增值税专用发票、产品合格证、质量保证书、质量鉴定书、产品质量检验证书、产品进出口检疫书、原产地证明书、使用说明书、装箱单等。

(2) 出卖人应当按照约定的期限交付标的物。约定交付期间的，出卖人可以在该交付期间内的任何时间交付。没有约定标的物的交付期限或者约定不明确的，当事人可以协商达成补充协议；不能达成补充协议的，按照合同有关条款或交易习惯确定；如仍不能确定的，出卖人就可以随时履行，买受人也可以随时要求出卖人履行，但应当给对方必要的准备时间。

(3) 出卖人应当按照约定的地点交付标的物。当事人没有约定交付地点或者约定不明确，可以协商达成补充协议；不能达成补充协议的，按照合同有关条款或交易习惯确定。仍不能确定的，适用下列规定：①标的物需要运输的，出卖人应当将标的物交付给第一承运人以运交给买受人；②标的物不需要运输，出卖人和买受人订立合同时知道标的物在某一地点的，出卖人应当在该地点交付标的物；③不知道标的物在某一地点的，应当在出卖人订立合同时的营业地交付标的物。

(4) 出卖人应当按照约定的质量：要求交付标的物。当事人对标的物的质量要求没有约定或者约定不明确的，依照《民法典》有关规定执行。出卖人交付的标的物不符合质量要求的，买受人可以依照合同约定要求出卖人承担违约，违约责任没有约定或约定不明确，并不能达成补充协议或按有关条款或交易习惯约定的，买受人可以根据标的物的性质及损失的大小，合理选择要求对方承担修理、更换、重作、退货、减少价款或者报酬等违约责任。

(5) 出卖人应当按照约定的包装方式交付标的物。对包装方式没有约定或者约定不明确的，依照《民法典》第五百一十条的规定仍不能确定的，应当按照通用的方式包装，没有通用方式的，应当采取足以保护标的物且有利于节约资源、保护生态环境的包装方式。

（6）出卖人应保证标的物的价值或使用效果。买受人依约保留部分价款作为质量保证金，出卖人在质量保证期间未及时解决质量问题而影响标的物的价值或者使用效果，出卖人主张支付该部分价款的，人民法院不予支持。

（7）买受人在检验期间、质量保证期间、合理期间内提出质量异议的，出卖人未按要求予以修理或者因情况紧急，买受人自行或者通过第三人修理标的物后，主张出卖人负担因此发生的合理费用的，人民法院应予支持。

（8）出卖人没有履行或者不当履行从给付义务，致使买受人不能实现合同目的，买受人主张解除合同的，应予支持。

（9）合同约定减轻或者免除出卖人对标的物的瑕疵担保责任，但出卖人故意或者因重大过失不告知买受人标的物的瑕疵，出卖人无权主张减轻或者免除责任。

（10）买受人在缔约时知道或者应当知道标的物质量存在瑕疵，主张出卖人承担瑕疵担保责任的，人民法院不予支持，但买受人在缔约时不知道该瑕疵会导致标的物的基本效用显著降低的除外。

2. 买受人的权责

（1）买卖合同中买受人应当按照约定的数额和支付方式支付价款。对价款的数额和支付方式没有约定或者约定不明确的，适用《民法典》第五百一十条、第五百一十一条第二项和第三项的规定。出卖人多交标的物的，买受人可以接收或者拒绝接收多交的部分。买受人接收多交部分的，按照合同的价格支付价款；买受人拒绝接收多交部分的，应当及时通知出卖人。标的物在交付之前产生的孳息，归出卖人所有，交付之后产生的孳息，归买受人所有，但是，当事人另有约定的除外。

（2）买受人应当按照约定的地点支付价款。对支付地点没有约定或者约定不明确的，可以协议补充；不能达成补充协议的，买受人应当在出卖人的营业地支付，但约定支付价款以交付标的物或者交付提取标的物单证为条件的，在交付标的物或者交付提取标的物单证的所在地支付。

（3）买受人应当按照约定的时间支付价款。对支付时间没有约定或者约定不明确的，可以协议补充；不能达成协议的，买受人应当在收到标的物或者提取标的物单证的同时支付。

（4）分期付款的买受人未支付到期价款的金额达到全部价款的1/5，经催告后在合理期限内仍未支付到期价款的，出卖人可以请求买受人支付全部价款或者解除合同。出卖人解除合同的，可以向买受人请求支付该标的物的使用费。

（5）标的物质量不符合约定，买受人请求减少价款的，人民法院应予支持。当事人主张以符合约定的标的物和实际交付的标的物按交付时的市场价值计算差价的，人民法院应予支持。

价款已经支付，买受人主张返还减价后多出部分价款的，人民法院应予支持。

（四）所有权保留

所有权保留是指在移转财产所有权的交易中，根据法律的规定或者当事人的约定，财产所有人将标的物移转给对方当事人占有，但仍保留其对该财产的所有权，待对方当事人支付合同价款或完成特定条件时，该财产的所有权才发生移转的一种法律制度。

出卖人对标的物保留的所有权，未经登记，不得对抗善意第三人。

当事人约定出卖人保留合同标的物的所有权，在标的物所有权转移前，买受人有下列情形之一，造成出卖人损害的，除当事人另有约定外，出卖人有权取回标的物：①未按约定支付价款，经催告后在合理期限内仍未支付；②未按照约定完成特定条件；③将标的物出卖、出质或者作出其他不当处分。在将标的物出卖、出质或者作出其他不当处分的情形下，第三人依据《民法典》的规定已经善意取得标的物所有权或者其他物权，出卖人不得主张取回标的物。

取回的标的物价值显著减少，出卖人可以请求买受人赔偿损失。

出卖人依法取回标的物后，买受人在双方约定或者出卖人指定的合理回赎期限内，消除出卖人取回标的物的事由的，可以请求回赎标的物。

买受人在回赎期限内没有回赎标的物，出卖人可以以合理价格将标的物出卖给第三人，出卖所得价款扣除买受人未支付的价款以及必要费用后仍有剩余的，应当返还买受人；不足部分由买受人清偿。

（五）试用买卖

试用买卖的买受人在试用期内可以购买标的物，也可以拒绝购买。试用期限届满，买受人对是否购买标的物未作表示的，视为购买。

试用买卖的买受人在试用期内已经支付部分价款或者对标的物实施出卖、出租、设立担保物权等行为的，视为同意购买。

买卖合同存在下列约定内容之一的，不属于试用买卖：①约定标的物经过试用或者检验符合一定要求时，买受人应当购买标的物；②约定第三人经试验对标的物认可时，买受人应当购买标的物；③约定买受人在一定期间内可以调换标的物；④约定买受人在一定期间内可以退还标的物。

（六）商品房买卖合同

商品房买卖合同，是指房地产开发企业（出卖人）将尚未建成或者已竣工的房屋向社会销售并转移房屋所有权于买受人，买受人支付价款的合同，包括期房买卖合同和现房买卖合同。《最高人民法院关于审理商品房买卖合同纠纷案件适用法律若干问题的解释》对商品房买卖的相关问题做了规定。

1. 商品房销售广告的性质

商品房的销售广告和宣传资料为要约邀请，但是出卖人就商品房开发规划范围内的房屋及相关设施所作的说明和允诺具体确定，并对商品房买卖合同的订立及房屋价格的确定有重大影响的，应当视为要约。该说明和允诺即使未载入商品房买卖合同，亦应当视为合同内容，当事人违反的，应当承担违约责任。

2. 商品房预售合同的效力

出卖人预售商品房，必须申领商品房预售许可证明。出卖人未取得商品房预售许可证明，与买受人订立的商品房预售合同，应当认定无效，但是在起诉前取得商品房预售许可证明的，可以认定有效。

当事人以商品房预售合同未按照法律、行政法规规定办理登记备案手续为由，请求确认合同无效的，不予支持。当事人约定以办理登记备案手续为商品房预售合同生效条件的，从其约定，但当事人一方已经履行主要义务，对方接受的除外。

3. **被拆迁人的优先权**

拆迁人与被拆迁人按照所有权调换形式订立拆迁补偿安置协议，明确约定拆迁人以位置、用途特定的房屋对被拆迁人予以补偿安置，如果拆迁人将该补偿安置房屋另行出卖给第三人，被拆迁人请求优先取得补偿安置房屋的，应予支持。

4. **解除权的行使**

(1) 买受人因以下原因无法取得房屋，导致商品房买卖合同目的不能实现的，可以请求解除合同、返还已付购房款及利息、赔偿损失，并可以请求出卖人承担不超过已付购房款 1 倍的赔偿责任。第一，商品房买卖合同订立后，出卖人未告知买受人又将该房屋抵押给第三人；第二，商品房买卖合同订立后，出卖人又将该房屋出卖给第三人。

(2) 因房屋主体结构质量不合格不能交付使用，或者房屋交付使用后，房屋主体结构质量经核验确属不合格，买受人请求解除合同和赔偿损失的，应予支持。

(3) 因房屋质量问题严重影响正常居住使用，买受人请求解除合同和赔偿损失的，应予支持。

(4) 买受人因出卖人订立商品房买卖合同时具有以下情形，导致合同无效或者被撤销、解除的，可以请求返还已付购房款及利息，赔偿损失，并可以请求出卖人承担不超过已付购房款 1 倍的赔偿责任。第一，故意隐瞒没有取得商品房预售许可证明的事实或者提供虚假商品房预售许可证明；第二，故意隐瞒所售房屋已经抵押的事实；第三，故意隐瞒所售房屋已经出卖给第三人或者为拆迁补偿安置房屋的事实。

(5) 出卖人交付使用的房屋套内建筑面积或者建筑面积与商品房买卖合同约定面积不符，合同有约定的，按照约定处理；合同没有约定或者约定不明确的，按照以下原则处理：第一，面积误差比绝对值在 3%以内(含 3%)，按照合同约定的价格根据实际面积结算，买受人请求解除合同的，不予支持；第二，面积误差比绝对值超出 3%，买受人请求解除合同、返还已付购房款及利息的，应予支持。买受人同意继续履行合同，房屋实际面积大于合同约定面积的，面积误差比在 3%以内(含 3%)部分的房价款由买受人按照约定的价格补足，面积误差比超出 3%部分的房价款由出卖人承担，所有权归买受人；房屋实际面积小于合同约定面积的，面积误差比在 3%以内(含 3%)部分的房价款及利息由出卖人返还买受人，面积误差比超过 3%部分的房价款由出卖人双倍返还买受人。

(6) 出卖人迟延支付房屋或者买受人迟延支付购房款，经催告后在 3 个月的合理期限内仍未履行，当事人一方请示解除合同的，应予支持，但当事人另有约定的除外。

法律没有规定或者当事人没有约定，经对方当事人催告后，解除权行使的合理期限为 3 个月。对方当事人没有催告的，解除权应当在解除权发生之日起 1 年内行使；逾期不行使的，解除权消灭。

5. **商品房买卖中贷款合同的效力**

因当事人一方原因未能订立商品房担保贷款合同并导致商品房买卖合同不能继续履行的，对方当事人可以请求解除合同和赔偿损失。因不可归责于当事人双方的事由未能订立商品房担保贷款合同并导致商品房买卖合同不能继续履行的，当事人可以请求解除合同，出卖人应当将收受的购房款本金及其利息或者定金返还买受人。

因商品房买卖合同被确认无效或者被撤销、解除，致使商品房担保贷款合同的目的无法实现，当事人请求解除商品房担保贷款合同的，应予支持。出卖人应当将收受的购房贷款和购房款的本金及利息分别返还担保权人和买受人。

二、赠与合同

赠与合同是赠与人将自己的财产无偿给予受赠人，受赠人表示接受赠与的合同。

赠与合同是一种单务、无偿合同。在附义务的赠与中，赠与人负有将其财产给付受赠人的义务，受赠人按照合同约定负担某种义务，但受赠人所负担的义务并非赠与人所负义务的对价，双方的义务并不是对应的，赠与人不能以受赠人不履行义务为抗辩。

（一）当事人的权利义务

经过公证的赠与合同或者依法不得撤销的具有救灾、扶贫、助残等公益、道德义务性质的赠与合同，赠与人不交付赠与财产的，受赠人可以请求交付。

因赠与人故意或者重大过失致使应当交付的赠与的财产毁损、灭失的，赠与人应当承担损害赔偿责任。

赠与人在给付之前，可以任意撤销赠与；但对于已经给付或部分给付的，不得撤销。

另外，受赠人有下列法律规定的情形之一的，赠与人可以撤销赠与：①严重侵害赠与人或者赠与人近亲属的合法权益；②对赠与人有扶养义务而不履行；③不履行赠与合同约定的义务。

因受赠人的违法行为致使赠与人死亡或者丧失民事行为能力的，赠与人的继承人或者法定代理人可以。

（二）撤销赠与

赠与人的撤销权，自知道或者应当知道撤销事由之日起 1 年内行使。赠与人的继承人或者法定代理人撤销权，自知道或者应当知道撤销事由之日起 6 个月内行使。撤销权人撤销赠与的，可以向受赠人要求返还赠与的财产。

三、借款合同

借款合同是借款人向贷款人借款，到期返还借款并支付利息的合同。

借款合同采用书面形式，但自然人之间借款另有约定的除外。

自然人之间的借款合同，自贷款人提供借款时成立。

（一）当事人的权利义务

订立借款合同，借款人应当按照贷款人的要求提供与借款有关的业务活动和财务状况的真实情况以及相应的担保，并应当按照约定向贷款人定期提供有关财务会计报表等资料。贷款人按照约定可以检查、监督借款的使用情况。借款人未按照约定的借款用途使用借款的，贷款人可以停止发放借款，提前收回借款或者解除合同。

贷款人未按照约定的日期、数额提供借款，造成借款人损失的，应当赔偿损失。借款人未按照约定的日期、数额收取借款的，应当按照约定的日期、数额支付利息。

借款人应当按照约定的期限返还借款。对借款期限没有约定或者约定不明确时，当事人可以协议补充；不能达成补充协议的，借款人可以随时返还，贷款人也可以催告借款人在合理期限内返还。借款人可以在还款期限届满之前向贷款人申请展期，贷款人同意的，可以展期。

（二）借款利息的规定

1. 借款利息不得预先扣除

借款的利息不得预先在本金中扣除。利息预先在本金中扣除的，应当按照实际借款数额返还借款并计算利息。

2. 借款利息的确定

（1）禁止高利放贷，借款的利率不得违反国家有关规定，借款合同对支付利息没有约定的，视为没有利息。借款合同对支付利息约定不明确，当事人不能达成补充协议的，按照当地或者当事人的交易方式、交易习惯、市场利率等因素确定利息；自然人之间借款的，视为没有利息。

（2）出借人请求借款人按照合同约定利率支付利息的，人民法院应予支持，但是双方约定的利率超过合同成立时一年期贷款市场报价利率四倍的除外。一年期贷款市场报价利率，是指中国人民银行授权全国银行间同业拆借中心自 2019 年 8 月 20 日起每月发布的一年期贷款市场报价利率(LPR)。

（3）借贷双方对逾期利率有约定的，从其约定，但是以不超过合同成立时一年期贷款市场报价利率四倍为限。未约定逾期利率或者约定不明的，人民法院可以区分不同情况处理：①既未约定借期内利率，也未约定逾期利率，出借人主张借款人自逾期还款之日起承担逾期还款违约责任的，人民法院应予支持；②约定了借期内利率但是未约定逾期利率，出借人主张借款人自逾期还款之日起按照借期内利率支付资金占用期间利息的，人民法院应予支持。

（4）出借人与借款人既约定了逾期利率，又约定了违约金或者其他费用，出借人可以选择主张逾期利息、违约金或者其他费用，也可以一并主张，但是总计超过合同成立时一年期贷款市场报价利率四倍的部分，人民法院不予支持。

3. 利息支付期限

借款人应当按照约定的期限支付利息。借款人未按照约定的期限返还借款的，应当按照约定或者国家有关规定支付逾期利息。在借款人未按照约定的日期、数额收取借款的情况下，仍应当按照约定的日期、数额支付利息。借款人提前偿还借款的，除当事人另有约定的以外，应当按照实际借款的期间计算利息。

对支付利息的期限没有约定或者约定不明确的，当事人可以协议补充；不能达成补充协议时，借款期间不满 1 年的，应当在返还借款时一并支付；借款期间 1 年以上的，应当在每届满 1 年时支付，剩余期间不满 1 年的，应当在返还借款时一并支付。

四、租赁合同

（一）租赁合同概述

租赁合同是出租人将租赁物交付承租人使用、收益，承租人支付租金的合同。

租赁合同中租赁期限为 6 个月以上的，应当采用书面形式。当事人未采用书面形式无法确定租赁期限的，视为不定期租赁。

租赁期限不得超过 20 年。超过 20 年的，超过部分无效。租赁期间届满，当事人可以续订租赁合同，但约定的租赁期限自续订之日起不得超过 20 年。

当事人对租赁期限没有约定或者约定不明确，可以协议补充，不能达成补充协议的，按照合同有关条款或者交易习惯确定，仍不能确定的，视为不定期租赁。对于不定期租赁，当事人可以随时解除合同，但是应当在合理期限之前通知对方。

（二）当事人的权利义务

1. 租赁物的交付及维修

出租人应当按照约定将租赁物交付承租人，并在租赁期间保持租赁物符合约定的用途。

出租人应当履行租赁物的维修义务，但当事人另有约定的除外。承租人在租赁物需要维修时可以要求出租人在合理期限内维修。出租人未履行维修义务的，承租人可以自行维修，维修费用由出租人负担。因维修租赁物影响承租人使用的，应当相应减少租金或者延长租期。因承租人的过错致使租赁物需要维修的，出租人不承担前款规定的维修义务。

租赁物危及承租人的安全或者健康的，即使承租人订立合同时明知该租赁物质量不合格，承租人仍然可以随时解除合同。

2. 租赁物的使用、收益

承租人应当按照约定的方法或按照租赁物的性质使用租赁物，并应当妥善保管租赁物，如因保管不善造成租赁物毁损、灭失的，应当承担损害赔偿责任。承租人经出租人同意，可以对租赁承租人恢复原状或赔偿损失。

在租赁期间因占有、使用租赁物获得的收益，归承租人所有，但当事人另有约定的除外。

租赁物在租赁期间发生所有权变动的，不影响租赁合同的效力。

3. 租金的支付

承租人应当按照约定的期限支付租金。对支付期限没有约定或约定不明确的，可以协议补充，不能达成补充协议的，按照合同有关条款或者交易习惯确定。仍不能确定的，租赁期间不满 1 年的，应当在租赁期间届满时支付；租赁期间 1 年以上的，应当在每届满 1 年时支付，剩余期间不满 1 年的，应当在租赁期间届满时支付。

承租人无正当理由未支付或者迟延支付租金的，出租人可以要求承租人在合理期限内支付，承租人逾期不支付的，出租人可以解除合同。

因不可归责于承租人的事由，致使租赁物部分或者全部毁损、灭失的，承租人以要求减少租金或者不支付租金；因租赁物部分或者全部毁损、灭失，致使不能实现合同目的的，承租人可以解除合同。

4. 转租

承租人经出租人同意，可以将租赁物转租给第三人，在这种情况下，承租人与出租人之间的租赁合同继续有效，第三人对租赁物造成损失的，承租人应当赔偿损失。承租人未经出租人同意转租的，出租人可以解除合同。出租人知道或者应当知道承租人转租，但是在 6 个月内未提出异议的，视为出租人同意转租。

5. 租赁物的返还

租赁期间届满，承租人应当返还租赁物。返还的租赁物应当符合按照约定或者租赁物的性质使用后的状态。承租人继续使用租赁物，出租人没有提出异议的，原租赁合同继续有效，但租赁期限为不定期。租赁期限届满，房屋承租人享有以同等条件优先承租的权利。

（三）房屋租赁合同

房屋租赁合同是指以房屋为租赁标的物的租赁合同。

1. 房屋租赁合同的效力

（1）房屋租赁合同效力的特别规定。

① 出租人就未取得建设工程规划许可证或未按照建设工程规划许可证的规定建设的房屋，与承租人订立的租赁合同无效。但在一审法庭辩论终结前取得建设工程规划许可证或者经主管部门批准建设的，人民法院应当认定有效。

② 出租人就未经批准或者未按照批准内容建设的临时建筑，与承租人订立的租赁合同

无效。但在一审法庭辩论终结前经主管部门批准建设的，人民法院应当认定有效。

③ 租赁期限超过临时建筑的使用期限，超过部分无效。但在一审法庭辩论终结前经主管部门批准延长使用期限的，人民法院应当认定延长使用期限内的租赁期间有效。

④ 当事人以房屋租赁合同未按照法律、行政法规规定办理登记备案手续为由，请求确认合同无效的，人民法院不予支持。

当事人约定以办理登记备案手续为房屋租赁合同生效条件的，从其约定。但当事人一方已经履行主要义务，对方接受的除外。

(2) “一房数租”的处理。

出租人就同一房屋订立数份租赁合同，在合同均有效的情况下，承租人均主张履行合同的，人民法院按照下列顺序确定履行合同的承租人：①已经合法占有租赁房屋的；②已经办理登记备案手续的；③合同成立在先的。

(3) 房屋租赁合同无效的法律后果。

房屋租赁合同无效，当事人请求参照合同约定的租金标准支付房屋占有使用费的，人民法院一般应予支持。

2. 房屋租赁合同的解除

发生下列情形之一，导致租赁房屋无法使用，承租人请求解除合同的，人民法院应予支持：①租赁房屋被司法机关或者行政机关依法查封的；②租赁房屋权属有争议的；③租赁房屋具有违反法律行政法规关于房屋使用条件强制性规定情况的。

3. 承租人的优先权

出租人出卖出租房屋的，应当在出卖之前的合理期限内通知承租人，承租人享有以同等条件优先购买的权利。但租赁房屋具有下列情形或者当事人另有约定的除外：①房屋在出租前设立抵押权，因抵押权人实现抵押权发生所有权变动的；②房屋在出租前已被人民法院依法查封的，人民法院应予支持。

(1) 出租人出卖租赁房屋未在合理期限内通知承租人或者存在其他侵害承租人优先购买的情形，承租人可以请求出租人承担赔偿责任的。但是，出租人与第三人订立了房屋买卖合同的效力不受影响。

(2) 租赁房屋在租赁期间发生所有权变动，承租人请求房屋受让人继续履行原租赁合同的。

(3) 出租人出卖租赁房屋的，应当在出卖之前的合理期限内通知承租人，承租人享有以同等条件优先购买的权利；但是，房屋按份共有人行使优先购买权或者出租人将房屋出卖给近亲属的除外。近亲属包括配偶、父母、子女、兄弟姐妹、祖父母、外祖父母、孙子女、外孙子女。出租人履行通知义务后，承租人在15日内未明确表示购买的，视为承租人放弃优先购买权。出租人委托拍卖人拍卖租赁房屋的，应当在拍卖5日前通知承租人。承租人未参加拍卖的，视为放弃优先购买权。

【网上查阅】

融资租赁合同、承揽合同、建设工程合同。

【知识拓展】

《最高人民法院关于适用〈中华人民共和国民法典〉合同编通则若干问题的解释》已于

2023 年 5 月 23 日由最高人民法院审判委员会第 1889 次会议通过，现予公布，自 2023 年 12 月 5 日起施行。

扫一扫

【温故而知新】

一、单选题

1. 下列属于要约的是(　　)。

A. 某股份公司的招股说明书

B. 某公司在电视台播放的售房广告，但称“价格面议”

C. 某出租车未打开顶灯，在马路上行驶

D. 某处于运营中的自动售货机，投入一元硬币，自动送出一杯可乐

2. 商业广告，是否被视为要约，下列表述哪一项最为准确？(　　)

A. 视为要约　　B. 任何情况下均视为要约邀请

C. 其内容符合要约规定，视为要约　　D. 视为承诺

3. 采用数据电文形式订立合同，收件人指定计算机系统接收数据电文的，何时视为要约到达受要约人的时间？(　　)

A. 该数据电文进入该特定系统的时间　　B. 该数据电文为收件人第一次阅读的时间

C. 该数据电文为发件人发送完毕的时间　D. 该数据电文为收件人接收的首次时间

4. 甲、乙二人订立一水稻购销合同，但对水稻质量未约定，合同订立后，买方乙要求重新协商水稻质量，甲未同意，则本合同的效力如何？(　　)

A. 本合同无效

B. 本合同可撤销

C. 本合同有效，甲提供的水稻没有质量要求

D. 本合同有效，甲、乙二人可按合同有关条款或交易习惯确定水稻质量要求

5. 甲商场向乙企业发出采购 100 台电冰箱的要约，乙于 5 月 1 日寄出承诺信件，5 月 8 日信件寄至甲商场，时逢其总经理外出，5 月 9 日总经理知悉了该信内容，遂于 5 月 10 日电传告知乙收到承诺。该承诺何时生效？(　　)

A. 5 月 1 日　　B. 5 月 8 日　　C. 5 月 9 日　　D. 5 月 10 日

6. 某电信公司甲通过广告称其有 10 部新型手机，每部 999 元，广告有效期 3 周，销售公司乙于广告发出后第 3 天带款去甲处买手机，但甲的手机已售完，现无货可供，依合同法，关于本案的下列说法错误的是哪些选项？(　　)

A. 甲发布本案的行为构成要约，乙的行为构成承诺，甲应承担违约责任

B. 甲发布广告的行为构成承诺，甲应补偿乙实际支出的费用损失

C. 甲发布广告的行为构成要约，但乙的行为不构成承诺，甲不承担民事责任

D. 甲发布广告的行为不构成要约，乙的行为不构成承诺，甲不承担民事责任

7. 甲公司于2月5日以普通信件向乙公司发出要约，要约中表示以2 000元一吨的价格卖给乙公司某种型号钢材100吨，甲公司随即又发了一封快件给乙公司，表示原要约中的价格作废，现改为2 100元一吨，其他条件不变。普通信件2月8日到达，快信2月7日到达，乙公司两封信均已收到，但秘书忘了把第二封信交给董事长，乙公司董事长回信对普通信件发出的要约予以承诺。请问，甲、乙之间的合同是否成立，为什么？（　　）

A. 合同未成立，原要约被撤回　　B. 合同未成立，原要约被新要约撤回

C. 合同成立，快件的意思表示未生效　　D. 合同成立，要约与承诺的一致

8. 在以招标方式订立合同时，下述哪种行为属于承诺性质？

A. 招标　　B. 投标　　C. 开标　　D. 决标

9. 2020年9月1日向宝宝公司开出信用证，但宝宝公司以信用证上注明的价格条件不能接受为由拒绝发货。依照法律，下列有关该案的表述中正确的是：（　　）。

A. 买卖合同不成立，宝宝公司有权拒绝发货

B. 买卖合同不成立，宝宝公司有权拒绝发货，但应补偿华宝公司相应的损失

C. 买卖合同已成立，宝宝公司应履行合同

D. 买卖合同已成立，但因未发生实际损失，故宝宝公司不承担法律责任

10. 采用格式条款订立的合同，对格式条款有两种以上解释的，应当如何办理？（　　）。

A. 作出不利于提供格式条款一方的解释　B. 作出不利于接受格式条款一方的解释

C. 由双方协商，确定一致的解释　　D. 由人民法院或仲裁机构解释

二、多选题

1. 要约发出以后，遇有下列情况之一时，即不发生效力，或消灭其效力（　　）。

A. 要约被撤回　　B. 要约被拒绝

C. 要约的有效期限届满　　D. 要约人丧失民事行为能力

2. 要约邀请是希望他人向自己发出要约的意思表示。（　　）为要约邀请。

A. 寄送的价目表　　B. 拍卖公告、招标公告、招股说明书

C. 投标邀请书　　D. 悬赏广告

3. 关于合同的书面表示，下列说法准确的是哪几项？（　　）

A. 法律、法规规定应采用书面形式的，从其规定

B. 当事人约定采用书面形式的，从其约定

C. 以书面形式订立的合同，自双方当事人签字或盖章时合同成立

D. 应采用书面形式订立的合同，当事人未采用书面形式但一方已履行主要义务，对方接受的，该合同成立

4. 下列哪些情况不是承诺？（　　）

A. 受要约人向要约人以外的第三人作出的接受要约的意思表示

B. 拍卖人的拍定

C. 受要约人在承诺期限届满后作出的与要约内容完全一致的答复

D. 甲给乙去函，提出以单价580元出售自行车200辆，乙提出，如单价510元，购买200辆的答复

5. 某运输公司在与客户签订运输合同时提供了一份格式合同，该格式合同运输方式为仓对仓运输。双方按此格式合同订约后，在履行中发生争议。运输公司认为仓对仓是指客户自己所有的仓库到所要运达的仓库，客户认为仓对仓是指货物所在的仓库到所要运达的

仓库。下列说法不正确的是(　　)。

A. 应以客户的理解为准

B. 应以运输公司的理解为准

C. 或者以客户的理解为准，或者以运输公司的理解为准

D. 究竟以谁的解释为准，依抓阄决定

6. 甲方于 5 月 8 日向乙方发出一项要约，该要约于 5 月 12 日到达乙方。甲方在发出要约后不久反悔，决定撤回要约。则撤回要约的通知符合下面哪种情况，要约不发生效力？(　　)

A. 早于 5 月 12 日到达乙方　　B. 晚于 5 月 12 日到达乙方

C. 在撤回要约通知发出之日　　D. 于 5 月 12 日到达乙方

7. 合同中的条款具有下列哪些情形，该条款无效？(　　)

A. 免除一方造成对方人身损害的赔偿责任的

B. 免除一方的违约责任的

C. 免除一方因故意，给对方造成财产损失的赔偿责任的

D. 免除一方因过失给对方造成财产损失的赔偿责任的

8. 下列哪些情形下，要约失效？(　　)

A. 要约人依法撤销要约

B. 承诺期限届满，受要约人未进行承诺

C. 受要约人对要约的内容作实质性修改

D. 拒绝要约的通知到达要约人

9. 甲邀请乙至咖啡馆商谈合建房屋，甲于席间提出要约。乙在离席前未作同意的表示。次日，乙为承诺。该合同成立与否？(　　)

A. 承诺有效　　B. 承诺无效

C. 合同成立　　D. 合同尚未成立

10. 合同承诺可因承诺人撤回而丧失效力，以下情况能发生撤回效力的是哪些？(　　)

A. 撤回的通知与承诺同时到达相对人

B. 撤回的通知先于承诺到达相对人

C. 撤回的通知在承诺到达后到达相对人

D. 撤回的通知虽在承诺之后到达，要约人未向承诺人发出迟到之通知的

11. 下列选项中，哪些属于对要约内容的实质性变更？(　　)

A. 有关合同标的的变更　　B. 对数量和质量的变更

C. 履行期限的变更　　D. 履行方式的变更

12. 北京甲公司与南京乙公司订立了一份书面合同，甲公司签字、盖章后以邮寄方式发往乙公司签字盖章。下列有关该合同成立的说法哪些是错误的？(　　)

A. 甲公司与乙公司口头协商一致并签订备忘录时合同成立

B. 甲公司在合同上签字盖章时合同成立

C. 在乙公司也签字盖章时合同成立

D. 自甲公司签字盖章后交付邮寄时合同成立

13. 下列哪些合同必须采用书面形式订立合同才成立？(　　)

A. 建设工程合同　　　　B. 融资租赁合同

C. 土地使用权抵押合同　　　　D. 买卖合同

14. 甲厂向乙厂发出信函，表示愿意以 5 万元购买设备一台，乙厂回复：现有存货，但是出卖价格为 6 万元；甲厂又回函：价格若为 5.5 万元，即购进该设备。乙厂又复函：最低报价为 5.8 万元，如果在收到该报价一个月内没有复函即供货。一个月后乙厂未收到甲厂的复函，就把设备发送给甲厂。对此，下列表述正确的是：(　　)。

A. 甲厂未在一个月内回复，其默视同意该价格，故合同成立

B. 甲厂回函愿以 5.5 万元的价格购进该设备为反要约

C. 乙厂的最后报价为要约，甲厂没有承诺的义务，甲乙之间的买卖合同不成立

D. 双方之间有误解可以撤销合同

15. 下列合同须登记才生效的有(　　)。

A. 专利申请权转让合同　　　　B. 专利权转让合同

C. 商标许可使用合同　　　　D. 房屋租赁合同

16. 甲公司向乙公司发出一封函件，称：我公司现有大量优质钢材，价格便宜，欲购请从速。乙公司因急需钢材，回复称：请于一周内发 A 型号钢材 10 吨，以市价结算。一周后甲公司未能发货，乙公司可以起诉至人民法院，下列说法正确的是：(　　)。

A. 甲公司向乙公司发出的函件为要约邀请

B. 甲乙公司之间的合同没有成立

C. 甲公司向乙公司发出一封函件为要约

D. 甲乙公司之间的合同成立

17. 甲玉器店将普通玉器谎称为珍贵翡翠以 5 000 元的价格卖给乙一个挂件，后乙发现问题，找到甲玉器店要求退货，双方争执 1 年半之久，乙向人民法院起诉，乙的下列哪些主张可以得到支持：(　　)。

A. 以欺诈为由，要求撤销该买卖合同

B. 以重大误解为由，要求撤销该买卖合同

C. 主张解除合同

D. 要求玉器店双倍返还价款

三、不定项选择题

甲、乙两人互发 E-Mail 协商洽谈合同，5 月 30 日甲称："我有笔记本电脑一台，配置为…，九成新，8 000 元欲出手，"6 月 1 日乙回电称："东西不错，7 800 元可要。"甲于 6 月 2 日回复："可以，6 月 7 日到我这儿来。"乙于 6 月 4 日回电："同意"，甲于当日收到。上述 E-Mail 为甲乙二人分别在 A 地、B 地所发，甲的经常居住地为 C 地，乙的经常居住地为 D 地。6 月 7 日乙到甲处取电脑，发现甲的电脑运行速度明显比正常的慢，比约定的标准差得多，自己无法使用，便拒绝接受，甲遂降低价格，以 3 000 元出手，乙同意并取走电脑，此时乙尚未付款。请回答第 1~5 题。

1. 甲乙互发的电子邮件中，属于要约的有：(　　)。

A. 5 月 30 日甲的邮件　　　　B. 6 月 1 日乙的回电

C. 6 月 2 日甲的回复　　　　D. 6 月 4 日乙的回电

2. 本案中合同成立的地点为：(　　)。

A. A 地　　B. B 地　　C. C 地　　D. D 地

3. 设乙在回家的路上碰到昔日的同学丙，丙正急需一台笔记本电脑而苦于无处购买，乙即将该电脑卖给丙，并约定由丙向甲付款。丙届时未付款。则以下表述正确的是：(　　)。

A. 乙无权处分，丙也知情，如甲不予追认并想收回电脑，可直接向丙索要

B. 丙届时未按约付款，应向甲承担违约责任

C. 丙届时未付款，应由乙向甲承担违约责任

D. 甲乙是一个买卖关系，乙与丙是另一个买卖关系，丙只能向乙付款，乙再向甲付款

4. 设甲的电脑上本染有病毒，但甲不知情。乙问有无病毒是否需要杀毒时，甲说使用多年从未感染过病毒。结果乙在使用时病毒发作，硬盘被锁死，整台电脑报废。则下列对于损失承担的说法中正确的是：(　　)。

A. 由于甲交付的标的物质量符合双方事前约定，甲不应承担损害赔偿责任

B. 由于甲过于自信电脑上没有病毒，主观上有过失，基于该过失其应承担损害赔偿责任

C. 由于甲并不知情且多年未感染过病毒，应认定主观上没有过失，不应承担损害赔偿责任

D. 无论质量符不符合约定，主观上有无过失，甲都应承担瑕疵担保责任，赔偿乙的损失

5. 设本案中乙是某高校大一学生，缺少资金，甲乙约定分 5 期付款，每期 600 元，于每月月底支付。乙如约支付了 4 期，但最后 1 期未能支付，甲多次催告乙仍无力支付。则甲：(　　)。

A. 可以解除合同

B. 可以退回货款，收回电脑，并要求乙支付几个月的电脑使用费

C. 可以要求乙支付违约金和滞纳金，但不能解除合同

D. 以上说法都不对

模块二

拓 展 模 块

项目一　工业产权法律制度

【任务目标】

1. 理解知识产权的概念与特征。
2. 了解专利权的主体；专利权的客体；掌握授予专利权的条件和专利权的保护。
3. 了解商标的概念及其特征、商标的分类、商标权。
4. 理解商标注册的申请和审查核准和商标注册的续展、转让、使用许可和争议裁定。
5. 掌握商标使用的管理和注册商标专用权的保护。

任务一　知识产权的基本理论

一、知识产权的概念和特征

（一）知识产权的概念

知识产权是指智力成果的创造人对所创造的智力成果和工商活动的行为人对所拥有的标记依法所享有的权利的总称。

（二）知识产权的特征

知识产权是一种与物权、债权并列的独立的民事权利，其具有如下特征：

（1）知识产权的无形性。知识产权客体的非物质性，是知识产权的本质属性，这是其与其他有形财产所有权最根本的区别。

（2）知识产权的法定性。知识产权的范围和产生由法律规定。

（3）知识产权的专有性。专有性即排他性。知识产权的专有性主要体现在两个方面：一是知识产权为权利人所独占，权利人垄断这种专有权并受到严格保护，没有法律规定或未经权利人许可，任何人不得使用权利人的知识产品；二是对同一项知识产品，不允许有两个或两个以上的主体同时对同一属性的知识产品享有权利（可以共同享有，不能分别享有）。

（4）知识产权的地域性。知识产权效力仅限于本国境内。按照一国法律获得承认和保护的知识产权，只能在该国发生法律效力。

（5）知识产权的时间性。知识产权只有在法律规定的期限内受到保护，一旦超过法律规定的有效期限，这一权利就自行消灭。

二、知识产权的范围和分类

知识产权包括工业产权，工业产权包括专利权与商标权。

三、知识产权法的概念和调整对象

知识产权法，是指调整在创造、利用智力成果和商业标记过程中所产生的各种权利义务关系的法律规范的总称。

任务二　专利法律制度

一、专利制度的基本理论

（一）专利权的概念

专利权是指专利权人在法定期限内对其发明创造成果享有的专有权利，是国家专利行政部门授予发明人或申请人生产经营其发明创造并禁止他人生产经营其发明创造的某种特权，是对发明创造的独占的排他权。

（二）专利法的概念及其调整对象

专利法是指调整因发明创造的开发、实施及其保护等发生的各种社会关系的法律规范的总称。

二、专利权的主体

专利权的主体是指具体参加特定的专利权法律关系并享有专利权的人。发明人或者设计人、职务发明创造的单位、外国人和外国企业或者外国其他组织都可以成为专利权的主体。

（一）发明人或者设计人

《专利法》所称发明人或者设计人，是指对发明创造的实质性特点作出创造性贡献的人。在完成发明创造过程中，只负责组织工作的人、为物质技术条件的利用提供方便的人或者从事其他辅助工作的人，不是发明人或者设计人。

（1）发明人或者设计人一般具有以下特征。

① 发明人或者设计人为自然人。

② 发明人或者设计人的认定不受其民事行为能力的限制。

③ 发明人或者设计人必须是对发明创造的实质性特点作出创造性贡献的人。

（2）专利申请人是指有资格就发明创造向专利行政部门申请专利的人或者是已经向专利行政部门提出专利申请的自然人或法人。

① 专利申请人可以是发明人、设计人，也可以不是发明人、设计人。

② 职务发明创造的单位，发明创造的受让人、发明人或者设计人的合法继承人，都可以成为专利申请人。

（二）职务发明创造的单位

职务发明创造是指发明人或者设计人执行本单位的任务，或者主要是利用本单位的物质技术条件所完成的发明创造。凡是不能被证明为职务发明创造的，均为非职务发明创造。

（1）凡符合下列条件之一的，均属于职务发明创造。

① 在本职工作中作出的发明创造。

② 履行本单位交付的本职工作之外的任务所作出的发明创造。

③ 退职、退休或者调动工作后 1 年内作出的，与其在原单位承担的本职工作或者原单位分配的任务有关的发明创造。

④ 主要利用本单位的物质技术条件完成的发明创造。利用本单位的物质技术条件所完成的发明创造，单位与发明人或者设计人订有合同，对申请专利的权利和专利权的归属作出约定的，从其约定。

（2）对于职务发明创造，申请专利的权利属于该单位，申请被批准后，该单位为专利权人。

对于非职务发明创造，申请专利的权利属于发明人或者设计人，申请被批准后，该发明人或者设计人为专利权人。

（3）两个以上单位或者个人合作完成的发明创造、一个单位或者个人接受其他单位或者个人委托所完成的发明创造，除另有协议的以外，申请专利的权利属于完成或者共同完成的单位或者个人；申请被批准后，申请的单位或者个人为专利权人。

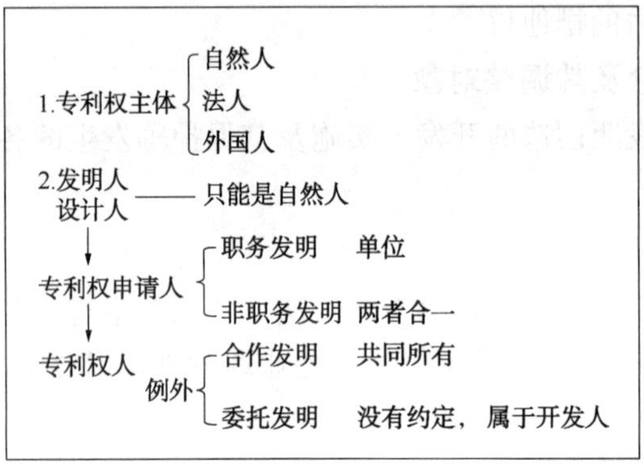

【例题 1-1·多选题】甲是乙公司的研发人员，经长期研究，完成单位交付的研发任务，开发出了一种抗癌新药，现欲申请专利。以下关于该成果权利归属的说法中，正确的是（　　）。

A. 专利申请权及专利权均归乙公司

B. 专利申请权归乙公司，专利权归甲

C. 专利申请归甲，专利权归乙公司

D. 乙公司转让专利权时，甲在同等条件下有优先受让权

解析：答案选项是 AD。本题考核点是职务发明创造成果的权利归属。根据规定，对于职务发明创造，申请专利的权利属于该单位，申请被批准后，该单位为专利权人。因此选项 B 和选项 C 的说法是错误的。另外根据规定，法人或者其他组织订立技术合同转让职务技术成果时，职务技术成果的完成人享有以同等条件优先受让的权利。

三、专利权的客体

专利权的客体，也称专利法保护的对象，是指可以获得专利法保护的发明创造。我国《专利法》规定的发明创造是指发明、实用新型和外观设计。

（一）发明

1. 发明的概念和特征

发明是指对产品、方法或者其改进所提出的新的技术方案。发明具有如下两个特征。

（1）发明是利用自然规律而进行的创造（仅有认识没有利用的是发现，不能称之为发明）。

（2）发明是具体的技术方案。发明应能够解决特定的技术难题，必须产生一定的技术效果，具有一定的实用性。

2. 发明的分类

（1）产品发明是指人们通过研究开发出来的关于各种新产品、新材料、新物质等的技

术方案，如电子计算机、超导材料等。

(2) 方法发明是指人们为制造产品或者解决某个技术课题而研究开发出来的操作方法、制造方法以及工艺流程等技术方案，如汉字输入方法、无铅汽油的提炼方法等。

(3) 区分产品发明和方法发明的法律意义。

申请过程	不同的发明所提交的专利申请文件有所不同，其撰写内容也有所不同
行使权利的方式	对产品专利来说，产品发明专利权仅及于其产品本身；而对方法专利来说，方法发明专利权不仅及于其方法本身，而且及于用该方法直接获得的产品
举证责任	一般情况下，产品发明专利被侵权后，诉讼中的举证责任在原告一方；而新产品的制造方法发明专利权被授予后，诉讼中的举证责任在被告一方

(二) 实用新型

1. 实用新型的概念和特征

实用新型是指对产品的形状、构造或者其结合所提出的适于实用的新的技术方案。实用新型具有如下特征。

(1) 实用新型是一种新的技术方案。实用新型实质上是一种技术方案，也是发明的一部分。

(2) 实用新型仅限于产品，不包括方法。

(3) 实用新型要求产品必须是具有固定的形状、构造的产品。气态、液态、凝胶状或颗粒粉末状的物质或者材料，不属于实用新型的产品范围。

【例题 1-2 · 单选题】根据专利法律制度的规定，某汽车制造厂完成的下列新技术成果中，可能获得实用新型专利的是(　　)。

A. 汽车新燃料　　B. 汽车防冻液

C. 汽车发动机　　D. 汽车节能方法

解析：正确选项为 C。本题考核点是专利权的客体。实用新型仅限于产品，不包括方法，因此选项 D 不属于实用新型；实用新型要求产品必须是具有固定的形状、构造的产品。气态、液态、凝胶状或颗粒粉末状的物质或者材料，不属于实用新型的产品范围，因此选项 A 和 B 均不属于实用新型。

2. 实用新型与发明的区别

保护的范围不同	发明既可以是产品，也可以是方法；而实用新型仅限于产品，不包括方法
对创造性要求不同	发明专利的创造性是指与现有技术相比，具有突出的实质性特点和显著的进步；实用新型专利的创造性是指与现有技术相比，具有实质性特点和进步
审查程序不同	发明专利既要对发明专利申请进行形式审查，还要对发明专利的内容进行实质审查；而实用新型专利采用形式审查制度，即只审查形式内容而不审查实质内容
保护期限不同	发明专利权的保护期限为 20 年；而实用新型专利的保护期限为 10 年

(三) 外观设计

外观设计是指对产品的形状、图案或者其结合以及色彩与形状、图案的结合所作出的富有美感并适于工业应用的新设计。

（1）外观设计具有如下特征：

① 外观设计必须与产品相结合；

② 外观设计必须能在产业上应用；

③ 外观设计富有美感。

（2）外观设计包含的是美术思想，即解决产品的视觉效果问题，而不是技术思想。这一点与实用新型相区别。

【例题 1–3·多选题】我国《专利法》规定的发明创造是指发明、实用新型和外观设计。下列选项中，属于发明特征的有（　　）。

A. 是利用自然规律而进行的创造　　B. 是具体的技术方案

C. 仅限于产品，不包括方法　　D. 必须与产品相结合

解析：正确选项为 AB。本题考核点是专利权的客体。选项 C 是实用新型的特征；选项 D 是外观设计的特征。

四、授予专利权的条件

（一）授予专利权的发明和实用新型应当符合的条件

1. 新颖性

（1）新颖性的概念。

① 该发明或者实用新型不属于现有技术；

② 没有任何单位或者个人就同样的发明或者实用新型在申请日以前向国务院专利行政部门提出过申请，并记载在申请日以后公布的专利申请文件或者公告的专利文件中。

注意：只要违背上述两条之一，即丧失新颖性。

（2）新颖性的判断标准。

① 现有技术。现有技术是指申请日以前在国内外为公众所知的技术。

注意：是国内外，不论发表还是使用。原《专利法》是：在国内外出版物上公开发表、在"国内"公开使用)

② 公开。包括公开的方式、公开的地域标准、公开的时间标准，构成了新颖性判断标准的重要内容。

公开的方式	一是出版物公开或书面公开。包括印刷品、胶片、磁带、电子出版物等
	二是使用公开。包括产品的制造、使用、销售、公开演示、展览等
	三是其他方式的公开。包括口头公开、广播公开等
公开的地域标准	我国采用的是世界性标准，即凡是在世界任何一个地方公开过的技术，都不具备新颖性
公开的时间标准	我国采取的是申请日的时间标准，即以国务院专利行政部门收到专利申请文件之日为申请日

③ 抵触申请。所谓抵触申请是指由于在先申请的存在，使得在后申请的同一发明创造不具备新颖性。需要指出的是，如果在先申请在被公布以前撤回、放弃或者被视为撤回或者被驳回，则不能构成抵触申请。

【例题 1–4·判断题】专利申请人在专利公开以后撤回专利申请的，该发明创造丧失新颖性，其他人就此发明创造提出的专利申请，都会被驳回。（　　）

解析：本题答案为√。本题考核点是授予专利权的条件。凡是公开过的技术，都不具

备新颖性。而由于在先申请的存在，使得在后申请的同一发明创造不具备新颖性。

(3) 丧失新颖性的例外

申请专利的发明创造在申请日以前6个月内，有下列情形之一的，不丧失新颖性：

① 在中国政府主办或者承认的国际展览会上首次展出的；

② 在规定的学术会议或者技术会议上首次发表的；

③ 他人未经申请人同意泄露其内容的。

这里所称中国政府承认的国际展览会，是指国际展览会公约规定的在国际展览局注册或者由其认可的国际展览会；所称学术会议或者技术会议，是指国务院有关主管部门或者全国性学术团体组织召开的学术会议或者技术会议。

【例题1-5·多选题】甲于2008年8月1日向国家知识产权局提出一个关于吸尘器的发明专利申请。在甲申请专利之前发生的下列事实中，不会影响甲专利申请新颖性的有(　　)。

A. 2008年3月15日，甲在中国政府主办的一个国际展览会上首次展出了这种吸尘器

B. 2008年4月10日，应当承担保密义务的工作人员乙，未经甲同意擅自在一个学术会议上公布了该发明

C. 2008年5月12日，甲在国家商务部组织召开的一个技术会议上首次发表了介绍该发明的演讲

D. 2008年6月18日，甲在某国际性学术刊物上首次刊登了介绍该发明的学术论文

解析：正确选项为ABC。本题考核点是专利丧失新颖性的例外。申请专利的发明创造在申请日以前6个月内，有下列情形之一的，不丧失新颖性：①在中国政府主办或者承认的国际展览会上首次展出的，如选项A；②在规定的学术会议或者技术会议上首次发表的，如选项C；③他人未经申请人同意泄露其内容的，如选项B。

2. **创造性**

创造性是指与现有技术相比，该发明具有突出的实质性特点和显著的进步，该实用新型具有实质性特点和进步。(由有关部门判定)

3. **实用性**

实用性是指该发明或者实用新型能够制造或者使用，并且能够产生积极效果。实用性一般具备三个条件：

(1) 具有可实施性，即发明创造必须能够解决技术问题，并且能够在产业中应用，能够制造或者使用；

(2) 具有再现性，即所属技术领域的技术人员根据公开的技术内容，能够重复实施专利申请中为解决技术问题所采用的技术方案；

(3) 具有有益性，即发明创造能够在经济、技术和社会等领域产生积极和有益的效果。

(二) 授予专利权的外观设计应当符合的条件

(1) 授予专利权的外观设计，应当不属于现有设计；也没有任何单位或者个人就同样的外观设计在申请日以前向国务院专利行政部门提出过申请，并记载在申请日以后公告的专利文件中。授予专利权的外观设计与现有设计或者现有设计特征的组合相比，应当具有明显区别。授予专利权的外观设计不得与他人在申请日以前已经取得的合法权利相冲突。上述所称现有设计，是指申请日以前在国内外为公众所知的设计(判定标准还是国内外)。

(2) 外观设计的新颖性在判断标准上与发明、实用新型的新颖性基本相同。

外观设计的条件相对比较简单，更多地体现在与同类产品的比较上是否具有新颖性。

（三）不授予专利权的项目

（1）下列各项，不授予专利权：

① 科学发现；

② 智力活动的规则和方法；

③ 疾病的诊断和治疗方法；

④ 动物和植物品种；

⑤ 用原子核变换方法获得的物质；

⑥ 对平面印刷品的图案、色彩或者二者的结合作出的主要起标识作用的设计(例如产品外包装)。

注意：对以上②~④项所列产品的“生产方法”，可以依照规定授予专利权。

（2）对违反国家法律、社会公德或者妨害公共利益的发明创造，不授予专利权。若发明创造本身的目的并不违法，但其实施可能破坏社会公德或者妨害公共利益，也不能被授予专利权。

【例题 1-6 · 多选题】依据《专利法》的有关规定，下列情形不授予专利权的有(　　)。

A. 甲发明了印制伪钞的设备

B. 乙发明了对糖尿病特有的治疗方法

C. 丙发现了某植物新品种

D. 丁发明了某植物新品种的生产方法

解析：正确选项为 ABC。本题考核点是授予专利权的条件。A 选项的发明违反法律规定；B 选项属于疾病治疗方法；C 选项属于动植物品种；三者均属于不得授予专利权的情形。D 选项植物新品种的生产方法，可以被授予专利权。

五、专利权的取得、行使和转让

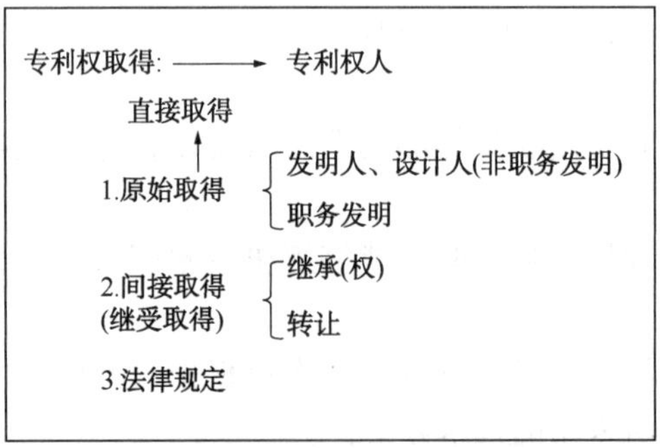

（一）专利权的取得

1. 专利的申请

（1）专利申请的原则。

① 先申请原则。先申请原则是指在两个以上的申请人分别就同样的发明创造申请专利的情况下，对先提出申请的申请人授予专利权。先申请的判断标准是专利申请日。如果两个以上申请人在同一日分别就同样的发明创造申请专利的，应当在收到专利行政管理部门的通知后自行协商确定申请人。(注意与商标权的区别)

② 单一性原则，即一份专利申请文件只能就一项发明创造提出专利申请。

同样的发明创造只能授予一项专利权。但是，同一申请人同日对同样的发明创造既申请实用新型专利又申请发明专利，先获得的实用新型专利权尚未终止，且申请人声明放弃该实用新型专利权的，可以授予发明专利权。(二选一)

③ 优先权原则。优先权原则是指将专利申请人首次提出专利申请的日期，视为后来一定期限内专利申请人就相同主题在他国或本国提出专利申请的日期。专利申请人依法享有的这种权利称为优先权，享有优先权的首次申请日称为优先权日。优先权包括外国优先权和本国优先权。

外国优先权	指申请人自发明或者实用新型在外国第一次提出专利申请之日起 12 个月内，或者自外观设计在外国第一次提出专利申请之日起 6 个月内，又在中国就相同主题提出专利申请的，可以享有优先权
本国优先权	指申请人自发明或者实用新型在中国第一次提出专利申请之日起 12 个月内，又向国务院专利行政部门就相同主题提出专利申请的，可以享有优先权

申请人要求优先权的，应当在申请的时候提出书面声明，并且在 3 个月内提交第一次提出的专利申请文件的副本；未提出书面声明或者逾期未提交专利申请文件副本的，视为未要求优先权。

【例题 1–7 · 单选题】中国学者王某在法国完成一项产品发明。2008 年 5 月 5 日，王某以这项成果在法国提出专利申请。2008 年 6 月 16 日，出席过研讨会的某研究所工程师张某，就该发明在中国提出专利申请。2009 年 4 月 28 日，王某又以该发明在中国提出专利申请，同时提出要求优先权的书面声明，并按时提交了有关文件。下列说法正确的是(　　)。

A. 张某申请在先，按照先申请原则，享有专利申请权

B. 王某享有外国优先权，故专利申请应属王某

C. 王某是中国人，不应享有外国优先权

D. 张某不是真正的发明人，所以专利申请权应属王某

解析：正确选项为 B。本题考核点是专利权的取得。本题中，申请人王某自发明在法国第一次提出专利申请之日起 12 个月内，又在中国就相同主题提出专利申请，可以享有优先权。

(2) 专利申请的提出、修改和撤回。

① 专利申请的提出。专利权不能自动取得，申请人必须履行《专利法》规定的专利申请手续，向国务院专利行政部门提交必要的申请文件。

② 专利申请的修改。专利申请的修改，可以由申请人自己主动提出修改，也可以根据国务院专利行政部门的要求进行修改。对于根据国务院专利行政部门的要求进行修改的，申请人应当在指定的期限内修改申请，逾期不修改的，应视为撤回；经修改后仍不符合《专利法》规定的，国务院专利行政部门应当予以驳回。

③ 专利申请的撤回。申请人可以在被授予专利权之前随时撤回其专利申请。专利申请被撤回后，该申请视为自始即不存在。

如果专利申请的撤回是在专利"公开以前"提出的	在撤回之后，申请人可以重新提出申请，其他人也可以就相同的发明创造提出专利申请
如果撤回是在专利"公开以后"提出的	该发明创造已丧失新颖性，任何人就此发明创造提出申请都会被驳回

2. **专利申请的审查批准**

（1）发明专利申请的审查批准。

① 初步审查。主要是形式审查。

② 申请公开。国务院专利行政部门对发明专利申请经初步审查认为符合《专利法》规定要求的，自申请日起满18个月，即行公布。国务院专利行政部门还可以根据申请人的请求早日公布其申请。

③ 实质审查。实质审查是国务院专利行政部门根据申请人的请求，对发明的新颖性、创造性、实用性等实质性条件进行的审查。

发明专利申请自申请日起3年内，国务院专利行政部门可以根据申请人随时提出的请求，对其申请进行实质审查；申请人无正当理由逾期不请求实质审查的，该申请即被视为撤回。国务院专利行政部门认为必要时，可以自行对发明专利申请进行实质审查。

④ 授权决定。发明专利申请经实质审查没有发现驳回理由的，由国务院专利行政部门作出授予发明专利权的决定，发给发明专利证书，同时予以登记和公告。发明专利权自公告之日起生效。

（2）实用新型和外观设计专利申请的审查批准。

① 国务院专利行政部门受理实用新型和外观设计专利申请后，只进行初步审查，不进行申请公开和实质审查程序。

② 实用新型和外观设计专利申请经初步审查没有发现驳回理由的，由国务院专利行政部门作出授予实用新型专利权或者外观设计专利权的决定，发给相应的专利证书，同时予以登记和公告。

③ 实用新型专利权和外观设计专利权自公告之日起生效。

（3）专利的复审。

国务院专利行政部门设立专利复审委员会。专利申请人对国务院专利行政部门驳回申请的决定不服的，可以自收到通知之日起3个月内，向专利复审委员会请求复审。

（二）专利权的行使

（1）任何单位或者个人实施他人专利的，应当与专利权人订立实施许可合同，向专利权人支付专利使用费。被许可人无权允许合同规定以外的任何单位或者个人实施该专利。

（2）专利申请权或者专利权的共有人对权利的行使有约定的，从其约定。没有约定的，共有人可以单独实施或者以普通许可方式许可他人实施该专利；许可他人实施该专利的，收取的使用费应当在共有人之间分配。除上述情形外，行使共有的专利申请权或者专利权，应当取得全体共有人的同意。

（3）被授予专利权的国有企业事业单位应当自专利权公告之日起3个月内发给发明人或者设计人奖金。

① 一项发明专利的奖金最低不少于3 000元；一项实用新型专利或者外观设计专利的奖金最低不少于1 000元。

② 被授予专利权的国有企业事业单位在专利权有效期限内，实施发明创造专利后，每年应当从实施该项发明或者实用新型专利所得利润纳税后提取不低于2%或者从实施该项外观设计专利所得利润纳税后提取不低于0.2%，作为报酬支付发明人或者设计人；或者参照上述比例，发给发明人或者设计人一次性报酬。

③ 被授予专利权的国有企业事业单位许可其他单位或者个人实施其专利的，应当从许可实施该项专利收取的使用费纳税后提取不低于10%作为报酬支付发明人或者设计人。

【例题1-8·单选题】甲国有企业取得一项发明专利，发明人是工程师张某。该企业当年实施该项发明专利所得利润纳税后为100万元，同时许可乙公司实施其专利收取使用费纳税后为20万元。张某当年应得到的奖励至少是(　　)。

A. 2 000元　　B. 10 000元　　C. 25 000元　　D. 43 000元

解析：正确选项为D。本题考核点是专利权的行使。一项发明专利的奖金最低不少于3 000元；实施发明创造专利后，每年应当从实施该项发明或者实用新型专利所得利润纳税后提取不低于2%(100×2%=2万元)；许可其他单位或者个人实施其专利的，应当从许可实施该项专利收取的使用费纳税后提取不低于10%(20×10%=2万元)作为报酬。

专利权的转让

(1) 专利权的转让，是指专利权人将专利申请权和专利权转让给他人的行为。

(2) 转让专利申请权或者专利权的，当事人应当订立书面合同，并向国务院专利行政部门登记，由国务院专利行政部门予以公告。专利申请权或者专利权的转让自登记之日起生效。

(3) 专利权人与他人订立的专利实施许可合同，应当自合同生效之日起3个月内向国务院专利行政部门备案。以专利权出质的，由出质人和质权人共同向国务院专利行政部门办理出质登记。

六、专利权的终止和无效

(一) 专利权的终止

(1) 专利权的终止，是指专利权因期限届满或者其他原因在期限届满前失去法律效力。专利权终止后，被授予专利权的发明创造成为人类的共同财富，任何单位和个人都可以无偿使用。

(2) 有下列情形之一的，专利权终止：

① 专利权的期限届满；

② 没有按照规定缴纳年费的；

③ 专利权人以书面声明放弃其专利的；

④ 专利权人死亡，无继承人或受遗赠人的。

(二) 专利权的无效

1. 专利权无效的概念和理由

专利权无效是指已经取得的专利权因不符合《专利法》的规定，根据有关单位或个人的请求，经专利复审委员会审核后被宣告无效。

(1) 授予专利权的发明创造不符合《专利法》规定的授予专利权的实质性条件；

(2) 授予专利权的发明创造不符合《专利法》规定的关于专利申请文件的撰写要求或专利申请文件修改范围的规定；

(3) 授予专利权的发明创造不属于《专利法》规定的发明、实用新型和外观设计；

(4) 授予专利权的发明创造不符合先申请原则和单一性原则；

(5) 授予专利权的发明创造属于《专利法》规定的不授予专利权的项目，或者属于依照

《专利法》关于申请在先取得专利权的规定而不能取得专利权的项目。

2. 专利权宣告无效的程序

（1）请求宣告专利权无效的单位或个人，应当向专利复审委员会提出请求书，并说明理由。

（2）宣告专利权无效的决定，由国务院专利行政部门登记和公告。

（3）对专利复审委员会宣告专利权无效或者维持专利权的决定不服的，可以自收到通知之日起3个月内向人民法院起诉。

3. 专利权宣告无效的法律效力

（1）宣告无效的专利权视为自始即不存在。

（2）宣告专利权无效的决定，对在宣告专利权无效前人民法院作出并已执行的专利侵权的判决、调解书，已经履行或者强制执行的专利侵权纠纷处理决定，以及已经履行的专利实施许可合同和专利权转让合同，不具有追溯力。但是因专利权人的恶意给他人造成的损失，应当给予赔偿。

（3）依照上述规定不返还专利侵权赔偿金、专利使用费、专利权转让费，明显违反公平原则的，应当全部或者部分返还。

七、专利实施的强制许可

（1）专利实施的强制许可，是指国务院专利行政部门依照法定条件和程序颁布的实施专利的一种强制性许可方式。申请人获得这种许可后，不必经专利权人的同意，就可以实施专利。

（2）有下列情形之一的，可以给予实施发明专利或者实用新型专利的强制许可：

① 专利权人自专利权被授予之日起满3年，且自提出专利申请之日起满4年，无正当理由未实施或者未充分实施其专利的；

② 专利权人行使专利权的行为被依法认定为垄断行为，为消除或者减少该行为对竞争产生的不利影响的；

③ 在国家出现紧急状态或者非常情况时，或者为了公共利益的目的；

④ 为了公共健康目的，对取得专利权的药品；

⑤ 一项取得专利权的发明或者实用新型以前已经取得专利权的发明或者实用新型具有显著经济意义的重大技术进步，其实施又有赖于前一发明或者实用新型的实施的。

（3）程序。

请求给予强制许可的，应当向国务院专利行政部门提交强制许可请求书，说明理由并附具有关证明文件。国务院专利行政部门应当将强制许可请求书的副本送交专利权人，专利权人应当在国务院专利行政部门指定的期限内陈述意见；期满未答复的，不影响国务院专利行政部门作出决定。国务院专利行政部门在作出驳回强制许可请求的决定或者给予强制许可的决定前，应当通知请求人和专利权人拟作出的决定及其理由。

（4）限制。

取得实施强制许可的单位或者个人不享有独占的实施权，并且无权允许他人实施。取得实施强制许可的单位或者个人应当付给专利权人合理的使用费，其数额由双方协商；双方不能达成协议的，由国务院专利行政部门裁决。

（5）争议的解决方式。

专利权人对国务院专利行政部门关于实施强制许可的决定不服的，专利权人和取得实施强制许可的单位或者个人对国务院专利行政部门关于实施强制许可的使用费的裁决不服的，可以自收到通知之日起3个月内向人民法院起诉。

【例题1-9·单选题】经法定程序，国家专利行政部门强制许可甲企业实施乙公司某项发明。对此，下列表述正确的是(　　)。

A. 甲企业可以不经乙公司同意实施该发明

B. 甲企业可以不向乙公司支付任何费用

C. 甲企业不得许可他人实施该发明

D. 甲企业在一定区域内享有该发明独占的实施权

解析：正确选项为A。本题考核点是专利实施的强制许可。

八、专利权的保护

（一）专利权的期限

发明专利权的期限为20年，实用新型专利权和外观设计专利权的期限为10年，均自申请日起计算。

【例题1-10·单选题】根据《专利法》的规定，下列各项关于外观设计专利申请及专利权的表述中，不正确的是(　　)。

A. 外观设计专利申请应当与产品结合

B. 外观设计专利申请不进行实质审查

C. 外观设计专利权可以被强制许可

D. 外观设计专利权的保护期为10年

解析：正确选项为C。本题考核点是外观设计的有关规定。根据规定，外观设计是产品的外观设计，必须与产品相结合；因此选项A表述正确，不选。实用新型和外观设计专利申请都不进行实质审查，因此选项B表述正确，不选。外观设计保护期是10年，自申请日起算，因此选项D表述正确，不选。发明和实用新型专利可以被强制许可，外观设计不适用强制许可，因此选项C表述错误，当选。

（二）专利权的保护范围

专利权的保护范围，是指专利权效力所及的发明创造的技术特征和技术幅度。因此，专利权的范围即是专利权的保护范围。

（三）侵害专利权的行为

1. 侵害专利权的行为

（1）未经专利权人许可，实施其专利的行为。

（2）假冒他人专利的行为。

专利权终止前依法在专利产品、依照专利方法直接获得的产品或者其包装上标注专利标识，在专利权终止后许诺销售、销售该产品的，不属于假冒专利行为。

（3）以非专利产品冒充专利产品、以非专利方法冒充专利方法的行为。

（4）侵夺发明人或者设计人的非职务发明创造专利申请权以及其他权益的行为。

【例题1-11·单选题】甲公司2009年5月14日获得一项外观设计专利，乙公司未经许可，以生产经营目的制造该专利产品。丙公司未经甲公司许可，以生产经营目的所为的下列行为中，不构成侵权行为的是(　　)。

A. 使用乙公司制造的该专利产品

B. 销售乙公司制造的该专利产品

C. 进口乙公司制造的该专利产品

D. 许诺销售乙公司制造的该专利产品

解析：正确选项为A。本题考核点是侵害专利权的行为。根据规定，侵害专利权的行为包括：未经专利权人许可，为生产经营目的制造、许诺销售、销售、进口其外观设计专利产品。所以，选项BCD均为侵权行为。

2. 有下列情形之一的，不视为侵犯专利权

（1）专利权人制造、进口或者经专利权人许可而制造、进口的专利产品或者依照专利方法直接获得的产品售出后，使用、许诺销售或者销售该产品的；

（2）在专利申请日前已经制造相同产品、使用相同方法或者已经做好制造、使用的必要准备，并且仅在原有范围内继续制造、使用的；

（3）临时通过中国领陆、领水、领空的外国运输工具，依照其所属国同中国签订的协议或者共同参加的国际条约，或者依照互惠原则，为运输工具自身需要而在其装置和设备中使用有关专利的；

（4）专为科学研究和实验而使用有关专利的；

（5）为提供行政审批所需要的信息，制造、使用、进口专利药品或者专利医疗器械的，以及专门为其制造、进口专利药品或者专利医疗器械的。

【例题1-12·单选题】某公司发明的一种产品被授予专利，下列情形中构成侵犯其专利权的是(　　)。

A. 甲企业购进并使用了该公司制造的该种产品

B. 乙研究所未经该公司同意，为进行科学实验制造该产品

C. 丙残疾人福利厂未经该公司同意，制造并出售该产品

D. 丁公司在该专利申请日前已经制造相同产品，并在原有范围内继续制造该产品

解析：正确选项为C。本题考核点是专利权的保护。未经专利权人许可，实施其专利的行为，构成侵犯专利权。

（四）侵害专利权行为的法律责任

<table>
<tr><td rowspan="4">民事责任</td><td rowspan="3">侵犯专利权的赔偿数额按照权利人因被侵权所受到的实际损失确定。
赔偿数额还应当包括权利人为制止侵权行为所支付的合理开支</td><td>实际损失难以确定的，可以按照侵权人因侵权所获得的利益确定</td></tr>
<tr><td>权利人的损失或者侵权人获得的利益难以确定的，参照该专利许可使用费的倍数合理确定(司法解释：1~3倍)</td></tr>
<tr><td>权利人的损失、侵权人获得的利益和专利许可使用费均难以确定的，人民法院可以根据专利权的类型、侵权行为的性质和情节等因素，确定给予1万元以上100万元以下的赔偿</td></tr>
<tr><td colspan="2">为生产经营目的使用、许诺销售或者销售不知道是未经专利权人许可而制造并售出的专利侵权产品，能证明该产品合法来源的，不承担赔偿责任</td></tr>
<tr><td>行政责任</td><td colspan="2">假冒专利的，除依法承担民事责任外，由管理专利工作的部门责令改正并予公告，没收违法所得，可以并处违法所得4倍以下的罚款；没有违法所得的，可以处20万元以下的罚款</td></tr>
<tr><td>刑事责任</td><td colspan="2">只限于假冒他人专利且情节严重的情形</td></tr>
</table>

（五）侵害专利权案件的处理

1. 纠纷处理

<table>
<tr><td colspan="4">首先由当事人协商解决</td></tr>
<tr><td rowspan="4">不愿协商或者协商不成的</td><td colspan="3">向人民法院起诉</td></tr>
<tr><td rowspan="3">请求管理专利工作的部门处理</td><td rowspan="2">认定侵权行为成立的，可以责令侵权人立即停止侵权行为</td><td>当事人不服的，可以自收到处理通知之日起 15 日内依照《行政诉讼法》向人民法院起诉</td></tr>
<tr><td>侵权人期满不起诉又不停止侵权行为的，管理专利工作的部门可以申请人民法院强制执行</td></tr>
<tr><td colspan="2">进行调解；调解不成的，当事人可以依照《民事诉讼法》向人民法院起诉</td></tr>
</table>

2. 举证责任

（1）如果专利侵权纠纷涉及新产品制造方法的发明专利的，制造同样产品的单位或者个人应当提供其产品制造方法不同于专利方法的证明。

（2）如果专利侵权纠纷涉及实用新型专利或者外观设计专利的，人民法院或者管理专利工作的部门可以要求专利权人或者利害关系人出具由国务院专利行政部门对相关实用新型或者外观设计进行检索、分析和评价后作出的专利权评价报告，作为审理、处理专利侵权纠纷的证据。

（3）在专利侵权纠纷中，被控侵权人有证据证明其实施的技术或者设计属于现有技术或者现有设计的，不构成侵犯专利权。

（六）诉前救济措施及诉讼时效

1. 诉前救济措施

专利权人或者利害关系人有证据证明他人正在实施或者即将实施侵犯其专利权的行为，如不及时制止将会使其合法权益受到难以弥补的损害的，可以在起诉前向人民法院申请采取责令停止有关行为和财产保全的措施。

2. 专利侵权诉讼时效

（1）侵犯专利权的诉讼时效为 2 年，自专利权人或者利害关系人得知或者应当得知侵权行为之日起计算。

注意：这是对三种专利权的一般规定。

（2）发明专利申请公布后至专利权授予前使用该发明未支付适当使用费的，专利权人要求支付使用费的诉讼时效为 2 年，自专利权人得知或者应当得知他人使用其发明之日起计算，但是，专利权人于专利权授予之日前即已得知或者应当得知的，自专利权授予之日起计算。

注意：这是对“发明”（不包括实用新型和外观设计）专利权的特别规定。

【例题 1-13 · 单选题】甲公司申请某项发明专利，在该发明专利申请公布后至专利权授予前，甲公司发现乙公司使用该发明，乙公司拒绝支付使用费。根据专利法的规定，甲公司要求乙公司支付使用费的诉讼时效起算日应当是（　　）。

A. 甲公司发现乙公司使用其发明之日　　B. 乙公司使用其发明之日

C. 该发明专利权授予之日　　D. 该发明专利申请公布之日

解析：正确选项为 C。本题考核点是专利侵权诉讼时效。发明专利申请公布后至专利权授予前使用该发明未支付适当使用费的，专利权人要求支付使用费的诉讼时效为2年，自专利权人得知或者应当得知他人使用其发明之日起计算，但是，专利权人于专利权授予之日前即已得知或者应当得知的，自专利权授予之日起计算。

任务三　商标法律制度

一、商标制度的基本理论

（一）商标的概念和特征

商标是指由文字、图形、字母、数字、三维标志和颜色组合，以及上述要素的组合，使用于一定的商品或者服务项目，用以区别商标使用者与同类商品的生产经营者或者同类服务业经营者的显著标记。

（二）商标的分类

根据商标的结构	文字商标是以文字为主组成的商标
	图形商标是指用图形构成的商标
	数字商标是以阿拉伯数字组成的商标
	三维商标即立体商标
	组合商标是以文字、图形、数字等组合起来的商标
根据商标的用途	商品商标是用于生产销售的商品上的标记
	服务商标是用于服务行业，以便与其他服务行业相区别的标记
根据商标的作用和功能	证明商标是指由对某种商品或者服务具有监督能力的组织所控制，而由该组织以外的单位或者个人使用于其商品或者服务，用以证明该商品或者服务的原产地、原料、制造方法、质量或者其他特定品质的标志
	集体商标是指以团体、协会或者其他组织名义注册，供该组织成员在商事活动中使用，以表明使用者在该组织中的成员资格的标志
	防御商标是将同一商标注册于不同的商品或服务上，构成一个防御体系，以防止他人在不同商品或服务上使用该商标可能给消费者造成的混淆
	联合商标是指在相同或类似商品或服务上注册的与已注册商标相近似的商标
根据商标在相关市场上的知名度	驰名商标是指由商标局认定的在市场上享有较高声誉并为相关公众所熟知的商标
	著名商标是指由省级工商行政管理部门认可的，在该行政区划范围内具有较高声誉和市场知名度的商标
	知名商标是指由市级工商行政管理部门认可的，在该行政区划范围内具有较高声誉和市场知名度的商标

【例题1-14·多选题】甲在空调上使用“兰花”注册商标。根据商标的分类，甲的“兰花”商标能够被归入的商标类型有(　　)。

A. 文字商标　　B. 商品商标　　C. 图形商标　　D. 服务商标

解析：正确选项为AB。本题考核点是商标的种类。文字商标是以文字为主组成的商标，“兰花”是文字，因此属于文字商标；用于生产销售的商标上的标记是商品商标，由于是在空调上使用，因此属于商品商标。

（三）商标法的概念和基本原则

1. 商标法的概念

商标法是指调整商标的组成、注册、使用、管理和商标专用权的保护等的法律规范的总称。

2. 商标法的基本原则

（1）保护商标专用权与维护消费者利益相结合的原则。

（2）注册取得商标专用权原则。

（3）自愿注册原则。

二、商标权

（一）商标权的概念

商标权是指商标所有人对其商标拥有的独占的、排他的权利。商标权与所有权一样，属于绝对权的范围，即权利主体对其注册商标享有完全的使用权和排他的权利。从权利的特征上看，商标权与一般知识产权一样，具有无形性、法定性、专有性、地域性和时间性。

（二）商标权的主体

（1）商标权的主体范围包括：自然人、法人或者其他组织。

（2）两个以上自然人、法人或者其他组织可以共同向商标局申请注册同一商标，共同享有和行使该商标专用权。

（三）商标权的客体

（1）商标权的客体是指经商标局核准注册的商标，即注册商标。

（2）申请注册的商标应当具备两个条件：第一，商标应当具备显著性；第二，商标应当符合可视性要求（所以，气味标志、音响标志不能成为注册商标）。

（3）下列标志不得作为商标使用：

① 同中华人民共和国的国家名称、国旗、国徽、军旗、勋章相同或者近似的，以及同中央国家机关所在地特定地点的名称或者标志性建筑物的名称、图形相同的；

② 同外国的国家名称、国旗、国徽、军旗相同或者近似的，但该国政府同意的除外；

③ 同政府间国际组织的名称、旗帜、徽记相同或者近似的，但经该组织同意或者不易误导公众的除外；

④ 与表明实施控制、予以保证的官方标志、检验印记相同或者近似的，但经授权的除外；

⑤ 同“红十字”“红新月”的名称、标志相同或者近似的；

⑥ 带有民族歧视性的；

⑦ 夸大宣传并带有欺骗性的；

⑧ 有害于社会主义道德风尚或者有其他不良影响的；

⑨ 县级以上行政区划的地名或者公众知晓的外国地名。但是，地名具有其他含义或者作为集体商标、证明商标组成部分的除外。已经注册的使用地名的商标继续有效。

【例题 1-15 · 多选题】根据《商标法》的规定，下列选项中，不得作为注册商标的有（　　）。

A. 三维标志　　B. 气味标志

C. 植物名称　　D. 与“红十字”标志近似的标志

解析：正确选项为ABD。本题考核点是商标权的客体。商标应当符合可视性要求，因此气味标志、音响标志不得成为注册商标。同“红十字”“红新月”的名称、标志相同或者近似的标志，也不得成为注册商标。

【例题1-16·多选题】商标局接受了一批商标注册申请，经审查，应当依法驳回的有(　　)。

A. 美利坚合众国牌果汁　　B. 奥林匹克牌运动衣

C. 英雄牌钢笔　　D. 红十字牌健身器

解析：正确选项为ABD。本题考核点是商标权的客体。

(4) 下列标志不得作为商标注册。

① 仅有本商品的通用名称、图形、型号的。(例如香烟牌的香烟)

② 仅仅直接表示商品的质量、主要原料、功能、用途、重量、数量及其他特点的。(例如抽油烟牌抽油烟机)

③ 缺乏显著特征的。

(5) 以三维标志申请注册商标的，仅有商品自身的性质产生的形状、为获得技术效果而需有的商品形状或者使商品具有实质性价值的形状，不得注册。(例如以一个面包的立体形状申请面包的注册商标)

(6) 对驰名商标的特殊保护

① 就相同或者类似商品申请注册的商标是复制、模仿或者翻译他人未在中国注册的驰名商标，容易导致混淆的，不予注册并禁止使用。

② 就不相同或者不相类似商品申请注册的商标是复制、模仿或者翻译他人已经在中国注册的驰名商标，误导公众，致使该驰名商标注册人的利益可能受到损害的，不予注册并禁止使用。

【例题1-17·判断题】就不相类似商品申请注册的商标是模仿他人在中国注册的驰名商标，误导公众，致使该驰名商标注册人的利益可能受到损害的，商标主管部门应当不予注册并禁止使用。(　　)

解析：正确答案为√。本题考核点是注册商标专用权的保护。

三、商标注册的申请和审查核准

(一) 商标注册的申请

1. 商标注册申请的原则

(1) 申请在先原则。

① 两个或者两个以上申请人，先后在同一或类似商品或者服务上，以相同或类似的商标申请注册的，商标权授予申请在先的人。申请先后的确定以申请日为准。

② 两个或者两个以上的申请人，在同一或类似商品或者服务上，以相同或类似的商标在同一天申请注册的，商标权授予使用在先的人。对于使用在先的认定，由申请人自己在接到商标局通知后30日内提交第一次使用该商标的日期的证明，同日使用或均未使用的，由各申请人进行协商，协商不成的，由商标局裁定。

(2) 优先权原则。(与专利权申请的优先权规定类似)

根据《商标法》的规定，商标注册申请程序中优先权表现在两个方面：一是商标注册申请人自其商标在外国第一次提出商标注册申请之日起6个月内，又在中国就相同商品以同一商标提出商标注册申请的，依照该外国同中国签订的协议或者共同参加的国际条约，或者按照相互承认优先权原则，可以享有优先权。二是商标在中国政府主办的或者承认的国际展览会展出的商品上首次使用的，自该商品展出之日起6个月内，该商标的注册申请人可以享有优先权。申请人依照上述情形要求优先权的，应当在提出商标注册申请的时候提出书面声明，并且在3个月内提交展出其商品的展览会名称、在展出商品上使用该商标的证据、展出日期等证明文件；未提出书面声明或者逾期未提交证明文件的，视为未要求优先权。

2. 商标注册申请的方法

（1）按规定的商品分类表填报使用商标的商品类别和商品名称。

（2）商标注册申请人在不同类别的商品上申请注册同一商标的，应当按商品分类表提出注册申请。

（3）注册商标需要在同一类的其他商品上使用的，应当另行提出注册申请。

（4）注册商标需要改变其标志的，应当重新提出注册申请。

（5）注册商标需要变更注册人的名义、地址或者其他注册事项的，应当提出变更申请。

3. 商标注册申请的期限

（1）提交日期和申请日期的确定。

提交日期	①直接递交的，以递交日为准； ②邮寄的，以寄出的邮戳日为准； ③邮戳日不清晰或者没有邮戳的，以商标局或者商标评审委员会实际收到日为准，但是当事人能够提出实际邮戳日证据的除外	
申请日期	以商标局收到申请文件的日期为准	需要补正的，在规定期限内（30日内）补正并交同商标局的，保留申请日期；期满未补正的，视为放弃申请，商标局应当书面通知申请人

（2）两个或者两个以上的申请人，在同一种商品或者类似商品上，分别以相同或者近似的商标在同一天申请注册的：

① 各申请人应当自收到商标局通知之日起30日内提交其申请注册前在先使用该商标的证据（前述：商标权授予使用在先的人）；

② 同日使用或者均未使用的，各申请人可以自收到商标局通知之日起30日内自行协商，并将书面协议报送商标局；

③ 不愿协商或者协商不成的，商标局通知各申请人以抽签的方式确定一个申请人，驳回其他人的注册申请[与前面申请在先原则不一致。前述：协商不成的，由商标局裁定。依据2002年《实施条例》，应以此处规定（即抽签）为准]。商标局已经通知但申请人未参加抽签的，视为放弃申请，商标局应当书面通知未参加抽签的申请人。

（二）商标注册的审查核准

（1）商标注册的审查核准主要包括形式审查、实质审查、公告核准阶段。对于有争议的商标，还可能发生复审或者裁定。

（2）申请注册的商标，凡符合《商标法》规定的，由商标局初步审定，予以公告。对初步审定的商标，自公告之日起3个月内，任何人均可以提出异议，公告期满无异议的，予以核准注册，发给商标注册证，并予以公告。

【例题1-18·单选题】根据商标法律的规定，下列关于商标注册申请的表述中，正确的是(　　)。

A. 商标局对受理的商标注册申请，在初步审定公告前，不进行实质审查

B. 如果商标局驳回了商标注册申请人的申请，商标注册申请人有权直接向人民法院提起诉讼

C. 申请注册的商标在商标局初步审定并公告后，即取得该注册商标专用权，但他人有权提出异议

D. 商标注册的申请日期，以商标局收到申请文件的日期为准

解析：正确选项为D。本题考核点是商标注册的申请和审查核准。选项A的说法没有依据。根据规定，对驳回申请的商标，注册申请人不服的，可以向商标评审委员会申请复审，当事人对商标评审委员会的决定不服的，可以向人民法院起诉，因此应当先复审。所以选项B错误。根据规定，对初步审定的商标，自公告之日起3个月内，任何人均可以提出异议。公告期满无异议的，予以核准注册，发给商标注册证，并予公告。所以选项C错误。

四、注册商标的变更、续展和转让

(一) 注册商标的变更

注册商标的变更是指注册商标所有人依法变更注册商标事项的行为。

(1) 变更商标注册人名义、地址或者其他注册事项的，应当向商标局提交变更申请书。

(2) 变更商标注册人名义的，还应当提交有关登记机关出具的变更证明文件。(主体改名，工商登记)

(3) 变更商标注册人名义或者地址的，商标注册人应当将其全部注册商标一并变更；未一并变更的，视为放弃变更申请，商标局应当书面通知申请人。

(二) 注册商标的续展

注册商标的续展是指注册商标所有人在商标注册有效期届满前后的时间内，依法办理一定手续延长其注册商标有效期的制度。

(1) 注册商标的有效期为10年，自核准注册之日起计算。

(2) 注册商标有效期满，需要继续使用的，应当在期满前6个月内申请续展注册；在此期间未能提出申请的，可以给予6个月的宽展期。宽展期满仍未提出申请的，注销其注册商标。

(3) 续展注册可以无限制地重复进行，每次续展注册的有效期为10年，自该商标上一次有效期满次日起计算。

【例题1-19·单选题】甲公司在2003年10月18日申请注册"婴宝"商标。2004年5月10日该商标被核准注册。根据《商标法》规定，该公司第一次申请商标续展的最后截止期限是(　　)。

A. 2013年10月18日　　B. 2014年4月18日

C. 2014年5月10日　　D. 2014年11月10日

解析：正确选项为D。本题考核点是注册商标的续展。根据规定，注册商标有效期满，需要继续使用的，应当在期满前6个月内申请续展注册；在此期间未能提出申请的，可以给予5个月的宽展期。商标有效期为10年，本题中2014年5月10日期满，则期满后6个月为2014年11月10日，因此选项D正确。

(三) 注册商标的转让

注册商标的转让是指注册商标所有人依法将因注册商标产生的商标权转让给他人的行为。

(1) 注册商标转让后，原注册商标所有人不再享有该注册商标的专用权，受让人成为

该注册商标的所有人，享有商标专用权。

(2) 转让注册商标的，转让人和受让人应当签订转让协议，并共同向商标局提出申请。受让人应当保证使用该注册商标的商品质量。转让注册商标经商标局核准后，发给受让人相应证明，并予以公告。

(3) 受让人自公告之日起享有商标专用权。

【例题 1-20 · 单选题】甲公司将本公司注册商标转让给乙公司，双方签订了转让合同。根据《商标法》的规定，乙公司开始享有该注册商标专用权的时间是(　　)。

A. 甲、乙双方签订注册商标转让合同之日

B. 商标局收到注册商标转让申请之日

C. 商标局核准注册商标转让合同之日

D. 商标局核准注册商标转让合同后，予以公告之日

解析：正确选项为 D。本题考核点是注册商标的转让。受让人自公告之日起享有商标专用权。

五、注册商标的使用许可和争议裁定

(一) 注册商标的使用许可

注册商标的使用许可是指注册商标所有人通过签订商标使用许可合同，许可他人使用其注册商标，同时收取一定的许可使用费。

(1) 商标注册人可以通过签订商标使用许可合同，许可他人使用其注册商标。许可人应当监督被许可人使用其注册商标的商品质量。被许可人应当保证使用该注册商标的商品质量。

(2) 经许可使用他人注册商标的，必须在使用该注册商标的商品上标明被许可人的名称和商品产地。商标使用许可合同应当报商标局备案。

(二) 注册商标争议的裁定

注册商标争议的裁定是指商标评审委员会对已经注册的商标发生的争议进行裁定的活动。

除以下两种情形外，对已经注册的商标有争议的，可以自该商标经核准注册之日起 5 年内，向商标评审委员会申请裁定。

(1) 已经注册的商标，违反《商标法》不得作为商标使用的标志的规定、不得作为商标注册的标志的规定、不得以三维标志申请注册商标情形的规定的，或者是以欺骗手段或者其他不正当手段取得注册的，由商标局撤销该注册商标；其他单位或者个人可以请求商标评审委员会裁定撤销该注册商标。

(2) 已经注册的商标，违反《商标法》有关不予注册并禁止使用的规定的，或者违反《商标法》有关申请商标注册不得损害他人现有的在先权利、不得以不正当手段抢先注册他人已经使用并有一定影响的商标的规定的，自商标注册之日起 5 年内，商标所有人或者利害关系人可以请求商标评审委员会裁定撤销该注册商标。对恶意注册的，驰名商标所有人不受 5 年的时间限制。

六、商标使用的管理

(一) 对注册商标使用的管理

(1) 使用注册商标，有下列行为之一的，由商标局责令限期改正或者撤销其注册商标：

① 自行改变注册商标的；

② 自行改变注册商标的注册人名义、地址或者其他注册事项的；

③ 自行转让注册商标的；

④ 连续3年停止使用的。

有上述第①项、第②项、第③项行为之一的，由工商行政管理部门责令商标注册人限期改正；拒不改正的，报请商标局撤销其注册商标。有上述第④项行为的，任何人可以向商标局申请撤销该注册商标，并说明有关情况。商标局应当通知商标注册人，限其自收到通知之日起2个月内提交该商标在撤销申请提出前使用的证据材料或者说明不使用的正当理由；期满不提供使用的证据材料或者证据材料无效并没有正当理由的，由商标局撤销其注册商标。

对商标局撤销注册商标的决定，当事人不服的，可以自收到通知之日起15日内向商标评审委员会申请复审，由商标评审委员会做出决定，并书面通知申请人。当事人对商标评审委员会的决定不服的，可以自收到通知之日起30日内向人民法院起诉。

（2）对商标局撤销注册商标的决定，当事人不服的，可以自收到通知之日起15日内向商标评审委员会申请复审，由商标评审委员会做出决定，并书面通知申请人。当事人对商标评审委员会的决定不服的，可以自收到通知之日起30日内向人民法院起诉。

（二）对未注册商标使用的管理

（1）未注册的商标不享有商标专用权，除国家规定必须使用注册商标的商品外，允许商品生产者、经营者或者服务提供者合法使用未注册商标。

（2）使用未注册商标，有下列行为之一的，由地方工商行政管理部门予以制止，限期改正，并可以予以通报或者处以罚款：①冒充注册商标的；②违反商标法规定的不得作为商标使用的标志的规定的；③粗制滥造，以次充好，欺骗消费者的。

七、注册商标专用权的保护

（一）注册商标专用权的保护范围

注册商标的专用权，以核准注册的商标和核定使用的商品为限。注册商标超过有效期限没有续展的，即不再受到法律的保护。

（二）侵犯注册商标专用权的行为及其法律责任

有下列行为之一的，均属侵犯注册商标专用权：①未经商标注册人的许可，在同一种商品或者类似商品上使用与其注册商标相同或者近似的商标的；②销售侵犯注册商标专用权的商品的；③伪造、擅自制造他人注册商标标识或者销售伪造、擅自制造的注册商标标识的；④未经商标注册人同意，更换其注册商标并将该更换商标的商品又投入市场的；⑤给他人的注册商标专用权造成其他损害的。

【例题1-21·多选题】根据商标法律制度的规定，下列情形中，构成侵犯注册商标专用权的有（　　）。

A. 甲复制乙注册的驰名商标，在不相同商品上作为商标使用，误导公众、致使乙的利益受到损害

B. 丙销售不知道是侵犯乙的注册商标权的商品，且丙证明了该商品是自己合法取得的并说明了商品的提供者

C. 未经商标注册人乙同意，丁更换了乙商品上的注册商标并将该更换商标的商品用于

个人消费

D. 戊擅自制造乙的注册商标标识，并将其卖给第三人

解析：正确选项有ABD。本题考核点是侵犯注册商标专用权的行为。根据规定，有下列行为之一的，均属侵犯注册商标专用权：①未经商标注册人的许可，在同一种商品或者类似商品上使用与其注册商标相同或者近似的商标的；②销售侵犯注册商标专用权的商品的；③伪造、擅自制造他人注册商标标识或者销售伪造、擅自制造的注册商标标识的；④未经商标注册人同意，更换其注册商标并将该更换商标的商品又投入市场的；⑤给他人的注册商标专用权造成其他损害的。因此选项C是“用于个人消费”而非“又投入市场”，不构成侵权。

侵犯注册商标专用权的法律责任包括：民事责任、行政责任和刑事责任。

（三）侵犯注册商标专用权案件的处理

（1）对侵犯注册商标专用权的案件，首先由当事人协商解决；当事人不愿协商或者协商不成的，可以有两种处理方式：一是，由商标注册人或者利害关系人请求工商行政管理部门处理；二是，由商标注册人或者利害关系人向人民法院起诉。

（2）侵犯商标专用权的诉讼时效为2年，自商标注册人或利害权利人知道或者应当知道侵权行为之日起计算。商标注册人或利害权利人超过2年起诉的，如果侵权行为在起诉时仍在持续，在该注册商标专用权有效期限内，人民法院应当判决被告停止侵权行为；侵权损害赔偿数额应当自权利人向人民法院起诉之日起向前推2年计算。

八、驰名商标

（一）驰名商标的概念

驰名商标是指在中国为相关公众广为知晓并享有较高声誉的商标。

（二）驰名商标的认定

驰名商标由商标局、商标评审委员会、人民法院认定，任何组织和个人不得认定或者采取其他变相方式认定驰名商标。

（三）驰名商标的保护

（1）当事人认为他人使用的商标属于《商标法》规定的侵害其驰名商标的情形，请求保护其驰名商标的，可以向案件发生地的市（地、州）以上工商行政管理部门提出禁止使用的书面请求，并提交证明其商标驰名的有关材料。同时，抄报其所在地省级工商行政管理部门。

（2）工商行政管理部门进行审查。对认为属于法定情形的案件，报送所在地省（自治区、直辖市）工商行政管理部门；省（自治区、直辖市）工商行政管理部门应当自受理当事人请求之日起15个工作日内，将全部案件材料报送商标局。

（3）商标局应当自收到有关案件材料之日起6个月内作出认定，并将认定结果通知案件发生地的省（自治区、直辖市）工商行政管理部门，抄送当事人所在地的省（自治区、直辖市）工商行政管理部门。

【知识拓展】《中华人民共和国商标法》（2019年修正）

【温故而知新】

一、单项选择题

1. 甲国有企业职工张某在本职工作中完成一项新的外观设计，甲企业申请并获得了外

观设计专利权。根据专利法律制度的规定，下列表述中，正确的是(　　)。

A. 甲企业应当自专利权公告之日起3个月内发给张某奖金，奖金最低不少于1 000元

B. 甲企业可以将发给张某的奖金计入成本

C. 在专利权有效期限内，甲企业每年应当从实施该项外观设计专利权所得利润纳税后提取不低于2%作为报酬支付给张某，或者参照上述标准，发给张某一次性报酬

D. 如果甲企业许可乙企业实施该项专利，则甲企业应当从收取的使用费中提取不低于5%作为报酬支付给张某

2. 根据专利法律制度的规定，当事人甲于2017年1月1日首次向美国专利部门提出外观设计专利申请，如果甲在(　　)之前在中国就相同主题提出专利申请的，可以享有优先权。

A. 2017年7月1日　　B. 2018年1月1日

C. 2019年1月1日　　D. 2020年1月1日

3. 同样的发明创造只能授予一项专利权。但是，同一申请人同日对同样的发明创造既申请实用新型专利又申请发明专利，下列各项中，处理正确的是(　　)。

A. 先获得的实用新型专利权

B. 先获得的发明专利权

C. 先获得的实用新型专利权尚未终止，且申请人声明放弃该实用新型专利权的，可以授予发明专利权

D. 先获得的发明专利权尚未终止，且申请人声明放弃该发明专利权的，可以授予实用新型专利权

4. 某人于2016年1月1日向专利局提出一份发明专利申请，经初步审查后，2017年7月1日予以公布。2018年4月1日申请人请求进行实质审查，2018年8月1日被授予发明专利权。该发明专利权的保护期限自(　　)起计算。

A. 2016年1月1日　　B. 2017年7月1日

C. 2018年4月1日　　D. 2018年8月1日

5. 根据商标法律制度的规定，以协会名义注册，供协会成员在商事活动中使用，以表明使用者在该协会中的成员资格的标志，属于(　　)商标。

A. 证明　　B. 集体　　C. 防御　　D. 联合

6. 当事人甲于2017年1月1日提出商标注册申请，商标局于4月1日作出初审公告。在公告期内因无人提出异议，商标局予以核准注册。根据商标法律制度的规定，甲取得商标专用权的时间为(　　)

A. 2017年1月1日　　B. 2017年4月1日

C. 2017年7月1日　　D. 2018年1月1日

7. 当事人甲于2017年1月1日在美国第一次提出某商标的注册申请，根据商标法律制度的规定，甲在中国就相同商品以同一商标提出商标注册申请的，其申请在(　　)之前提出的，可以享有优先权。

A. 2017年7月1日　　B. 2018年1月1日

C. 2019年1月1日　　D. 2020年1月1日

二、多项选择题

1. 根据专利法律制度的规定，申请专利的发明创造在申请日以前6个月内，下列各项

中，不丧失新颖性的有(　　)。

A. 在中国政府主办的国际展览会上首次展出的

B. 在中国政府承认的国际展览会上首次展出的

C. 在某国际性学术刊物上首次发表的

D. 他人未经申请人同意泄漏其内容的

2. 甲国有企业职工张某在本职工作中完成一项产品发明，甲企业申请并获得了发明专利权。根据专利法律制度的规定，下列表述中，正确的有(　　)。

A. 甲企业应当自专利权公告之日起 3 个月内发给张某奖金，奖金最低不少于 2 000 元

B. 甲企业可以将发给张某的奖金计入成本

C. 在专利权有效期限内，甲企业每年应当从实施该项发明专利权所得利润纳税后提取不低于 2%作为报酬支付给张某，或者参照上述标准，发给张某一次性报酬

D. 如果甲企业许可乙企业实施该项专利，则甲企业应当从收取的使用费中提取不低于 10%作为报酬支付给张某

3. 下列各项中，有关专利权共有人对专利权许可实施的表述，符合规定的有(　　)。

A. 专利申请权或者专利权的共有人对权利的行使没有约定的，共有人可以单独实施

B. 专利申请权或者专利权的共有人对权利的行使没有约定的，共有人可以普通许可方式许可他人实施该专利单独实施

C. 许可他人实施该专利的，收取的使用费，应当在共有人之间分配

D. 行使共有的专利申请权或者专利权，应当取得全体共有的同意

4. 2016 年 7 月，甲公司发现乙公司侵犯其发明专利权。2019 年 4 月 1 日，甲公司发现乙公司一直未停止侵权行为，遂向人民法院起诉，要求乙公司停止侵权并赔偿损失。根据专利法律制度的规定，下列选项中，正确的是(　　)。

A. 人民法院应当受理甲的起诉

B. 甲的诉讼请求已过诉讼时效，应驳回其诉讼请求

C. 人民法院应当判决乙公司停止侵权行为

D. 甲应获得的赔偿数额应从 2019 年 4 月 1 日向前推 2 年计算

5. “花果山”市出产的鸭梨营养丰富，口感独特，远近闻名。根据商标法律制度的规定，当事人拟对其采取的保护措施中，不合法的是(　　)。

A. 将“花果山”申请注册为集体商标，使用于鸭梨上

B. 将“花果山”申请注册为证明商标，使用于鸭梨上

C. 将鸭梨的形状申请注册为三维商标，使用于鸭梨上

D. 将“香梨”申请注册为文字商标，使用于鸭梨上

6. 2002 年 2 月 19 日，甲企业就其生产的家用电器注册了“康威”商标。后来乙企业使用该商标生产冰箱，并在 2022 年 4 月开始销售“康威”牌冰箱。根据商标法律制度的规定，下列表述中，正确的是(　　)。

A. 甲企业对其商标的续展申请应当在商标有效期届满后的 6 个月内提出

B. 乙企业对“康威”商标的使用为非法使用

C. 乙企业可以在 2022 年 8 月 19 日后在家用电器上申请获得注册“康威”商标

D. 甲企业在商标续展期内仍享有商标专用权

7. 根据最高人民法院的司法解释规定，未经注册商标所有人许可，在同一种商品上使

用与其注册商标相同的商标，下列各项中属于情节严重，应当以假冒注册商标罪判处3年以下有期徒刑或者拘役，并处或者单处罚金的有(　　)。

A. 非法经营数额在5万元以上

B. 违法所得数额在3万元以上

C. 假冒两种以上注册商标，非法经营数额在3万元以上

D. 假冒两种以上注册商标，违法所得数额在2万元以上

8. 根据规定，下列各项中，属于驰名商标认定的机构有(　　)。

A. 人民法院　　B. 商标局

C. 商标评审委员会　　D. 工商行政管理局

三、案例分析题

1999年10月1日，甲公司的退休职工王某在退休后6个月完成了一项方法发明创造，甲公司认为王某的发明与其在甲公司承担的本职工作有关，向王某提出该方法发明申请专利的权利属于甲公司，王某表示同意。2000年1月1日，甲公司向国务院专利行政部门提出发明专利的书面申请。国务院专利行政部门经初步审查认为该方法发明符合专利法的规定要求，于2001年7月1日即行公布。2002年10月1日，国务院专利行政部门根据甲公司的请求，对该方法发明进行实质审查后，于2003年1月1日作出授予甲公司发明专利权的决定，并于同日予以登记和公告。

2003年4月20日，甲公司对乙公司、丙公司、丁公司分别提起专利侵权诉讼，人民法院在审理过程中，查明以下情况。

(1) 乙公司于2002年4月1日开始，多次使用甲公司的该项方法发明，非法获利120万元。2002年12月15日甲公司得知后要求乙公司支付使用费时，遭到乙公司的拒绝。

(2) 2003年4月1日，甲公司得知丙公司在未经许可的情况下，于2003年2月1日在与某公司的买卖合同中使用甲公司的专利号，非法获利200万元。

(3) 丁公司在2000年1月1日前已经使用相同的方法，甲公司于2003年1月1日取得发明专利权后，丁公司在原有范围内继续使用该方法。

2003年6月1日，人民法院经审理，作出如下判决：责令丙公司立即停止侵权行为，向甲公司赔偿200万元，并追究相关当事人的刑事责任。丙公司于2003年6月10日向甲公司支付赔偿金200万元。

2003年8月1日，甲公司的发明专利被国务院专利行政部门宣告无效，于是丙公司向甲公司要求退还200万元的专利侵权赔偿金。

要求：

根据专利法律规定的规定，分别回答以下问题。

(1) 甲公司是否属于该方法发明的专利权人？并说明理由。

(2) 甲公司发明专利权20年的保护期限从何时计算？并说明理由。

(3) 指出甲公司对乙公司提起诉讼的具体诉讼时效期间，并说明理由。

(4) 指出甲公司对丙公司提起诉讼的具体诉讼时效期间，并说明理由。

(5) 在甲公司对丙公司的专利侵权诉讼中，举证责任在甲公司还是丙公司？并说明理由。

(6) 丁公司的行为是否属于专利侵权？并说明理由。

(7) 丙公司向甲公司要求退还200万元的专利侵权赔偿金的主张是否成立？并说明理由。

项目二　市场秩序管理法

【任务目标】

1. 了解不正当竞争行为的概念和特征。
2. 掌握不正当竞争行为的法定类型和法律责任。
3. 理解《消费者权益保护法》的适用范围及消费者权益。
4. 理解《产品质量法》调整范围和基本原则。
5. 掌握生产者和销售者的产品质量义务及其承担的产品质量责任。

任务一　反不正当竞争行为

《中华人民共和国反不正当竞争法》(1993 年 9 月 2 日第八届全国人民代表大会常务委员会第三次会议通过，2017 年 11 月 4 日第十二届全国人民代表大会常务委员会第三十次会议修订)

扫一扫

一、反不正当竞争行为的概念和特征

(一) 反不正当竞争行为的概念

反不正当竞争行为是指经营者违反《反不正当竞争法》规定，损害其他经营者的合法权益，扰乱社会经济秩序的行为。

(二) 反不正当竞争行为特征

(1) 行为的主体是经营者。

(2) 行为的性质具有违法性。

(3) 行为的结果具有损害性。

【例题 2-1 · 案例分析】　王某是一家主营饮料的食品零售店老板，为了获取更大的利润空间，他铤而走险地进了一批从黑工厂生产的 A 饮料，这款饮料的正规市场进货价格为 2 元一瓶，而黑工厂取得的为 0.5 元一瓶，而零售价是 5 元一瓶。根据市民举报，说该店出售的 A 饮料饮用后，出现头晕、呕吐状况。经有关部门盘查，发现该店出售的 A 饮料是非法黑工厂生产的，王某知法犯法，售假行为遭到公安机关的处罚。

请你指出案例中的不正当行为的特征。

解析：①王某是一家主营饮料的食品零售店老板→主体是经营者；②知法犯法→行为的性质具有违法性；③出现头晕、呕吐状况→造成人身伤害。

二、《反不正当竞争法》的适用对象

《反不正当竞争法》的适用对象就是不正当竞争行为的行为人，即经营者。

《反不正当竞争法》中的经营者，是指从事商品经营或者营利性服务的法人、其他经济组织和个人。

值得注意的是，这里的经营者无须具有法定的经营资格，只要从事或者参与经济活动，都可认定为反不正当竞争法上的经营者。例如未取得营业执照而经营的人和非经营性的事业单位，应以行为性质来认定经营者。

三、不正当竞争行为的概念

(1) 竞争，就是两个或两个以上的经营者在市场上以比较有利的价格、数量、质量或其他条件争取交易机会的行为。(你能举出生活中的例子吗?)

(2) 不正当竞争行为是经营者以不正当手段争取交易机会的行为。我国的《反不正当竞争法》采取"类型法定主义"，具体列举了六种不正当竞争行为。

四、不正当竞争行为的法定类型

(一) 欺骗性交易行为

欺骗性交易行为是指行为人采用假冒、仿冒、伪造等混淆手段，欺骗消费者与之交易，从而损害竞争对手和消费者权益的行为。

属于欺骗性交易行为的有：

(1) 假冒他人的注册商标；

(2) 擅自使用知名商品特有的名称、包装、装潢，或者使用与知名商品近似的名称、包装、装潢，造成和他人的知名商品相混淆，使购买者误认为是该知名商品；

(3) 擅自使用他人企业名称或姓名，引人误以为是他人的商品；

(4) 在商品上伪造或者冒用认证标志、名优标志等质量标志，伪造产地，对商品质量作引人误解的虚假表示。如左图的"康帅傅"易让人误认为是名牌"康师傅"。

(二) 商业贿赂行为

1. 商业贿赂行为

商业贿赂行为是指经营者在经营活动中为销售或者购买商品，采取秘密手段，向客户或有关工作人员给付财物或者其他报酬，以取得交易或经营上的便利的行为。

2. 商业贿赂行为种类

(1) 采用财务或者其他手段进行贿赂以销售或者购买商品。

(2) 在账外暗中给予对方单位或者个人回扣的。

(3) 对方单位或者个人在账外暗中收回扣的。

【例题 2-2 · 案例分析】接到参加旅行团的市民反映，A 旅行社与某地方著名景区的消费点串通、联合，导游带团友到该地消费，就可以获得相应的现金回扣，经警方核实确有此事。

请问：消费点的行为是否合法？

A 旅行社的行为属于什么行为？

解析：不合法。属于商业贿赂的第二种：在账外暗中给予对方单位或者个人回扣的。

（三）引人误解的虚假宣传行为

虚假宣传是指，以广告或其他方法，对商品或者服务作出与实际情况不相符合的宣传，使消费者误解从而误买的行为。

（四）侵犯商业秘密行为

1. **商业秘密**

商业秘密是指不为公众所知悉，能为权利人带来经济利益，具有实用性，并经权利人采取保密措施的技术信息和经营信息。

2. **常见种类**

商业秘密的价值就在于因保密而获得竞争优势。侵犯商业秘密的行为包括以下几种。

（1）以盗窃、利诱、胁迫或者其他不正当手段获取权利人的商业秘密。

（2）披露、使用或者允许他人使用（1）手段获取的权利人的商业秘密。

（3）违反约定或者违反权利人有关保守商业秘密的要求，披露、使用或者允许他人使用其所掌握的商业秘密。

【思考题】 漫画中的行为属于侵犯商业秘密行为吗？

为了预防侵犯商业秘密行为，企业会对其骨干成员，或者掌握核心技术人员签订一份商业保密协议。

（五）低价销售行为

常见的低价销售有：

（1）处理有效期限即将到期的商品或者其他积压的商品；

（2）季节性降价；

（3）因清偿债务、转产、歇业降价销售商品。

（六）搭售和附加不合理条件的交易行为

搭售和附加不合理条件的交易行为，是指经营者利用其经济优势，违背购买者的意愿，在销售一种商品或提供一种服务时，要求购买者以购买另一种商品或接受另一种服务为条件，或者就商品或服务的价格、销售对象、销售地区等附加其他不合理条件。如：买车票的同时，需要购买保险。

（七）不正当有奖销售行为

（1）有奖销售，即经营者以提供奖品或奖金的手段进行销售，主要包括附赠式有奖销售和抽奖式有奖销售。

(2) 不正当有奖销售行为，即反不正当竞争法禁止的有奖销售行为。具体有以下三种：

① 采用谎称有奖或者内定人员中奖的欺骗方式进行有奖销售；

② 利用有奖销售的手段推销质次价高的商品；

③ 抽奖式有奖销售，最高奖的金额超过 5 000 元的。

(八) 商业诋毁行为

商业诋毁行为是指经营者捏造、散布虚伪事实，损害竞争对手的商业信誉、商品声誉的行为。

因为商业信誉和商品声誉不仅是经营者的人身权，而且也是一种无形财产权。损害竞争对手的商业信誉和商品声誉，会给竞争对手正常的经营活动造成影响，损害其应有的竞争地位，故构成不正当竞争行为。

商业诋毁行为在主观上，行为人必须有故意和过失；在客观上，表现为行为人无中生有或对真实情况的歪曲，或者是对捏造的事实加以传播等。

(九) 不正当招标、投标行为

一般表现为：

(1) 投标者串通投标，抬高标价或者压低标价的行为；

(2) 投标者和招标者相互勾结，以诽谤竞争对手的行为。

(十) 公用企业或其他依法具有独占地位的经营者强制交易(反垄断行为)

公用企业或者其他依法具有独占地位的经营者，不得限定他人购买其指定的经营者的商品，以排挤其他经营者的公平竞争。

五、不正当竞争行为的监督检查

1. 不正当竞争行为的监督机关

我国对不正当竞争行为的监督机关有：县级以上工商行政管理部门，法律、行政部门，法律、行政法规规定的其他监督部门。

2. 监督检查权

(1) 按照规定程序询问被检查的经营者、利害关系人、证明人，并要求提供证明材料或者与不正当竞争行为有关的其他资料。

(2) 查询、复制与不正当竞争行为有关的协议、账册、单据、文件、记录、业务函电和其他资料。

(3) 检查与《反不正当竞争法》规定的不正当竞争行为有关的财务，必要时可以责令被检查的经营者说明该商品的来源和数量，暂停销售，听候检查，不得转移、隐匿、销毁该财务。

3. 法律责任

(1) 民事责任。

权益受到损害→提起诉讼→赔偿损失

(2) 行政责任。

监督检查部门发现违法行为→进行处罚→(服法)处罚，(不服)15 日内，申请复议(或向人民法院提出诉讼)→(对复议不满)15 日内向人民法院提起诉讼

(3) 刑事责任。

对于商业贿赂行为、制造销售假冒伪劣商品行为等构成犯罪的，还要追究刑事责任。

任务二　消费者权益保护法

【知识拓展】

扫一扫

《中华人民共和国消费者权益保护法》(2023 年修订版)

一、消费者的概念

消费者是指为了满足生活需要而购买、使用商品或者接受服务的个人和单位。消费者权益的核心是消费者权利。

二、消费者的权益

(一) 安全保障权

安全保障权是消费者最基本的权利。安全权是指消费者在购买、使用商品和接受服务时所享有其人身、财产安全不受损害的权利。消费者依法有权要求经营者提供的商品和服务符合保障人身、财产安全要求。

(二) 知悉真情权

是指消费者享有知悉其购买、使用的商品或接受的服务的真实情况的权利。侵权主要表现：不明码标价、虚假宣传。

【案例讨论】 2016 年 7 月 21 日，肖先生以 1 300 元的价格，购买了南航当天 20 时 10 分飞往广州的 3112 号 7 折机票，办理登机手续时，肖先生被告知其所持机票为超售机票，目前该航班已满员，肖先生无法乘坐该航班。南航公司经两次转签，将肖先生转签至 3110 号航班头等舱，机票价格为 3 200 元，作为对肖先生飞机延误的补偿。肖先生于当晚 22 时 39 分，乘机至广州。肖先生觉得迷惑的是自己买票了为什么没有座位，机票超售是怎么回事？于是向有关人员咨询了此事，经过了解，所谓“超售”，是指航空公司超过航班实际座位数过量销售机票。肖先生认为南航有义务公布自己机票超售的事实，造成自己在机场长时间滞留，侵害了自己的合法权益，因此起诉到人民法院，要求南航双倍赔偿机票款 2 600 元。

请问肖先生的请求是否符合法律规定？其法律依据是什么？

(三) 自主选择权

自主选择权是指消费者享有可以根据自己的经验、爱好和判断，自主选择商品和服务的权利。

(1) 有权自主选择提供商品或服务的经营者。

(2) 有权自主选择商品品种或服务方式。

(3) 有权自主决定购买或不购买任何一种商品，接受或不接受任何一项服务。

(4) 在选择商品或服务时，有权进行比较、鉴别和挑选。

(四) 公平交易权

公平交易权是指消费者在购买或者接受服务时，获得质量保障、价格合理、计量正确等公平交易条件的权利。侵权主要表现：缺斤短两，坑蒙拐骗，强制交易。

(五) 依法求偿权

依法求偿权是指消费者在购买、使用商品或者接受服务受到人身、财产损害时，享有依法获得赔偿的权利。

（六）依法结社权

依法结社权是指消费者享有依法成立维护自身合法权益的社会团体的权利。

（七）获得知识权

获得知识权指消费者享有获得有关消费和消费者权益保护方面知识的权利。获得与商品和服务密切相关的知识和信息，更好地实现期待的消费目标，增强自我保护能力的权利。

（八）受尊重权

受尊重权是指消费者在购买、使用商品或者接受服务时，享有其人格尊严、民族风俗习惯得到尊重的权利。

（九）监督权

监督权是消费者享有的对商品和服务，以及保护消费者权益工作进行监督的权利。方式：检举、控告、建议和投诉。

【请你判断】

1. 小李在商店买了50斤面粉，回家一称只有48斤。
2. 某矿泉水瓶上印有保质期，没有生产日期。
3. 中学生小张从书店出来，被店员怀疑，强行搜身。
4. 某燃气公司要求顾客购买燃气充值卡时必须买该公司的燃气炉，否则不予充值。
5. “买二送一”，原来是买一双鞋送两条鞋带。

任务三　产品质量法

一、产品质量法的概念

产品质量法是调整国家在产品质量管理过程中形成的产品质量监督管理关系，以及因产品缺陷而引起的生产者、销售者与消费者之间侵权损害赔偿关系，即产品责任关系的法律规范的总称。

二、产品质量法调整范围

产品质量法调整的社会关系包括两个方面。

（1）产品质量监督管理关系，即国家为提高产品质量，在确定产品质量监督管理体制和产品标准的过程中发生的经济关系。

（2）产品质量责任关系，即因产品质量而引起的产品生产者、经营者与消费者之间的责任关系。

三、我国《产品质量法》的基本原则

1.“质量第一”原则

指严格保证产品质量，保证产品安全性、可靠性和适用性。

2. 保护消费者合法权益原则

使消费者的合法权益得以保障。

3. **过错责任与严格责任并行原则**

指法律的归责原则。(依据什么要求主体来承担法律责任)

4. **全额赔偿原则**

因产品缺陷造成消费者损失，损失多少就应赔偿多少。

四、产品质量的监督管理机构

国家市场监督管理总局是国务院主管全国质量的专门机构，负责全国质量、计量、出入境商品检验、出入境卫生检疫、出入境动植物检疫和认证认可、标准化等工作。

五、生产者、销售者的产品质量义务

(一) 生产者的产品质量义务

1. **保证产品内在质量**

生产者应当对其生产的产品质量负责。

2. **产品包装标识应当符合法律的规定**

生产者用文字、图形及其组合说明产品质量、使用性能和使用方式的行为就是产品的表示行为；产品或产品包装上的标识必须真实、准确、清晰、牢固，且易于识别。

3. **生产者的禁止性义务**

(1) 不得生产国家明令淘汰的产品；

(2) 不得伪造产地，不得伪造或者冒用他人的厂名、厂址；

(3) 不得伪造或者冒用认证标志等质量标志；

(4) 不得掺杂、掺假，不得以假充真、以次充好，不得以不合格产品冒充合格产品。

【案例讨论】 长江公司是一家生产矿泉水的公司，它在生产矿泉水的时候没有在外包装上标注检验合格证明，并声称公司的矿泉水水源来自长白山，经调查，该公司的水源来自普通水库过滤水。过滤水源的机器相当简陋，存在一定的水质问题。

请你思考一下，

长江公司是否履行了生产者的产品质量义务？如果没有，请你一一列举出来。

(二) 销售者的产品质量义务

(1) 应当执行进货检查验收制度，验明产品合格证明和其他标识；

(2) 采取措施，保持销售产品的质量；

(3) 不得销售国家明令淘汰并停止销售的产品和失效、变质的产品；

(4) 销售产品的标识应当符合法律规定的要求；

(5) 不得伪造产地，不得伪造或者冒用他人的厂名、厂址；

(6) 不得伪造或者冒用认证标志等质量标志；

(7) 销售产品，不得掺杂、掺假，不得以假充真、以次充好，不得以不合格产品冒充合格产品。

【案例讨论】 重庆一家火锅店，店老板小王认为羊肉卷成本过高，因此了解了当地市场上有一种用鸭肉制成的肉卷，可以根据需要加上羊肉味粉，外观看起来和羊肉卷一样。

因此，小王以较低的成本大量进货。对消费者声称自己店里的都是货真价实的羊肉。

思考：小王违反了销售者的产品质量的哪条义务呢？

六、产品合同责任

产品合同责任指销售者出售的产品违反合同明示担保或默示担保，还没有造成人身、财产损害时，应当承担的责任。产品合同责任的归责原则是违反担保、产品合同责任的承担方式和产品合同责任的承担主体。

七、产品质量责任

（一）概念

产品质量责任是指因产品存在缺陷而造成消费者或用户人身、财产损害时，产品的生产者和销售者应承担的赔偿责任。

（二）产品质量责任的构成要件

（1）产品质量存在缺陷。产品缺陷是造成消费者人身、财产损害的原因，消费者的损害(损害事实)是产品缺陷的结果。

（2）有损害事实发生是产品责任成立的事实依据。

（3）损害赔偿的范围。

（4）产品责任诉讼途径：协商、调解、仲裁与诉讼等。

（三）判定产品的生产者或销售者承担产品质量责任的依据

判定产品的生产者或销售者承担产品质量责任的依据，主要包括三个方面(见下图)。

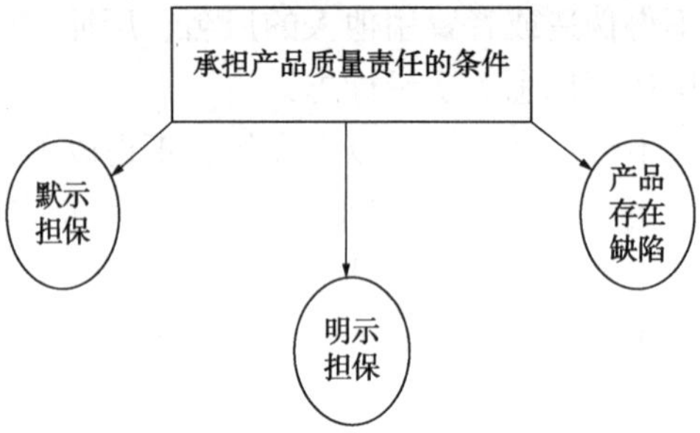

（四）违反产品质量义务的责任

八、民事责任

1. **产品瑕疵责任**

2. **产品缺陷责任**

（1）承担产品缺陷责任的条件。

（2）免责条件。

（3）赔偿主体和范围。

（4）产品质量纠纷解决途径。

九、行政责任和刑事责任

【例题 2-1·案例分析】 李某在某年 12 月份从本市某商场购买了“南极”牌电冰箱一台，当时该冰箱未附检验合格证。使用了 3 个月后，冰箱起火，李某损失 7 000 多元。事发后，李某找到商场，商场同意赔偿 3 000 元，李某认为商场至少应赔偿 5 000 元。双方遂起纠纷，李某诉至人民法院。人民法院认为，认定产品质量问题，应由技术监督部门出具鉴定书。但技术监督部门提出，该冰箱已烧毁，又无库存，无法鉴定。人民法院开庭后，认为不能排除消费者使用不当造成冰箱起火的可能性，虽然冰箱没有合格证，但产品质量有问题证据不足，驳回起诉。

想一想：

(1) 该冰箱产品质量是否合格？为什么？

(2) 人民法院判案是否正确？为什么？

案例分析：

(1) 根据《产品质量法》的有关规定，本案中的冰箱没有检验合格证，当属不合格产品。

(2) 人民法院判案不正确。因为冰箱既然属于不合格产品，并且消费者李某使用不当并无证据，所以人民法院没有理由驳回李某的起诉。

(3) 在本案中由于冰箱属于不合格的产品，根据《产品质量法》的有关规定，销售者所售出的商品如果不具备产品应当具备的使用性能而事先未作说明，或者不符合在产品或者其包装上注明采用的产品标准，或者不符合以产品说明、实物样品等方式表明的质量状况，只要具备上述情形之一，销售者就应当负责修理、更换、退货；若给购买产品的用户、消费者造成了损失，则销售者应赔偿其损失。对于本案中李某的损失应由销售者，即销售冰箱的商场负责赔偿。

【例题 2-2 · 案例分析】 陈某是位退休人员，于 2004 年 2 月 7 日到自由市场花费 230 元购买了一把秋千椅。2004 年 3 月 19 日中饭后，陈某带着孙女坐在秋千椅上自然摇动，突然其中一根支撑的木料断裂，陈某被摔在地上，致使右手骨折，经医院治疗共花去医药费 1 100 元。陈某治愈后立即去自由市场寻找销售人，但发现销售人已不在原处，一时无法找到。后陈某发现秋千椅上刻着鸿达木竹制品厂生产的字样，通过打听在城郊找到了该厂，陈某便要求该厂承担其一切损失。而厂方则认为陈某应先向销售者索赔。在协商无果的情况下，陈某便向人民法院提起诉讼，对被告鸿达木竹制品厂提出以下诉讼请求：①要求被告赔偿购买秋千椅的损失 230 元；②要求被告赔偿医药费 1 100 元。

问题：鸿达木竹制品厂对陈某购买秋千椅的损失和所花的医药费是否应承担赔偿责任？为什么？

案例分析：

鸿达木竹制品厂对陈某购买秋千椅的损失和所花的医药费均应赔偿。《产品质量法》第四十三条规定，“因产品存在缺陷造成人身、他人财产损害的，受害人可以向产品的生产者要求赔偿，也可向产品的销售商要求赔偿。”同时其第二十六条规定，“生产者应当对其生产的产品质量负责。”因此，鸿达木竹制品厂作为生产厂家应对陈某的人身损害及秋千椅的损失承担赔偿责任。如果该产品质量缺陷属于销售者责任的，该厂有权向销售者再追偿。

参 考 文 献

[1] 赵本凯. 经济法基础[M]. 武汉：华中科技大学出版社，2005.

[2] 陈炳勋. 经济法律法规[M]. 北京：高等教育出版社，2005.

[3] 财政部会计资格评价中心. 经济法基础[M]. 北京：经济科学出版社，2022.

[4] 段庆喜，等. 国际法学 · 商经法 49 讲[M]. 北京：人民法院出版社，2010.

[5]《中华人民共和国公司法》2023 年 12 月 29 日第十四届全国人民代表大会常务委员会第七次会议第二次修订，自 2024 年 7 月 1 日起施行.

[6]《中华人民共和国民法典》2020 年 5 月 28 日第十三届全国人民代表大会第三次会议通过，自 2021 年 1 月 1 日起施行.

[7]《最高人民法院关于适用〈中华人民共和国民法典〉合同编通则若干问题的解释》2023 年 5 月 23 日由最高人民法院审判委员会第 1889 次会议通过，自 2023 年 12 月 5 日起施行.

[8] 财政部会计资格评价中心. 经济法基础[M]. 北京：经济科学出版社，2023.

[9] 财政部会计资格评价中心. 经济法[M]. 北京：经济科学出版社，2023.